큰돈은 없지만
부동산 투자는 하고 싶은
월급쟁이에게

큰돈은 없지만 부동산 투자는 하고 싶은 월급쟁이에게

안상구(구짱) 지음

월급쟁이의 투자는 시장에 흔들리지 않아야 한다

원앤원북스

진정한 부자가 된 월급쟁이 분투기

현재 필자는 진정한 부자가 되었지만 그 과정은 무척 험난했다. 그 험난했던 월급쟁이 분투기를 시작해보겠다.

2004년 때 이른 봄날, 막 군대를 전역하고 복학하고자 급하게 자취방을 구해야 했다. 하지만 불행히도 당시에는 부동산 지식이 전무했다. 그래서 주변 시세보다 500만 원이나 저렴하다는 전봇대 전단지만 믿고 3천만 원에 집주인과 직거래 전세계약을 맺었다.

얼마 지나지 않아 스스로의 무지함을 자책할 수밖에 없는 일이 벌어졌다. 등기부등본이 무엇인지 자세히 몰랐던 필자는 담보대출과 가압류 여부조차 제대로 확인하지 않은 채 계약서에 사인을 했고, 결국 이러한 무지가 전 재산 손실이라는 부메랑이 되어 돌아왔다.

한 학기가 끝날 무렵 원룸이 경매에 넘어갔다는 사실을 알게 되자 온몸이 부들부들 떨리고 눈앞이 캄캄해졌다. 집주인의 대출 부실로 원룸이 경매를 통해 다른 소유자에게 넘어가면서 가장 후순위로 들어온 필자는 곤란에 빠졌다.

전세금 3천만 원을 그대로 날릴 위기에 처한 것이다. 잃어버린 돈을 돌려받기 위해 이리저리 뛰어다녔지만 주택임대차보호법은 필자의 편이 아니었다. 결국 강제명도가 집행되기 전에 이사비용 50만 원만 받고 쫓겨나 친구 집에서 신세를 지게 됐다.

"무지도 죄다."라는 말이 떠올랐다. 누구도 원망할 수 없었다. 뼈에 사무치는 경험을 통해 왜 부동산 공부가 필요한지 절실히 깨달을 수 있었다.

그때부터 친구 집에서 나오기 위해 하루 3~4시간만 자면서 학기 중에는 식당 설거지 아르바이트와 학업을 병행했고 방학 중에는 건설 현장에서 막노동을 했다. 그리고 틈틈이 부동산 공부도 멈추지 않았다.

필자의 전공은 건축설계인데 각종 경진대회 준비로 설계와 모형을 만드느라 밤을 새기 일쑤였다. 그래서 더더욱 학업과 아르바이트를 병행하기가 쉽지 않았지만 차석과 수석을 놓치지 않았다.

고된 대학 생활이었지만 아르바이트 덕분에 학기 중에는 매달 100만 원의 수익이 생겼고, 방학 때는 150만 원의 수익이 생겼다. 이렇게 조금씩 돈을 모아 대학교를 졸업할 무렵에는 총 2,300만 원이라는 목돈을 만들 수 있었다. 한 푼씩 절약하고 모은 푼돈이 목돈이 됐고, 이때 모은 목돈은 향후 투자의 밑거름이 됐다.

그때의 경험이 현재에도 여러모로 유용하게 쓰이고 있다. 아르바이트로 배운 설거지가 필자를 아내에게 사랑받는 남편으로 만들었고, 건설 현장에서 인테리어 업무를 배운 것을 계기로 건설 회사에까지 입사하게 되었다. 또 아르바이트와 병행한 부동산 공부 덕분에 값진 투자 지식을 얻을 수 있었다.

필자가 경제적 여유를 성취하고, 40대의 버킷 리스트인 단독주택을 지을 수 있었던 것도 당시 배운 부동산 투자 지식과 철저한 돈 관리 덕분이다.

대학교 졸업과 동시에 건설 회사에 취업했고, 세종시(옛 연기군) 아파트 현장으로 발령을 받았다. 건축기사로 일을 했는데, 대학생 때 모은 돈에 담보대출을 더해 만든 5천만 원으로 건설 현장 인근의 노후된 5층짜리 주공아파트를 매수했다.

생애 첫 아파트였다. 시골 촌놈이 아파트에 살다니 눈물 나도록 기뻤다. 월세 받는 통장을 만들어서 투자용으로 쓸 수 있겠다는 생각에 6개월 후 같은 아파트 아래층 1채를 추가로 매입했다.

그때 투자는 $1+a$가 아니라 $1+a^n$라는 것을 깨달았다. 부족한 돈은 사내대출을 활용하고, 셀프인테리어로 집을 꾸며 함께 근무하는 직원들에게 한 칸씩 세를 주었다. 그렇게 세종시 현장 발령을 계기로 부동산 투자와의 인연이 시작되었다.

이후 다소 이른 나이에 결혼을 하게 되었는데 당시 부모님이 마련해주신 4천만 원과 그동안 사회생활을 하면서 저금한 1천만 원, 아내가 모아둔 결혼자금 2천만 원까지 더해 총 7천만 원으로 조금 더 큰 집을 전세로 구해 신혼생활을 시작했다.

지금까지 아등바등 모은 돈이 있으니 막연히 풍족할 것이라 생각했지만 곧 아내의 임신으로 외벌이가 시작되면서 경제적 위기가 찾아왔다. 이때 허름한 주공아파트 2채에서 나오는 월세 50만 원이 든든한 버팀목이 되어주었다.

필자는 여기서 만족하지 않고 돈을 더 벌겠다는 생각으로 다시 부업을 시작해 퇴근 후에는 학원에서 파트타임 수학강사로 일했다. 이렇게 적은 금액일지라도 월급 통장과 월세 통장, 부업 통장이 생겼다.

통장 쪼개기는 돈 흐름을 파악하고 관리하는 데 유용했다. 쥐어짜는 식으로 가계부를 관리해 부업으로 생긴 수익과 임대 수익은 모두 저금했고, 월급만 모았던 시절보다 더 많은 액수를 저축할 수 있었다.

푼돈을 모아서 목돈을 만들고, 이 목돈이 또 다른 투자를 할 수 있는 씨앗이 됐다. 아파트 씨앗, 토지 씨앗이 전국으로 뿌려졌고, 이후 크게 성장했다. 그중 일부는 수확의 기쁨을 맛보기도 했고 더 큰 행복을 위해 다시 땅에 심기도 했다.

필자는 요즘 흔히들 말하는 '흙수저'다. 충청남도 서산의 시골 마을에서 태어나 집에서 초등학교까지 3km, 버스가 없어 1시간이 넘는 거리를 비가 퍼붓고 눈이 내리쳐도 매일 걸어 다녔다. 중학교와 고등학교는 시내에 있었지만 이른 저녁에 버스가 끊겨 학원에 다녀본 적이 없었고, 당연히 과외는 꿈도 못 꿨다. 모든 것을 독학으로 해결해야 했다.

그래서 지금도 누군가의 도움을 받기보다 독자적으로 일을 해결하려 한다. 물론 독학은 습득이 더디고 시행착오가 잦지만, 그러한 경험이 필자를 질경이처럼 아무리 밟혀도 꿋꿋이 버틸 수 있는 사람으로 만들었다. 부동산 공부도 마찬가지였다.

필자는 지난 시기의 과오를 부정하지 않고 인정한다. 현실에 낙담해 자신을 자책하거나 원망하지도 않는다. 그래서 마음이 더 편하다.

돌이켜보면, 전세금을 날렸던 과오가 없었다면 지금의 필자도 없었을 것이다. 실패로 인해 생긴 열등감이 필자를 더욱 견고하게 만들었다.

살면서 누구나 부동산 투자에 실패해 쓴맛을 볼 수 있다. 이때 중요한 건 자신의 실수와 부족한 점을 빨리 인정하고 벗어나기 위해 더 노력하는 자세다.

필자는 태어날 때부터 부자인 '금수저' 친구를 부러워하지 않는다. 돈을 쥐고 태어났다고 해서 무조건 행복한 것이 아니라는 걸 느꼈기 때문이다.

재물이 많다고 마음이 풍족한 게 아니라는 것을 아이러니하게도 투자하는 과정에서 깨달았다. 필자는 지금까지 행복했고, 앞으로도 행복할 것이다.

필자에게는 4명의 자녀가 있는데, 합계출산율이 0.8명인 대한민국에서 자녀 4명을 키우기 위해서는 부모의 희생과 노력이 절실하다. 자녀의 수가 많다는 것이 행복을 드러내는 절대적인 지표는 아닐 테지만, 필자는 현재의 삶에 만족하고 있고 매우 행복하다. 아내와 자녀들을 볼 때면 충만한 행복감을 느낀다.

그래서 필자는 마음의 부자다. 여기에 재물까지 많으면 금수저보다 더 행복하지 않겠는가? 그것이 진정한 부자라고 생각한다.

필자는 마음이 부자이면서 재물까지 많은 진정한 부자를 꿈꾼다. 흔히 꿈은 현실성이 없다고 한다. 그러나 노력하는 과정에서 작은 목표를 하나씩 해결해나갈 때마다 현실은 꿈에 더 가까워질 것이다.

우리는 마치 조선시대처럼 서로의 계층을 분류하고는 한다. 필자처럼 스스로를 낮춰 흙수저에 비유하는 사람들이 많다. 하지만 본인을 낮추지 말고, 자책하지 말고, 시작하기 전에 포기하지 말자.

흙과 금은 본질적으로 재료와 성질이 다르기 때문에 비교할 필요가 없다. 흙을 금으로 바꾸는 것은 현실적으로 불가능하니, 오히려 흙을 더 값진 상태로 가공하는 게 빠르다.

금속은 고온을 견디지 못하고 액체로 변해버리지만 흙은 고온에서 견디면 금속보다 견고하고 단단해진다. 가공 과정에 따라 금보다 값진 국보급 고려청자가 될 수도 있다. 흙에서 고려청자가 되는 과정은 물론 고통과 인내를 필요로 한다.

필자는 오늘도 고려청자를 목표로 달리고 있다. 네 아이의 아빠이자 든든한 가장으로서, 대한민국 남자로서, 그리고 대한민국 1,400만 명의 월급쟁이 중 1명으로서 꿋꿋하게 '헬(hell)'을 '행복(happy)'으로 만들어가고 있다.

돈이 인생의 전부가 아니라는 것을 알기에 필자의 목표는 재물만 많은 부자가 아니다. 최종적인 꿈은 재물 이상을 가진 진정한 부자가 되는 것이다.

이 책은 월급쟁이, 즉 직장인을 위한 부동산 투자서다. 흙수저 월급쟁이가 17년 동안 왜 부동산 공부를 했고, 언제, 어디서,

어떻게 투자했는지 기록한 책이다.

지금 와서 생각해보면 필자가 잃어버린 전세금 3천만 원은 참으로 값진 수업료였다. 필자의 나이 42세, 그때의 역경을 딛고 노후 준비를 마쳤다. 노후 준비가 끝났다 해서 회사를 떠나 파이어족이 되겠다는 뜻은 아니다. 돈이 많다고 백수가 될 필요는 없다.

죽기 전까지 꾸준히 해야 하는 것이 2개 있는데, 하나는 배움이고 다른 하나는 일이다. 돈이 많다고 해서 일을 그만두거나 배움을 멈출 필요는 없다. 몸이 허락하지 않을 때 그만두는 것이 배움과 일이다.

이 책을 읽고 있는 독자가 월급쟁이라면 부동산 투자 노하우를 익혀 회사를 그만두겠다는 생각은 하지 말기 바란다. 회사를 다니면서도 부동산 투자를 할 수 있고, 매년 연봉보다 더 많은 수익을 낼 수 있으며, 금보다 더 값진 고려청자가 될 수 있다. 어려운 길이지만 함께 차근차근 나아가보자.

안상구 (구짱)

목차

1장 월급만으로는 미래를 대비할 수 없다

2장 월급쟁이를 위한 부동산 투자의 첫걸음

3장 실전 부동산 투자 노하우

4장　실전 토지 투자 노하우

5장 종잣돈에 따른 단계별 투자 노하우

1장

월급만으로는
미래를
대비할 수 없다

월급쟁이에게
탈출구는 투자뿐이다

우리가 살고 있는 자본주의 사회는 자연 생태계와 비슷하다. 소비자에게 물건을 판매해 돈을 번 가게 주인은 매달 수익의 상당수를 건물주에게 뺏긴다. 가게 주인은 장사가 잘 되지 않아도 계약기간에는 딴소리하지 못하고 영혼까지 털어서 계속 월세를 지불한다.

반대로 가게가 잘 되면 월세도 덩달아 올라 결국 돈은 건물주가 번다. 일을 하지 않고도 월세로 먹고살 수 있다는 이유로 요즘 청소년들의 장래희망 1순위가 건물주로 꼽히기도 한다. 건물을 소유한 부자는 경제 생태계에서 최상위층에 위치한 포식자인 셈이다.

부자는 하루 8시간을 노동하는 데 할애하지 않기 때문에 시간 여유가 있으니 '어떻게 하면 더 많은 돈을 벌 수 있을까?' 하는 생각으로 가득하다. 월급쟁이는 바쁜 업무시간 때문에 그런 고민조차 하기 어렵다. 일과 삶의 균형, 즉 워라밸은 그저 갑갑한 현실에서 벗어나고자 하는 노동자들의 몸부림에 불과하다.

누구나 알고 있는 사실 중 하나, 직원이 바쁘게 일해야 사장이 돈을 벌고, 사장이 돈을 벌어야 건물주가 돈을 번다. 그러나 월급쟁이라는 굴레에서 벗어나는 것은 상당히 어렵다. 자본주의 사회에서 살아남기 위해서는 남을 위한 일에서 벗어나야 한다.

이는 회사를 그만두라는 말이 아니며 주어진 일을 게을리 하라는 말도 아니다. 부자가 되겠다는 꿈을 꾸라는 뜻이며 꿈을 이루기 위해 목표를 세우고, 작은 일부터 열정을 다해 실천하라는 것이다.

우리는 월급쟁이의 삶을 냉정하게 바라볼 필요가 있다. 월급쟁이는 근무연수가 정해져 있다. 가령 본인의 나이가 40세라면 법적으로 보장받을 수 있는 최대 근무연수는 앞으로 20년에 불과하다. 이것이 대한민국의 현실이다.

우리나라 국민의 기대수명은 83.6년으로 OECD 국가(평균 80.5년) 중 최상위권에 속하고, 의학계에서는 '100세 시대'가 그리 멀지 않았다고 예측하고 있다. 그 이후에는 모아둔 돈을 생활비로 쓰며 노후를 보내야 한다.

국민연금은 기대하지 않는 게 좋다. 2022년 국회 예산정책처는 국민연금의 적자 발생 시점을 2040년, 고갈 시점은 2054년으로 내다봤다. 앞으로 다가올 암울한 미래에서 노후가

준비되지 않은 삶은 상상도 못할 만큼 비참해질 수 있다.

물가상승률에 못 미치는 월급쟁이의 한정된 월급으로 가파르게 뛰어오르는 주거비, 양육비, 생활비 등을 모두 충당하기는 버겁다. 각종 비용을 제외하면 수중에 남는 돈은 얼마 없다. 목돈을 모아 투자해서 돈을 벌었다는 이야기는 딴 세상, 남의 일처럼 느껴진다.

필자가 해본 경험으론 월급쟁이가 빨리 목돈을 모으는 방법에는 두 가지가 있다. 하나는 지출을 줄이는 방법이고, 다른 하나는 수입을 늘리는 방법이다. 그리고 만일 이 두 가지를 동시에 해낸다면 가장 확실하게, 가장 빠르게, 가장 안전하게 목돈을 모을 수 있다.

그래도 티끌은 모아야 한다

"티끌 모아 태산이다."라는 말이 있다. '티끌'은 아주 작은 부스러기나 먼지를 말하는데, 이러한 티끌이 모여 아주 높고 큰 산을 이룬다는 희망찬 속담이다.

그런데 최근에는 "티끌은 모아도 티끌이다."라는 자포자기의 심정이 담긴 말이 돌고 있다. 이는 틀린 말이다. 물론 태산이 된다는 건 과장일 수 있겠지만 적어도 주춧돌 정도는 될 수 있다.

유년 시절에 저축을 한 번도 안 해본 사람은 없을 것이다. 중도에 돈 모으기를 포기한 사람도 있을 것이고, 필요한 것을 얻기 위해 포기하지 않고 꾸준히 돈을 모아본 사람도 있을 것이다.

전자의 경험이 익숙하다면 티끌의 소중함을 모르는 게 당연하다. 하지만 만일 후자의 경험을 해본 적이 있다면 지금 필자가 하고자 하는 이야기에 크게 공감할 것이다.

어린 시절 필자는 수시로 저금통의 배를 갈라 돈이 얼마나 있는지 확인하고는 했다. 그때 수백 번 확인하며 모은 돈은 모두 써버려서 남아 있지 않지만 그러한 습관이 축적돼 돈을 잘 관리하는 기술을 배웠다.

저금통에 동전을 넣는 일은 당연히 도전(저축)과 좌절(소비)의 반복이었다. 하지만 그 경험이 기둥을 지지해주는 주춧돌이 돼 오늘날까지 이어졌다.

티끌 모아 티끌이라는 생각을 가지고 목돈을 모은다면 종잣돈이라는 기둥을 모래 위에 세우는 것과 같다. 연약한 땅에 기둥이 똑바로 서기 위해서는 단단한 주춧돌이 필요하다.

올바른 마인드, 즉 돈을 관리하는 습관을 갖추지 못했다면 수익이 아무리 많다 할지라도 밑 빠진 독에 돈을 넣는 것과 같을 것이다. 수익이 줄어들거나 사라지는 순간 독에 꽉 차 있던 돈도 함께 사라질 공산이 크다.

지금부터라도 독을 틀어막는 습관을 길러야 한다. 현실을 직시하고 잘못된 돈 관리 습관을 고쳐야만 돈을 모을 수 있다.

이직과 부업으로
종잣돈을 불리다

돈을 모아야겠다는 결심이 섰다면 이제 현실적인 시각으로 자신의 수입을 되돌아볼 때다. 만일 당신이 20대 사회초년생이라면 원하는 직장에 취업하는 게 목표일 것이다. 필자도 그랬다.

그러나 대기업의 문은 한없이 좁았고, 결국 좌절할 수밖에 없었다. 현실의 벽을 인정하고 나를 받아준다는 중소 건설회사에 입사해야만 했다.

현실과 타협했다고 해서 포기한 것은 아니었기에 한 걸음 물러나 다시 도전하기 위한 준비를 차근차근 했다. 결과적으로 필자는 영어공부, 자격증 취득, 경력관리 등의 자기계발로 5년 후에 원했던 대기업 건설사로 이직할 수 있었다.

결국 부족한 부분을 보완해서 수입을 늘리는 것이 중요하다. 필자는 이렇다 할 스펙 준비 없이 26세에 대학교를 졸업한 후 곧바로 중소기업에 취직했다. 취업 필수코스라는 어학연수는 다녀온 적도 없고, 토익 점수는 딱 신발 사이즈였다.

청년 실업률이 치솟다 못해 하늘을 뚫어버린 현재보다는 상황이 더 나았겠지만, 그래도 대기업의 문은 바늘구멍보다 좁았다. 첫 직장에서 받은 월급은 200만 원이었는데, 아이의 분유 값을 비롯해 각종 생활비를 제외하면 남는 돈은 고작 30만 원에 불과했다.

게다가 아이가 자라니 지출은 해마다 늘어나는 상황이었다. 그 와중에 경기도 좋지 않아 고용불안으로 항상 마음이 불안했다. 그때 생각한 게 소위 말하는 '스펙'을 쌓아 대기업에 이직하는 것이었다.

이후 피나는 노력으로 영어공부를 하며 대학원 석사학위를 취득하여 스펙을 쌓았다. 그리고 몇 번의 도전 끝에 당당하게 대기업에 입사할 수 있었다.

첫 회사에 입사한 후 대기업 이직이라는 목표를 달성하기까지 꼬박 5년이 걸렸다. 5년 동안 쉬지 않고 누구보다 치열하게 살아 쟁취한 결과였다. 구체적인 목표를 세웠고, 무엇보다 도중에 포기하지 않는 꾸준함이 주효했다.

대기업으로 이직하면서 연봉은 이전 회사에서 받는 금액보다 3배 가까이 상승했다. 퇴직할 때까지 벌어들일 수 있는 총 수익을 10억 원으로 가정한다면 이직으로 3배가 늘어 30억 원이 된 셈이다.

이직을 예로 들었지만 만일 이직이 여의치 않다면 각자 본인의 기술과 재능을 살려 부업으로 수입을 증대시키는 것도 하나의 방법이다. 물론 회사 규정에 따라서 이중취업이 안 되는 경우도 많으니 인사팀에 확인해볼 필요가 있다.

여담이지만 필자의 아내는 손재주와 사교성이 좋아 소모임과 강사 활동으로 꽤 많은 부수입을 올리고 있다. 제과·제빵 클래스, POP, 폼아트, 꽃꽂이 소모임은 취미로 즐기면서 일할 수 있는 좋은 아이템이다.

여기서 중요한 건 무작정 지출을 줄이는 게 해답은 아니라는 점이다. 부수입 없이 있는 돈을 절약해서 저축하는 건 무리일 수 있다. 일단 시간이 절대적으로 부족하다. 빠른 시일에 목돈을 만들고, 투자하고, 노후에 편안히 쓸 만큼 자산을 불려야 하는데, 이 모든 과정이 하루아침에 되는 일은 아니기 때문이다.

직장 생활과 투자를
병행해야 하는 이유

과연 절약을 잘한다고 경제적 불안감에서 벗어날 수 있을까? 물론 절약으로 부자가 되는 마인드를 배울 수 있고, 절약으로 목돈을 만들 기회도 얻을 수 있다. 하지만 절약은 불안감을 일시적으로 해소하는 단발성 수단에 불과하다.

절약은 치명적인 한계를 가지고 있다. 예를 들어 허리띠를 단단히 졸라매서 매달 30만 원씩 절약한다고 치자. 그러면 1년에 360만 원, 10년이면 3,600만 원을 아끼게 된다.

이 돈이 당신의 경제적 불안감을 해소하는 데 큰 도움이 되겠는가? 냉정하게 말해서 턱없이 부족하다. 그렇다고 여기서 허리띠를 더 졸라맬 수 있을까? 아니다. 과도한 절약은 생활을 궁핍하게 만들고 삶의 질을 떨어뜨릴 뿐이다.

이는 작심삼일의 가장 큰 원인이 되기도 한다. 절약은 무작정 아껴서 되는 것이 아니고 작은 소비습관부터 하나씩 몸에 적응되도록 실천해야 하는 것이다.

절약만으로는 경제적 불안감에서 벗어나지 못한다. 좋은 직장에 다닌다고 해서 경제적 불안감이 완전히 해소되지도 않는다. 그렇다면 무엇을 어떻게 해야 하루라도 더 빨리 월급쟁이의 쳇바퀴에서 벗어날 수 있을까?

물론 앞서 말한 자기계발을 통한 수입 증진도 하나의 방법이다. 더 좋은 보수를 주는 회사로 이직해 몸값을 올리는 방법도 있다. 하지만 사장이 주는 월급은 무조건 본인의 능력과 비례해 올라가지는 않는다. 능력에 비례해 보수를 준다면 열정을 다 바쳐 일할 수 있겠지만 현실은 다르다.

자기계발로 연봉이 1천만 원 더 오른다고 해서 경제적 불안감에서 벗어날 수 있을까? 일을 하고 있는 동안에는 남보다 불안감이 덜할 수 있겠지만 그것은 어디까지나 정년 때까지의 이야기다.

시간적 여유가 있다면 부수입을 늘리는 게 좋다. 시간이 없다면 쪼개서라도 만들어야 한다. 실제로 우리는 평생직장이라는 말이 무색한 시대에 살고 있다. 월급쟁이들이 자격증 공부를 하고, 강의를 들으러 다니는 것도 현재의 직장이 미래까지 책임질 수 없다는 걸 알고 있기 때문이다.

하지만 부수입은 그저 수입을 보충해 목돈을 더 빨리 모으기 위한 수단일 뿐이다. 대한민국에서 월급쟁이가 성실히 저축한다고 해서, 연봉이 높다고 해서, 부수입이 많다고 해서 부자가 될 수 있을까? 남들보다 월급을 한두 푼 더 받으면 여유는 생기겠지만 그건 회사를 다닐 때의 이야기다.

퇴직 이후의 삶을 생각해봤는가? 사실 월급쟁이인 우리는 이미 해답을 알고 있다. 결국 투자에서 답을 찾아야 한다. 절약과 월급을 늘리기 위한 자기계발, 부수입을 늘리는 노력 등이 불필요하다는 건 아니다. 이러한 피나는 노력 등이 무엇을 위해 필요한지 아는 게 중요하다.

이렇게 아등바등 돈을 모으는 이유는 목돈을 모아 본격적으로 투자를 시작하기 위해서다. 간혹 이러한 목적을 간과하는 사람도 있다. 실제로 투자보다 절약을 우선시하는 사람이 있는데, 이 경우 투자하는 돈마저 아깝다고 생각해 계속 저축만 하는 안타까운 상황이 발생한다.

투자를 하겠다는 결심이 섰다면 반드시 명심해야 할 게 있다. 초반에 투자로 한두 번 재미를 봤다고 직장을 때려치우지 말아야 한다는 것이다. 투자로 큰 수익을 얻었다고 해서 사표를 던지는 건 굉장히 위험하고 무모한 짓이다. 직장을 그만두고 투자에 전념한다고 해서 더 높은 수익을 올린다는 보장도 없다. 전업투자자는 월급의 최소 2배 이상 되는 수익이 주기적으로 꼬박꼬박 들어오는 머니 파이프 시스템이 구축된 뒤에나 고민할 영역이다.

특히 부동산 투자는 오랜 기다림이 필요하다. 즉 수익을 실현하기까지 시간 레버리지를 활용해야 한다. 월급쟁이 시절에는 월급으로 생활비가 충당됐기 때문에 아무런 문제가 없지만, 전업 투자자의 경우 생활비 마련이 어려워 수익이 생기기도 전에 매도해버리는 상황이 발생할 수 있다.

그래서 몇 번의 투자로 성공과 승리의 달콤한 맛을 느끼고 자신만만하게 직장을 떠났다가 후회하는 전업 투자자들이 많다. 경험의 함정에 빠져 손해만 보고 다시 직장으로 돌아가는 경우도 부지기수다.

우리는 안정적인 투자 시스템을 구축할 때까지, 혹은 진짜 부자가 될 때까지는 계속 월급쟁이 생활을 투자와 병행해야 한다. 직장과 투자라는 울타리가 이중으로 버티고 있어야 자신과 가족을 위험으로부터 지킬 수 있기 때문이다.

최적의 투자처는
부동산이다

월급쟁이가 주로 손을 대는 투자처는 주식과 펀드, 채권, P2P 등이다. 최근에는 가상화폐와 경매도 주목을 받고 있다. 필자 또한 여러 가지 투자를 시도해봤지만 부동산 투자만큼 높은 수익을 내지는 못했다.

사실 월급쟁이라면 스마트폰을 이용해 소액으로 쉽게 투자할 수 있는 주식, 가상화폐, P2P에 관심이 많을 수밖에 없다. 변동성이 크고 리스크가 높은 주식과 가상화폐의 경우 하루 만에 원금을 다 잃을 수 있지만, 반대로 수 일 만에 몇 배의 수익을 낼 수도 있다.

하지만 과연 주식이 월급쟁이에게 적합한 투자처일까? 보통 월급쟁이는 오전 9시부터 오후 6시까지 일하지만, 주식은 오전 9시부터 거래할 수 있다. 장 마감시간도 오후 3시 30분이므로 회사 근무시간과 겹친다.

회사 업무에 집중할 수 없는 이유는 주식 시장이 외부환경에 매우 민감하게 반응하고, 하루에도 몇 번씩 가격이 요동치기 때문이다.

무엇보다 고급 정보는 증권사만 가지고 있는 경우가 비일비재하다. 일반 투자자는 정보 입수가 느리고 상황 대처능력도 떨어진다. 투자에서 가장 중요한 것은 정보를 얻고 앞서 나가는 투자인데, 일반 투자자들이 입수할 수 있는 정보는 뒤늦은 소식일 가능성이 높다.

그렇다면 가상화폐는 어떨까? 비트코인을 비롯한 가상화폐는 월급쟁이에게 가장 치명적인 투자처다. 가상화폐는 인터넷만 연결되면 24시간 투자가 가능하다.

그러나 가격은 순식간에 폭락과 폭등을 반복한다. 마인드 컨트롤을 한다고 해도 막상 요동치는 가격을 보면 정신을 차리기 힘들다. 직장 생활의 패턴을 깨트려 일에 집중할 수 없게 만든다. 결국 회사 생활에 문제가 생길 수밖에 없다.

2017년 겨울, 비트코인 투자의 인기는 대단했다. 그 당시 몇몇 지인들이 비트코인에 투자해서 큰 재미를 봤다는 소식을 전하고는 했다. 하지만 이후 하락장이 찾아오면서 대부분의 투자자들이 수익은커녕 원금까지 탕진해버리고 말았다.

폭락과 함께 시들어진 인기가 2021년에 부활했으나, 2022년 루나·테라 사태로 −99.999%의 수익률을 기록했고, 약 50조 원 이상의 손실을 보았다.

그만큼 리스크가 큰 투자처라는 뜻이다. 주식이나 가상화폐는 실물자산인 부동산과 달리 금융자산이기 때문에 가치평가에 따른 손실이 크다.

대한민국 부자는 거의 다 부동산으로 부를 창출했다고 해도 과언이 아니다. '부동산(不動産)'이란 토지나 집처럼, 움직여서 옮길 수 없는 재산을 말한다. 이름에서 알 수 있듯이 사라지는 재산이 아니라 영원히 존재하는 재산이다.

즉 부동산은 움직이거나 사라지지 않기 때문에 시간이 흐르면서 가치가 하락하는 일은 있어도 아예 없어지지는 않는다. 그러나 부동산을 제외한 투자처는 그 대상 자체가 영원히 사라지기도 한다. 사라진다는 건 가치가 없어져 가격이 존재하지 않게 된다는 뜻이다.

또한 부동산은 정보가 공유되고 있다. 국토개발계획, 도시기본계획, 도시개발계획, 광역도시계획, 광역교통계획 등 각종 계획들이 국가기관에서 공개적으로 발표된다. 소리 소문 없이 진행되는 부동산 개발은 없다. 계획과 기준 절차를 철저히 따른다.

따라서 부동산 투자의 성공과 실패는 공개된 자료에서 얼마나 많은 정보를 얻고, 신중한 분석과 예측을 통해 움직이는가에 달린 것이다. 모든 투자자들에게 수익을 낼 수 있는 기회가 공평하게 주어지는 셈이다.

부동산이 월급쟁이에게 최적화된 투자처인 또 다른 이유는 회사 업무에 제약을 주지 않기 때문이다. 부동산 가격은 주가처럼 요동치지 않는다. 가치의 등락에 흔들릴 일이 없어 업무에 집중할 수 있다.

기초정보를 찾는 손품은 출·퇴근 시 스마트폰으로 틈틈이 하면 되고, 임장(직접 해당 지역에 가서 탐방하는 것)을 다니는 발품은 주말을 이용하면 된다. 부동산을 계약해야 하는데 휴가를 내기 어렵다면 중개인을 대리인 자격으로 내세우면 된다.

끝으로 일잘러(일을 잘하는 사람)는 부동산 투자에서 투잘러(투자를 잘하는 사람)가 될 가능성이 높다. 잃지 않는 부동산 투자를 위해서는 부동산 공부가 선행되어야 하는데, 이때 부동산 시장을 분석하는 능력과 향후 시장의 움직임을 예측하는 힘이 필수적이다.

주어진 과제를 가설하고, 의문을 가지고, 처리하고, 보고서를 작성하고, 실패하면 다시 도전하고, 위기상황에 대처해야 하는 일련의 회사 업무가 당연히 부동산 투자에도 도움이 된다.

이제 왜 부동산이 월급쟁이에게 최적화된 투자처인지 이해가 됐을 것이다. 부동산 공부를 구체적으로 어떻게 해야 하는지는 뒤에서 자세히 다루도록 하겠다.

부동산 투자에 대한
편견을 버려라

우리가 투자를 하는 이유는 결국 부자가 되기 위해서다. 이런 이야기가 나오면 항상 따라오는 말이 있다. 바로 "그래서 부자는 행복한가?"라는 물음이다.

　여기에서는 "부자라고 해서 다 행복한 것은 아니다."라고 주장하는 측과 "부자는 돈이 많으니까 행복하다."라고 주장하는 측으로 의견이 나눠진다.

　필자는 후자의 의견이 대표적인 편견이라 생각한다. 이런 사람들은 대개 재산을 늘리려는 의도로만 부동산에 손을 댄다. 여기서 확실히 말할 수 있는 것은 돈이 행복의 가치를 결정하지 않는다는 점이다.

　부자는 재물이 넉넉해서 풍요로운 사람을 말한다. 다시 말해서 재물이 많은 사람을 말하는 것이지, 행복이 충만한 사람을 말하는 것은 아니다.

부자는 재물 부자와 마음 부자로 나뉜다고 생각한다. 행복은 재물에서 오는 게 아니라 마음에서 오는 것이다. 재물 부자라고 해서 마음이 마냥 편하지는 않다. 오히려 몸은 편해도 마음은 힘들 수 있다. 이것이 부자가 됐다고 해서 무조건 행복하다고 할 수 없는 이유다.

행복이란 충분한 만족과 기쁨을 느끼고 마음이 흐뭇한 상태를 말한다. 부자가 행복하지 않다는 것은 분수에 넘치게 무언가를 탐내거나 누리고자 하는 욕심 때문인 경우가 많다. 탐욕을 버리기 전까지는 행복할 수 없다. 그러나 현대 사회에서 욕심을 버린다는 것은 쉬운 일이 아니다.

그렇다면 행복은 어디서 찾아야 할까? 행복은 부자가 되는 과정, 즉 투자하는 과정에서 찾아야 한다. 부자가 됐기 때문에 행복한 것이 아니라 부자가 되기 위한 여정에서 행복을 찾아야 한다. '돈을 많이 벌어서 부자가 될 거야!'라는 생각만 가져서는 마음 부자가 될 수 없다.

예를 들어 투자 목적으로 아파트를 5억 원에 샀다고 가정해 보자. 시세차익을 위해 전세를 끼고, 혹은 대출을 활용해 아파트를 매입했고, 2년 후 매도를 했다. 이때 순수 1억 원의 수익을 냈다고 가정하면 어쨌든 높은 수익을 냈으니 투자에 성공한 것은 맞다.

하지만 과연 그 1억 원이 소중할까? 좀 더 솔직해지자. 월급으로 모은 돈보다는 그 소중함이 덜하다. 상사에게 꾸중 들어가며, 밥 때 놓쳐가며, 업무 과중으로 스트레스를 받으며, 야근으로 잠을 줄여가며 받은 월급으로 모은 1억 원이라면 진정으로 소중할 것이다.

그러나 시세차익으로 얻은 수익은 그러한 소중함이 부족하기 때문에 돈이 쉬워 보이는 것이고, 그렇게 더 많은 돈을 쉽게 벌기 위해 '묻지 마 투자'를 감행한다.

보통은 이렇게 돈의 소중함을 잊고 무분별하게 투자를 하다가 막대한 손해를 입게 된다. 이처럼 오직 돈을 벌겠다는 목표만 가지고 살아간다면 마음 부자가 될 수 없다.

그렇다면 마음 부자의 자세는 무엇이고, 그들은 어떤 가치를 견지하며 살아가고 있을까? 임대 수익을 목적으로 소형 아파트를 샀다고 가정해보자. 가족 모두가 합심해 아빠는 전등을 교체하고, 엄마와 딸은 페인트칠을 한다. 이런 과정에서 가족의 소중함과 행복을 느끼는 것이다.

땅을 사서 주말농장을 운영했다고 가정해보자. 온 가족이 합심해 채소를 심는다. 봄이 되면 아빠는 땅을 갈고, 엄마와 딸은 모종을 심는다. 여름에는 정성스레 물을 주고 가을엔 수확을 한다. 그리고 겨울에는 오순도순 모여서 수확한 작물을 나눠 먹는다.

이와 같이 소소하지만 부동산 투자 과정에서 가족과 함께 행복을 느끼는 것이 마음 부자가 되는 길이다. 부동산을 단지 돈을 버는 수단으로만 이용해서는 안 된다. 단순히 돈을 많이 벌겠다는 생각으로 부동산 그 자체가 목적이 돼버리면 마음 부자가 될 수 없다. 그런 마인드라면 100억 원을 모아도 결코 행복하지 않을 것이다.

부동산 투자자가
바로잡아야 할 편견들

마음 부자가 되려면 투자 과정에서 소중한 사람들과 함께하며 행복을 찾아야 한다. 부자가 되기 위한 노력, 즉 투자를 꾸준히 하면서 그 과정에서 소중한 이들과 행복을 찾는 것이 끝끝내 부자가 됐을 때 진정으로 행복해지는 유일한 방법이다.

사람들은 흔히 '부자만 되면 행복하다.'라는 식의 편견처럼 잘못된 생각과 방법으로 부동산 투자에 접근하고는 한다. 본론에 앞서 부동산 투자자가 바로잡아야 할 7가지 편견에 대해 알아보겠다.

1. 안정을 우선시하면 오히려 위험하다

필자의 회사에 40년을 근무하고 정년을 맞이한 부장님이 계셨다. 복 받은 사람 중에 한 명이다. 갈수록 한 회사에서 정년을 맞이하는 게 쉽지 않을 것이다. 흔히 소속된 기업의 규모가 클수록 구성원들은 회사가 안정적인 삶을 제공해줄 수 있다고 착각

한다. 하지만 기업이 업계에서 압도적이거나 독보적인 지위를 차지하고 있다고 해도 구성원들에게 영원한 안정을 제공해주지는 못한다.

사기업이든 공기업이든 모든 조직은 살아남는 게 최우선이고, 이 과정에서 필요한 조치(구조조정, 조직개편 등)를 계속해서 추진한다. 기업의 운명을 결정짓는 것은 조직의 규모가 아니라 시장의 트렌드이고, 그 속에서 조직원들은 끊임없이 변화해야 살아남을 수 있다.

조직에 몸담고 있는 사람이라면 미래를 준비할 만한 시간과 에너지가 있을 때 깨달아야 한다. 썩어서 더 이상 성장할 수 없는 고목은 변할 수 없지만, 우리들처럼 살아 있는 나무라면 변화를 두려워하지 말고 앞으로 나아가야 한다.

주변 지인들을 보면 자녀가 의과대학에 들어가길 원하는 경우가 많다. 의사뿐만 아니라 변호사와 회계사도 비슷한 상황이다. 한때 대한민국에서 의사, 변호사, 회계사 등은 부와 출세, 안정의 상징이었다.

그러나 이제는 모두 과거의 일이 돼버렸다. 남보다 훨씬 더 많은 것을 희생해야 하는 전문분야에서 일어나고 있는 일들을 보면 더 이상 안정된 직업 같은 건 없다는 걸 알 수 있다. 그럼에도 불구하고 젊은이들은 각종 고시, 자격증 공부에 젊음을 쏟고 있다. 진정으로 그 직업을 원해서 시작한 공부라면 상관없지만, 그저 안정을 추구하기 위해 젊음을 투자하고 있다면 큰 문제가 아닐 수 없다.

과연 현실에서 '안정'이 가능한 일일까? 안정은 '바뀌어 달라지지 아니하고 일정한 상태를 유지함'이라는 뜻이다. 하지만 오늘이 안정된 상태라 해도 내일 당장 불안정한 미래가 닥쳐올 수 있다. 지금 이 순간에도 우리에게 영향을 주는 다양한 요소들이 변수로 작용해 끊임없이 안정을 불안정으로 바꾸고 있다.

결론은 평생직장은 없다는 것이다. 입사 후 시간이 흘러 직장에서 적응을 마치면 드디어 삶이 안정됐다고 안심할 수도 있겠지만, 그렇게 생각하고 안주한 순간에도 불안정한 미래가 닥쳐오고 있다.

가장 현명하게 미래를 대비하는 방법은 처음부터 안정이라는 단어가 없다고 생각하는 것이다. 물론 단순히 없다고 치부하는 것에서 끝내지 말고 불안정한 미래를 맞이할 준비를 해야 한다. 문제는 미래가 불안정하다는 사실을 잘 알고 있으면서 아무 대책도 없이 살아가는 나태함에 있다. 그렇다면 어떻게 해야 미래를 잘 대비할 수 있을까?

우선 자신이 할 수 있는 일부터 시작해보자. 필자에게는 그것이 부동산 투자였다. 안정이라는 울타리가 사라지기 전까지 부동산 투자를 통해 새로운 울타리를 만드는 것이다. 부모가 부자여서 태어날 때부터 안정된 울타리를 가지고 있을 수도 있지만 대부분의 사람들은 어쩔 수 없이 자력으로 부자가 될 수밖에 없다.

월급쟁이에서 투자자가 되기 위해서는 생활비를 제외한 여유자금이 필요하다. 여유자금은 1천만 원이 될 수도 있고, 1억 원이 될 수도 있다. 자금의 규모는 중요하지 않다.

중요한 건 지금 당장 부동산 투자를 시작하고, 공부하며, 경험을 축적하는 일이다. 그렇게 미래를 대비하면 기회를 잡아서 부자가 될 수 있다.

보통 일반인은 평생을 모아서 집 한 채를 마련한다. 그러나 2013년부터 2021년까지 서울과 수도권은 집값이 천장을 뚫고 나갈 기세로 치솟았고, 그 결과 집포자가 급격하게 늘었다. 그러나 산이 높으면 골이 깊듯이 상승이 길면 하락도 길다.

집포자에게도 투자 기회가 찾아오는 순간이 있다. 기회가 왔을 때 잡기 위해서 철저히 공부하고 종잣돈을 모아두길 바란다. 그 이후엔 시간 레버리지가 자산형성에 도움을 줄 것이다.

100명 중 99명은 일반인이고 1명은 그 틀에서 벗어난 사람, 즉 부자가 될 수 있는 사람이다. 일반인은 안정된 삶에서 벗어나는 것을 두려워한다. 그래서 부동산 투자보다는 이율이 적더라도 안전한 적금이나 예금을 선호한다.

그러나 당신이 100명 중의 1명이라면 무작정 안정을 추구하고자 하는 안일함에서 벗어날 필요가 있다. 월급쟁이의 한계에서 벗어나기 위해서는 지금 당장 부동산 투자를 시작해야 한다.

2. 위험하지 않은 투자는 없다

보통 재테크로 돈 불리는 방법을 이야기할 때 예시로 눈사람 만드는 과정을 든다. 처음에는 주먹만 한 크기로 최대한 딱딱하게 만들고, 그다음에는 여러 번 굴려서 축구공만 한 크기로 만든다. 이때 얼마나 튼실하게 기초를 다졌는지에 따라 눈덩이가 반으로 쪼개질 수도 있고, 타이어만 한 크기로 튼튼해질 수도 있다.

부동산 투자도 마찬가지다. 종잣돈과 올바른 투자 마인드가 튼튼하게 중심을 잡아주지 못하면 투자도 실패로 돌아갈 확률이 높다. 투자를 하면서 실패와 좌절의 순간이 올 수도 있다. 하지만 무섭다고 피할 수 없는 것이 투자이고, 자신과 가족을 위해 반드시 거쳐야 하는 것 역시 투자다.

커다란 눈사람을 만들기 위해서는 이리저리 눈이 쌓인 곳을 돌아다니면서 눈덩이를 만들어야 한다. 하늘에서 내리는 눈은 누구에게나 눈사람을 만들 수 있는 기회를 준다.

그러나 눈사람은 저절로 만들어지지 않는다. 쌓인 눈만 보고 가능성을 가늠하며 만족하는 데 그치는 것이 아니라 직접 눈덩이를 만들어야지만 자신의 눈사람이 완성된다.

부동산 투자 역시 누구에게나 공평하게 기회를 준다. 앞에서도 언급했지만 부동산 정보는 국가기관을 통해 모든 국민에게 오픈된다. 그 정보를 얼마나 많이 자신의 것으로 만들고, 얼마나 열심히 손품과 발품을 팔았는지에 따라 기회를 잡을 확률이 달라지는 것이다.

국토교통부 홈페이지

유년 시절, 필자가 살던 시골집 안마당에는 작두 펌프가 있었다. 펌프에서 물을 받으려면 마중물이 필요한데, 마중물은 많은 양이 필요하지 않지만 그로 인해 뽑아낼 수 있는 샘물의 양은 무궁무진하다. 마중물이 아까워 사용하지 않는다면 샘물을 빼낼 수 없다.

마중물은 농사로 치면 종자라고 볼 수 있고, 투자의 관점에서는 종잣돈이라고 볼 수 있다. 종잣돈은 부동산 투자로 부자가되기 위해 필요한 최소한의 자금을 말하는데, 기회비용을 줄이기 위해 최대한 빨리 종잣돈을 모아서 마중물로 사용해야 한다. 그러기 위해서는 필요 없는 지출을 줄이고 월급의 대부분을 저축하려고 노력하는 습관이 필요하다.

네이버, 다음 등 포털사이트에는 '짠돌이', '푼돈', '재테크'를 키워드로 내세우는 카페가 많다. 그중 네이버의 대표적인 재테크 카페는 '월급쟁이 재테크 연구 카페'로, 이 카페를 들여다보면 많은 인사이트를 얻을 수 있다.

회원 중에는 월급의 80% 이상을 꾸준하게 저축하는 고수들이 많다. 필자도 사회초년생 시절에는 그러한 노하우를 익혀 '월급으로 적금 풍차 돌리기', '10만 원으로 한 달 생활하기' 등 많은 절약방법을 시도했다. 그리고 그러한 도전들이 밑바탕으로 작용하여 월급의 80% 이상을 저축할 수 있었고, 남들보다 빨리 종잣돈을 모을 수 있었다.

마지막으로 종잣돈을 모았다면 망설임 없이 투자를 해야 한다. 누구보다 빨리 부동산에 관심을 가져야 하며, 시장을 볼 수 있는 눈을 키워야 한다. 손과 발만 바삐 움직인다면 부동산 시장을 예측할 수 있는 통찰력이 생길 것이다. 통찰력을 키웠다면 종잣돈에 맞는 투자 물건을 선정하고, 다른 투자 물건을 잡기 위해 종잣돈을 만드는 과정을 반복해보자.

종잣돈의 액수는 중요하지 않다. 그리고 잃는 것에 대한 두려움은 잊어라. 필자도 한때 인생의 전부를 경매로 잃었지만 금세 다시 일어섰다. 잃어도 다시 만들면 된다는 마인드가 중요하다.

3. 투자와 투기를 구분하라

월급쟁이는 다양한 방법으로 재테크를 한다. 재테크의 목적은 노후 대비와 양육비, 내 집 마련, 빚 청산 등으로 다양하며, 그 수단도 예·적금, 주식, 채권, 펀드, 보험, 연금, 부동산 경매, P2P,

큰돈은 없지만 부동산 투자는 하고 싶은 월급쟁이에게

가상화폐 등 전부 열거하기 힘들 만큼 다양하다. 결국 재테크의 목적은 돈을 버는 것이다. 즉 수익을 낼 수 있어야 올바른 투자라고 할 수 있다.

하지만 재테크에서는 소위 대박이라고 말하는 일확천금을 가장 경계해야 한다. 재테크는 하루아침에 부자가 되기 위한 것이 아니라 오랫동안 꾸준히 부를 일구기 위한 것이기 때문이다.

재테크에서 가장 중요한 건 허황된 일확천금의 꿈을 접고, 본인에게 맞는 투자처와 투자방법을 찾는 것이다. 성공적인 투자를 위해서 본인의 성격, 환경, 여건 등을 고려한 투자처를 선정해야 하며, 남보다 앞선 생각과 끊임없는 고찰이 필요하다. 무엇보다도 자신의 성향에 맞는 투자 수단을 찾는 게 중요하다.

필자도 사회초년생 시절에 주식과 펀드에 손을 댄 적이 있었다. 그러나 주식과 펀드는 필자와 잘 맞지 않았다. 매일 요동치는 주가 그래프를 들여다봐야 하는 게 곤혹스러웠고, 수익을 내도 행복을 느낄 수 없었다. 차분했던 성격이 조급해지고 회사 일에도 집중할 수 없었다. 그러다 2010년 조선·해운업의 몰락과 함께 주식에서 완전히 손을 뗐다.

당신은 두 개의 인생길 중 하나를 선택할 수 있다. 어떤 인생길을 택하든 우리는 모두 행복을 꿈꾼다. 그러나 두 개의 길 중 하나만 행복이고 다른 하나는 불행이다. 두 개의 길 모두 나에게 오라고 손짓한다. 리어카 손잡이를 잡고 길거리에서 죽을 것인가, 캐리어 손잡이를 잡고 세계 여행을 즐길 것인가.

투자는 행복을 찾아가는 과정이다. 그러기 위해 무분별한 '투기'가 아닌 '투자'를 해야 한다. 투자와 투기의 차이점이 무엇이냐고 물어보면 "내가 하면 투자, 다른 사람이 하면 투기", "법을 준수하면 투자, 불법을 저지르면 투기", "리스크가 작으면 투자, 크면 투기", "수익이 상상을 초월하면 투기, 아니면 투자" 등 여러 가지 이야기를 들을 수 있다.

그러나 이러한 차이로 투자와 투기를 구분할 수는 없다. 투자와 투기는 이익을 목표로 한다는 점에서는 같지만 궁극적으로 추구하는 바가 다르다.

투자는 생산 활동을 통해 이익을 추구하지만 투기는 생산 활동과 관계없이 이익을 추구한다. 투자와 투기의 개념을 좀 더 이해하기 쉽게 설명하자면 전자는 노력이 필요하고 운영 또는 관리가 필요하다. 하지만 후자는 그렇지 않다.

예를 들면 방을 나눠 쓰는 셰어하우스는 투자라고 볼 수 있지, 투기라고 하지 않는다. 원룸을 매수해서 월세를 받는 방법도 사업으로 볼 수 있다. 마찬가지로 이를 원룸 투자라고 하지 원룸 투기라고 하지 않는다.

반대로 아파트 청약은 실거주가 목적인 사람도 있지만 시세 상승을 바라고 시세차익을 얻는 것만이 목적인 사람도 있다. 바로 이런 사람을 부동산 투기꾼이라고 한다. 서울에 거주하는 사람이 아무런 연고도 없는 제주도의 땅을 시세차익 때문에 매수했다면 투자보다는 투기라고 보는 게 맞다.

이처럼 투자는 실수요자의 행위를 일컫는다. 즉 실사용 목적이 강해 장기간 소유하는 경우가 많고, 수익도 예측 가능한 정당한 수준이며, 대상 부동산이 자신이나 타인에게 긍정적으로 기여한다.

반면 투기는 가수요자의 행위이며, 시세차익을 목적으로 땅값이 낮은 미성숙지 등을 필요 이상으로 구입하는 경우가 많다. 따라서 매입 이후 사용 및 관리하려는 목적이 약하고, 보유기간이 단기다. 결정적으로 대상 부동산이 자신이나 타인에게 긍정적으로 기여하지 못한다.

하지만 칼로 무 자르듯이 투자와 투기를 구분할 수 없다. 어떤 부분은 투자로 볼 수 있고 또 어떤 부분은 투기로 볼 수 있는 경우도 많다. 시세차익을 노리고 아파트를 분양받았지만 실거주할 수도 있고, 원거리에 있는 땅을 샀지만 직접 농사를 지을 수도 있기 때문이다.

이럴 때는 마냥 투기라고 단정 지을 수 없다. 5년 후 귀촌을 위해서 매수했다면 원거리의 토지라도 투자라고 봐야 할 것이다. 반면 서울 사람이 대구에 전세를 끼고 아파트를 매수했다면 투기의 일종인 갭투자에 가깝다. 만일 서울에서의 생활을 정리하고 대구로 이사할 생각이었다면 실거주 개념의 투자라고 볼 수 있다.

결국 투자와 투기의 구분은 누군가가 정하는 것이 아니라 본인만이 가늠할 수 있는 부분이다. 즉 해당 부동산에 금전을 투입하는 행위가 투자인지 투기인지 스스로 분별해야 한다. 만일 부동산을 투자 수단으로 삼을 생각이 있다면 부디 도박적인 투기가 아니라 건전한 투자로 시작하기 바란다.

4. 서울 부동산 투자만 정답일까?

물가상승률보다 금리가 더 낮은 작금의 상황에서 이제 저축은 보관 정도의 의미만 남았다고 보면 된다. 세상이 바뀌어 예금 금리가 물가상승률을 앞지르지 않는 이상 저축이 평생의 재테크가 될 수는 없다.

그래서 종잣돈을 모아 어떤 일이나 사업에 투입하고 노력과 시간을 쏟아서 수익을 창출해야 하는데, 우리는 이것을 투자라고 한다. 이때 사용하는 종잣돈은 크기도 크기지만 어디에 어떻게 심는지도 무척 중요하다.

필자의 경우 대부분의 투자를 지방 부동산에만 해왔다. 돈이 없었기 때문에 서울에 투자한다는 것은 꿈도 못 꿀 일이었다. 처음 투자를 시작했던 2007년에 서울의 전세가율은 약 40%대였다. 즉 5억 원짜리 아파트에 투자하기 위해서는 3억 원이 필요했다.

집값이 바닥을 찍고 올라가기 시작한 2017년만 해도 평균매매가격 기준 매매가과 전세가의 차이는 1억 8,090만 원 수준이었기 때문에 충분히 도전해볼 만했다.

그러나 2022년은 어떠한가? 중위가격 12억 원짜리 아파트

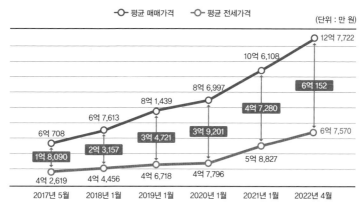

| 2017~2022년 서울 아파트 평균매매가격·평균전세가격

─○─ 평균 매매가격　　─○─ 평균 전세가격　　(단위 : 만 원)

12억 7,722

10억 6,108

8억 6,997

8억 1,439　　　　　6억 152

6억 7,613

6억 708　　　　　4억 7,280

4억 7,280

6억 7,570

1억 8,090　　2억 3,157　　3억 4,721　　3억 9,201

5억 8,827

4억 2,619　　4억 4,456　　4억 6,718　　4억 7,796

2017년 5월　2018년 1월　2019년 1월　2020년 1월　2021년 1월　2022년 4월

자료 : KB부동산 리브온, 제공 : 경제만랩

에 투자하기 위해서는 6억 원이 필요하다. 실거주로는 도전할 수 있어도 투자처로 옳은지는 의문이다.

종잣돈이 얼마 없었던 당시에는 소액으로도 투자가 가능한 투자처를 찾아다녀야 했고, 그중에서도 전세가율이 높은 지역을 선별해내야 했다. 그 당시 천안은 전세가율 80%가 넘는 아파트가 많았다. 1억 원짜리 아파트의 경우 전세가가 8천만 원이었고 미분양도 넘쳐났다. 20~40% 할인하여 분양하는 건 기본이고 미분양 소진을 위해 정부에서 각종 세제 혜택까지 주던 시기였다.

당시는 내 집 마련보다 전월세를 선호하던 시기여서 전세가율이 점점 올랐다. 결국 여건과 상황을 고려해 2007년부터 2010년까지 4년 동안 천안의 아파트를 꾸준히 매수했는데, 1채당 대략 1,500~2,000만 원 정도가 들어갔다. 그렇게 전세를

1장 월급만으로는 미래를 대비할 수 없다

2번 돌리고 매도하는 시점이 되자 투자금 대비 3배가 넘는 시세 차익을 얻을 수 있었다.

2009년은 천안시에 입주 물량이 평균치 이상으로 쏟아지던 시기였다. 그러나 반대로 인허가 물량은 줄어들었다. 새 아파트를 짓기 위해서는 '토지 매입', '설계', '인허가', '착공', '분양', '입주' 순으로 일을 진행해야 하는데, 착공 후 입주까지의 기간은 규모에 따라 다르지만 일반 아파트는 26~30개월, 고층 주상복합은 36개월 정도가 소요된다.

이때 공급과 수요를 파악하기 위해서 인허가 물량을 확인해 볼 필요가 있다. 인허가 신청이 모두 착공으로 이어지는 것은 아니지만 인허가의 증감 추이가 착공될 물량을 가늠할 수 있는 중요한 지표이기 때문이다. 아파트를 구매하기 전에 공급과 수요, 인허가 물량을 바탕으로 분석한다면 실패하지 않는 투자를 할 수 있다.

이후 2014년까지 그동안 매수한 물량을 대부분 매도했다. 그 지역에 악성미분양 물량이 늘어났으며, 여러 사업지에서 대규모 아파트 분양이 예정되어 있었기 때문이다. 신축 아파트 선호에 따른 깡통전세도 우려되었다. 당시 천안시청 공동주택승인팀에서 제공한 자료가 투자 방향을 결정하는 데 도움을 주었다.

그때 여러 여건을 무시한 채 매도하지 않았거나 매수에 치중했다면 수익은커녕 최고점에 매수하고 최저점에 매도하여 손해를 봤을 것이다.

큰돈은 없지만 부동산 투자는 하고 싶은 월급쟁이에게

| 천안시 사업승인 및 신청현황(2014년 3월 기준)

공사 중단 사업장					
명칭	위치	시공사	세대수	사업승인	착공승인
성환세신	성환읍 성월리 147-1	장산종합건설	80	05.09.20.	06.04.12.
성거파크자이	성거읍 송남리 59-1 외	GS건설	1,348	06.07.10.	07.11.29.
성정금광포란재	성정동 110-6 외 29필지	금광건업	293	06.12.22.	07.06.07.
신당대일	신당동 468-7 외 26필지	(주)기성	115	98.09.14.	99.06.30.
입장건웅	입장면 하장리 4-1 외	건웅종합건설(주)	214	97.11.07.	97.11.26.
신당두아	신당동 576-2 외 16필지	(주)두아	468	97.06.23.	99.09.13.
목천상아	목천읍 신계리 산41-1	한인건설(주)	480	95.09.22.	00.10.02.
직산우이(도시형)	직산읍 모시리 206 외 2필지	우이건설	124	11.12.28.	12.09.03.
백석펜타(도시형)	백석동 658-40	금부종합건설(주)	106	12.10.22.	12.12.14.
계			3,228		
미착공 사업장					
명칭	위치	시공사	세대수	사업승인	착공승인
와촌동주상복합	와촌동 106-36번지 외 39필지	미정	628	07.10.22.	미착공
대흥태양	대흥동 43 외 11필지	미정	432	08.01.30.	미착공
청당롯데	청당동 361-13 일원	미정	1,300	08.12.29.	미착공
청당두산	청당동 샛터말도시 1B1L	미정	1,054	08.12.30.	미착공
병천부경	병천면 가전리 577-4 외 2필지	미정	279	11.05.16.	미착공
원성(정만영)	원성동 582-1	미정	140	12.11.20.	미착공
안서금송(도시형)	안서동 374 외 1필지	미정	288	12.12.28.	미착공
청당에이디	청당동 279-3	미정	86	13.03.12.	미착공
성거마이티	성거읍 저리 65-2	미정	69	13.05.01.	미착공
엑스탑건설	신부동 283-2 외 110필지	미정	1,235	13.10.08.	미착공
성원디앤씨	백석동 33 외 51필지	미정	610	13.10.31.	미착공
(주)하나건설	신방동 1066	미정	305	13.12.17.	미착공
(주)삼능디앤엠	청수동 224	미정	540	13.12.27.	미착공
(주)케이유피	차암동 3산업단지 E1-1블록	미정	1269	14.3.31.	미착공
계			8,235		

1장 월급만으로는 미래를 대비할 수 없다

건축계획심의 및 사업승인 사업장				
사업명칭	위치	사업주체	세대수	진행상황
청당동 서영	청당동 37-1 일원	(주)서영	1,609	사업승인 협의중
두정동 트라움	두정동 26-5 일원	(주)대신주택	986	건축계획심의 완료
청당동 에스티	청당동 306 외 38필지	에스티포럼	999	사업승인 협의중
봉명동 피에이디	봉명동 204-3	(주)피에이디파트너스	461	사업승인 협의중
목천읍 해든마을	목천읍 응원리 산21-2	(주)비케이개발	48	사업승인 협의중
성성동 그리심	성성동 성성3지구 A1블록	(주)그리심	977	사업승인 협의중
성성동 그리심	성성동 3지구 A2블록	(주)그리심	1,745	사업승인 협의중
신방동 도시형	신방동 785-95 일원	신OO	296	건축계획심의 완료
청당동 CH도시형	청당동 398-6 외 1필지	(주)CH건설	170	건축계획심의 완료
직산읍 세광-1	직산읍 삼은 76-162 외 9필지	(주)진흥건설	85	건축계획심의 완료
직산읍 세광-2	직산읍 삼은 76-67 외 8필지	(주)진흥건설	78	건축계획심의 완료
쌍용동 도시형	쌍용동 1025	이OO	54	건축계획심의 완료
(주)신영	아산탕정지구1-C3	(주)신영	685	건축계획심의 완료
군인공제회	성성1지구 도시개발구역 A1블록	군인공제회	1,646	사업승인 협의중
계			9,839	

자료 : 천안시청 공동주택승인팀

부동산은 시장 상황에 따라 변수가 많아 늘 통용되는 방법은 아니었지만, 지방까지 시야를 넓힌 덕분에 소액의 종잣돈으로도 남들보다 더 많은 수익을 낼 수 있었던 셈이다.

정부는 부동산 가격을 안정적인 상태로 유지하기 위해 정책을 통해 투자자와 심리전을 벌인다. 가격이 하락하면 부양정책으로 가격을 끌어올리고, 가격이 급등하면 규제정책으로 가격을 끌어내려 부동산 시장을 통제한다.

투자자는 부동산 정책의 허점을 노리다가 틈을 발견하면 놓치지 말고 파고들어야 한다. 결국 수익은 수요와 공급의 균형이 깨져야 발생하기 때문에 투자자는 부동산 수요와 공급, 정책에 민감해져야 한다.

따라서 인허가 물량의 추이와 정부의 부동산 정책 등을 기반으로 자신만의 투자기준을 세울 필요가 있다. 이를 기반으로 부동산 시장을 분석한다면 정책에 휘둘리지 않고 높은 수익을 낼 수 있을 것이다.

5. 큰돈 없이도 투자할 수 있다

흔히 '부동산에 투자하기 위해서는 큰돈이 필요하다.'고 생각하는 사람들이 많다. 이는 부동산 투자에 입문하려는 사람들의 의지를 꺾는 잘못된 생각이다. 오히려 필자는 부동산 투자 경험이 많지 않다면 우선 소액으로 투자할 것을 추천한다.

물론 첫 투자에서 운이 좋아 큰 수익을 낼 수도 있고, 때로는 그 운이 실력처럼 여겨질 수도 있다. 운 좋게 큰 수익을 낸 사람들 중 일부는 운도 실력이라 말한다. 하지만 정말 운이 실력일까?

투자는 수익을 낼 확률에 베팅을 하는 것이다. 만일 첫 투자에서 승률이 50%라면 그다음 투자에서의 승률은 25%, 그다음 투자에서의 승률은 12.5%로 급격하게 떨어진다.

운도 실력이라고 믿고 있다가 막대한 손실을 입으면 누가 책임을 질 것인가? 운도 실력이라는 생각이 탐욕으로 리스크를 포장하고, 그 포장지가 찢어지는 순간 탐욕은 곧 공포로 바뀔 것이다.

호황일 때는 그 운이 행운이지만, 불황일 때는 불운으로 되돌아온다. 결국 '운 좋은 바보'와 '실력 있는 투자자'를 구분하는 방법은 탐욕과 리스크 관리, 그리고 다양한 투자 경험에 있다고 생각한다.

운 좋은 바보는 경험과 시장을 바라보는 통찰력이 부족해 어느 순간 확률 싸움에서 패배할 수밖에 없다. 그래서 처음에는 눈높이를 낮추고 여러 방면에 소액으로 투자하면서 경험을 쌓아야 할 필요가 있다.

그렇게 부동산을 보는 안목을 키워나가다 고수가 되었을 때 자신 있는 몇 가지 종목에 집중하는 게 좋다. 첫술에 배부를 수는 없다. 큰 눈덩어리를 굴리기 위해서는 많은 경험이 필요하다. 그래야 단단한 토대를 마련할 수 있다.

종잣돈은 상황과 능력에 맞게 만들면 되는 것이고, 금액에 맞는 투자처를 찾으면 되는 것이다. 1천만 원이 될 수도 있고 1억 원이 될 수도 있다. 종잣돈의 크기, 즉 씨앗의 크기가 중요한 것이 아니라 언제, 어디에, 무엇을 심는가가 중요하다. 투자는 한 방에 이뤄지는 것이 아니라 평생에 걸쳐 꾸준하게 이어지는 것이기 때문에 장기적인 안목으로 접근해야 한다.

종잣돈을 뜻하는 '시드머니(seed money)'는 열매를 맺기 위해 뿌리는 씨앗에서 비롯된 말로, 투자를 위한 일정 규모 이상의 자금을 의미한다. 여기서 투자란 저축과는 다른 의미로 리스크를 감수하면서 수익을 얻으려는 시도를 뜻한다.

앞서 이야기했듯이 10만 원이든, 100만 원이든, 1천만 원이든, 1억 원이든 '투자'를 목적으로 활용하면 그 돈 자체가 종잣돈이라 볼 수 있다. 종잣돈의 규모를 남들이 설정한 액수로 잡는 것이 아니라 본인의 능력과 투자 대상에 맞게 설정하면 된다.

필자가 투자한 대상 중에는 200만 원짜리 토지도 있고, 매매가격 3천만 원짜리 아파트도 있다. 소액으로 매수한 토지는 주말농장으로 사용하고 있으며, 소형 아파트에서는 매달 22만 원의 월세를 받고 있다.

레버리지를 활용하지 않고도 소액으로도 투자할 수 있는 부동산은 많다. 처음에는 소액으로 투자 가능한 물건을 찾고, 투자 연습을 하면서 실력을 쌓아야 한다. 경험이 축적된 다음에 조금 더 큰 투자 대상을 찾는 것이 현명하다. 한두 번 투자하고 그만둘 게 아니라면 말이다.

저축에만 복리가 있는 것이 아니다. 부동산 투자에서도 복리 효과를 누릴 수 있다. 푼돈으로는 큰 수익을 얻을 수 없지만 이러한 투자가 반복될수록 실력은 빠르게 향상된다. 끈기 있게 투자를 계속한다면 수익이 기하급수적으로 늘어나는 경험을 하게 될 것이다.

6. 인구절벽으로 모든 지역이 폭락할까?

통계청의 추계인구 자료에 따르면 우리나라 전체 인구수는 2020년 5,183만 명을 기점으로 자연감소 중이고 세대수는 구성원 분리에 의한 1~2인 가구가 매년 증가세를 보이고 있다.

이 전망은 합계출산율이 중위 수준을 유지한다는 점을 전제로 산출된 것이다. 참고로 2023년에 발표된 2022년 전국 합계출산율은 0.78명으로 역대 최저 수준을 기록했다.

실제로 인구 감소는 2020년부터 시작되었고 인구절벽과 초고령화, 지방소멸, 축소도시는 더 이상 먼 미래의 문제가 아니다. 바로 코앞에 닥친 현실의 위기다. 저출산과 고령화에 기인한 인구구조 변화로 대한민국 사회는 교육, 고용, 부동산, 지방 재정, 복지 등 다양한 분야에서 위기가 현실화되고 있다.

최근에 인구 감소와 관련된 유의미한 분석자료도 여럿 나오고 있다. 한국지방행정연구원에서 발표한 「저출산·고령화에 의한 소멸지역 분석」 보고서와 한국고용정보원에서 발표한 「한국의 지방 소멸에 관한 7가지 분석」 보고서가 대표적이다.

이상호 연구위원은 마스다 히로야의 분석방법을 차용(변용)하여 「한국의 지방 소멸에 관한 7가지 분석」이라는 보고서를 발표해서 사회적으로 커다란 반향을 불러일으켰다.

그는 보고서에서 228개 시·군·구를 소멸위험지수로 구분했는데, 2013년 7월부터 2018년 6월까지 집계된 광역시·도별 소멸위험지수를 살펴보면 사태의 심각성을 한눈에 알 수 있다.

이후 보고서는 정기적으로 발표되는데 2022년 발간된 한국고용정보원 계간지 〈지역산업과 고용〉 봄호에서 이상호 고용정보원 연구위원은 주민등록 연앙인구(각 해 7월 1일 기준 인구) 등을 분석한 결과, 전국 228개 시군구 중 113곳(49.6%)이 '소멸위

| 주민등록세대수

(단위 : 천 명)

지역	2013년	2014년	2015년	2016년	2017년	2018년	2019년	2020년	2021년
전국	20,457	20,724	21,011	21,294	21,633	22,043	22,481	23,093	23,473
서울특별시	4,182	4,194	4,190	4,190	4,220	4,264	4,328	4,418	4,426
부산광역시	1,405	1,422	1,438	1,451	1,468	1,480	1,498	1,530	1,545
대구광역시	960	971	982	994	1,007	1,021	1,031	1,057	1,064
인천광역시	1,119	1,136	1,154	1,171	1,189	1,213	1,239	1,268	1,299
광주광역시	564	573	580	586	593	603	616	634	646
대전광역시	585	593	597	606	615	625	635	653	664
울산광역시	432	442	452	455	459	462	469	477	483
세종특별자치시	50	63	82	94	109	124	135	144	154
경기도	4,712	4,787	4,885	5,003	5,131	5,306	5,469	5,676	5,842
강원특별자치도	665	674	685	692	700	707	720	736	746
충청북도	644	656	670	681	692	707	722	746	761
충청남도	858	871	886	902	923	944	959	983	1,002
전라북도	767	775	783	790	798	806	816	837	849
전라남도	816	824	834	843	851	860	873	893	903
경상북도	1,139	1,154	1,170	1,181	1,193	1,207	1,228	1,255	1,277
경상남도	1,321	1,344	1,367	1,386	1,406	1,425	1,451	1,485	1,506
제주특별자치도	238	247	257	267	278	287	293	302	308

| 지역별 합계출산율(2022년 기준)

(단위 : %)

서울	부산	대구	인천	광주	대전	울산	세종	경기
0.60	0.72	0.76	0.75	0.84	0.84	0.85	1.12	0.84

강원	충북	충남	전북	전남	경북	경남	제주	전국
0.97	0.87	0.91	0.82	0.97	0.93	0.84	0.92	0.78

| 전국 소멸위험지수 현황

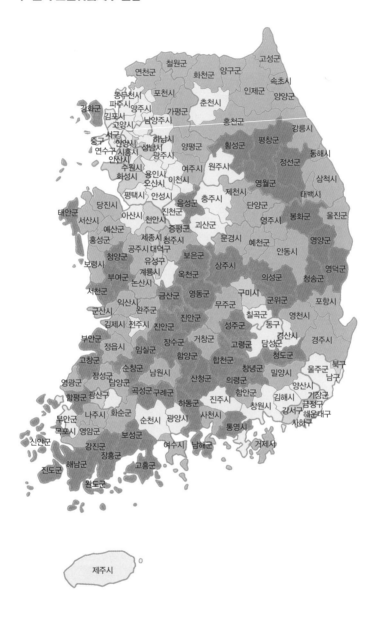

큰돈은 없지만 부동산 투자는 하고 싶은 월급쟁이에게

▌소멸위험지역 현황(2023년 2월 기준)

지방소멸 위험분류		시도		시군구		읍면동	
		개수	비중	개수	비중	개수	비중
	1	0	0.0	0	0.0	166	4.6
	2	1	5.9	17	7.5	328	9.2
	3	10	58.8	93	40.8	1,135	31.7
	4	6	35.3	67	29.4	778	21.7
	5	0	0.0	51	22.4	1,173	32.8
소멸위험지역		6	35.3	118	51.8	1,951	54.5
전체		17	100.0	228	100.0	3,580	100.0

험지역'이라고 밝혔다.

소멸위험지역은 20~39세 여성 인구수를 65세 이상 인구수로 나눈 값인 소멸위험지수가 0.5 미만인 곳을 말한다. 위의 지도에서 소멸고위험지역(빨간색), 소멸위험진입지역(주황색), 소멸주의지역(노란색), 정상지역(연두색)으로 구분해 보았다.

지방 소멸에 대한 우려는 현실이 되고 있다. 지방은 출산율이 국가 평균에 미치지 못하는 0.6명인데다가 사실상 서울도 안전하지 않은 상황이다.

1인 가구 증가로 인한 세대수 분화와 노후 주택 재건축 등이 부동산 가격 상승을 견인할 수 있지만, 이대로 시간이 흘러 인구절벽 시대가 도래하면 한계에 부딪힐 것이다. 서울의 부동산 불패 신화가 얼마나 더 갈지 의문이다.

대한민국 수도 서울은 최고의 입지를 자랑하지만 동시에 빠르게 늙어가는 도시라는 것을 기억해야 한다. 서울이라고 다 만 사형통은 아니라는 뜻이다. 서울 안에서도 좋은 입지를 선별해 투자해야 한다.

지방은 소멸위험지수, 인구증감, 재정자립도, 국가적 행·재정 지원 정책을 살펴봐야 한다. 혁신도시와 광역도시를 중심으로 접근하는 게 좋다. 국가 균형발전을 위해 수도권에서 지방 혁신도시로 공공기관이 이전되는 일도 있기 때문이다.

국토교통부는 2022년 9월 혁신도시 정주인구 현황과 핵심 정주시설 공급 현황이 담긴 「2022년도 상반기 기준 혁신도시 정주여건 통계 조사」를 발표했다. 조사 결과에 따르면 혁신도시 인구는 2022년 6월 말 기준 23만 2,632명으로 2017년 말(17만 4,277명) 대비 33.5%, 2021년 6월 말(22만 9,401명) 대비 1.5% 증가했다. 이는 2030년까지 계획인구 수(26만 7,000명)의 87.1% 수준이다.

또한 정부에서는 국가균형발전을 위해 중앙행정기관을 세종시로 이전하고, 2025년에는 서울과 세종을 잇는 고속도로를 구축 완료할 예정이다.

인구절벽과 도시소멸 시대에도 핵심입지는 살아남는다. 정부의 개발계획과 부동산 정책을 계속해서 눈여겨보며 미래의 부동산 시장을 예측하는 자세가 필요한 연유다.

┃ 소멸고위험지역(투자 기피 지역, 위험지수 0.2 이하)

No.	시도	시군구	총인구	위험지수	No.	시도	시군구	총인구	위험지수
1	인천시	강화군	69,638	0.178	27	경상 남도	구례군	24,587	0.152
2	강원도	횡성군	46,462	0.186	28		곡성군	27,002	0.157
3		정선군	34,825	0.189	29		장흥군	35,506	0.169
4		평창군	40,861	0.189	30		완도군	47,438	0.171
5		영월군	37,561	0.192	31		강진군	33,046	0.172
6	충청 북도	괴산군	36,911	0.133	32		진도군	29,417	0.172
7		보은군	31,444	0.142	33		해남군	65,622	0.176
8		단양군	27,738	0.158	34	경상 북도	군위군	23,277	0.104
9		영동군	44,750	0.172	35		의성군	50,042	0.106
10		옥천군	49,310	0.198	36		봉화군	30,048	0.113
11	충청 남도	서천군	49,808	0.138	37		청송군	24,245	0.119
12		부여군	62,019	0.155	38		청도군	41,664	0.123
13		청양군	30,127	0.157	39		영양군	15,931	0.127
14		태안군	61,017	0.173	40		영덕군	34,560	0.130
15		금산군	50,206	0.174	41		성주군	42,570	0.161
16	전라 북도	임실군	26,437	0.149	42		고령군	30,319	0.167
17		장수군	21,214	0.150	43		상주시	94,698	0.189
18		진안군	24,593	0.151	44	경상 남도	합천군	41,979	0.113
19		고창군	52,208	0.160	45		남해군	41,417	0.124
20		무주군	23,397	0.163	46		산청군	34,103	0.125
21		순창군	26,757	0.169	47		의령군	25,899	0.131
22		부안군	50,106	0.176	48		하동군	42,283	0.132
23	전라 남도	고흥군	61,675	0.111	49		함양군	37,446	0.157
24		신안군	37,815	0.124	50		고성군	50,103	0.166
25		보성군	38,362	0.128	51		창녕군	58,154	0.167
26		함평군	30,770	0.141					

※ 통계청 자료를 바탕으로 필자가 재구성

▎ 점상지역(시군구 투자 유망 지역, 위험지수 1.0 이상)

No.	시도	시군구	총인구	위험지수	No.	시도	시군구	총인구	위험지수
1	서울시	영등포구	376,410	1.031	10	세종시	세종시	385,285	1.222
2		광진구	337,071	1.095	11	경기도	안산시	639,355	1.015
3		관악구	487,430	1.162	12		수원시	1,192,686	1.145
4		마포구	365,447	1.194	13		오산시	229,415	1.155
5	인천시	서구	596,063	1.112	14		시흥시	515,058	1.169
6		연수구	386,506	1.113	15		화성시	918,865	1.341
7	광주시	광산구	399,669	1.202	16	충남	천안시	657,417	1.087
8	대전시	유성구	358,189	1.278	17	경북	구미시	407,387	1.086
9	울산시	북구	218,696	1.152					

※ 통계청 자료를 바탕으로 필자가 재구성

▎ 점상지역(읍면동 투자 유망 지역, 위험지수 2.5 이상)

No	시도	시군구	읍면동	총인구	20~39세 여성인구	65세 이상 인구	위험지수
1	서울시	광진구	화양동	23,434	8,057	2,345	3.436
2		서대문구	신촌동	20,366	7,046	2,119	3.325
3		강서구	가양제1동	34,096	9,849	3,337	2.951
4		관악구	신림동	23,312	7,404	1,985	3.730
5	인천시	연수구	송도3동	48,711	7,550	2,955	2.555
6			송도5동	41,403	6,156	2,333	2.639
7		서구	청라3동	34,552	5,014	1,962	2.556
8		서구	아라동	52,032	8,735	2,650	3.296
9	세종시	세종특별자치시	새롬동	39,847	5,845	2,028	2.882
10			해밀동	8,860	1,187	416	2.853
11			반곡동	27,056	5,410	1,069	5.061

큰돈은 없지만 부동산 투자는 하고 싶은 월급쟁이에게

12	경기도	수원시	영통2동	25,919	5,128	1,490	3,442
13		수원시	망포2동	32,821	4,870	1,698	2,868
14			광교1동	53,020	9,283	3,188	2,912
15		광명시	일직동	21,776	3,793	1,231	3,081
16		평택시	동삭동	40,236	6,493	2,089	3,108
17		평택시	고덕동	31,220	5,852	1,321	4,430
18		시흥시	배곧1동	35,349	4,732	1,876	2,522
19		시흥시	배곧2동	35,461	5,494	1,449	3,792
20		파주시	운정6동	16,732	3,343	991	3,373
21			새솔동	25,419	3,519	1,181	2,980
22			동탄1동	50,518	7,858	2,620	2,999
23		화성시	동탄4동	52,977	6,200	1,995	3,108
24			동탄6동	42,024	7,157	2,057	3,479
25			동탄7동	92,796	14,201	4,739	2,997
26			동탄8동	33,251	5,450	1,739	3,134
27	충북	청주시	강서제2동	16,284	2,763	1,029	2,685
28	충남		불당1동	32,507	4,993	1,538	3,246
29		천안시	불당2동	36,861	5,651	1,094	5,165
30			부성1동	50,101	9,574	3,548	2,698
31			부성2동	57,652	9,936	2,491	3,989
32		아산시	탕정면	36,282	5,179	1,749	2,961
33		계룡시	신도안면	8,153	888	105	8,457
34	전북	완산구	효자5동	36,474	6,516	2,371	2,748
35	전남	순천시	해룡면	33,157	4,504	1,174	3,836
36		나주시	빛가람동	39,198	6,239	2,048	3,046
37		무안군	삼향읍	34,890	5,137	1,937	2,652
38	경북	김천시	율곡동	23,341	3,395	1,161	2,924
39			산동읍	27,190	4,486	1,225	3,662
40		구미시	진미동	16,949	3,733	919	4,062
41			양포동	45,650	5,803	2,187	2,653
42	경남	진주시	충무공동	33,471	4,864	1,622	2,999

※ 통계청 자료를 바탕으로 필자가 재구성

7. 자산가와 부자는 다르다

"수십억 원의 건물 또는 아파트 100채가 있다면 부자인가?" 이 질문에 부자가 아니라고 답할 수 있는 사람은 많지 않을 것이다. 수십억 원짜리 건물과 아파트 100채를 보유했다는 건 많은 자산을 운용하고 있다는 뜻이기 때문이다. 우리는 이런 사람을 '자산가(資産家)'라고 부른다.

여기서 말하는 자산이란 무엇일까? 자산이라는 것은 '자본+부채'를 뜻한다. 즉 자산가란 재산을 많이 가지고 있는 사람을 의미하는데, 부채가 많고 적음에 상관없이 재산이 많은 사람을 말하는 것이다.

그렇다면 '부자(富者)'란 어떤 뜻일까? 부자는 재물이 많아 살림이 넉넉한 사람을 말한다. 얼핏 보기에는 동일한 개념처럼 보이지만 잘 생각해보면 분명한 차이가 있음을 알 수 있다. 부자란 재산이 많아 노동 없이도 꾸준히 돈이 나오는 시스템이 있는 사람이다. 즉 경제적 독립을 이룬 사람을 뜻한다.

대중매체나 부동산 책에 나오는 유명인들은 자신이 50채, 100채 심지어 300채의 집이 있다고 소개하고는 한다. 과연 이들이 부자가 맞을까? 자산이 있다는 걸 부정하는 것이 아니다. 50채, 100채, 300채의 아파트가 있다고 해서 반드시 부자는 아니라는 것을 말하고 싶은 것이다.

이러한 경우 대부분 레버리지를 활용한 갭투자의 산물이라고 볼 수 있다. 경매를 통해 수년 만에 소액으로 100채의 집을 갖게 됐다면 자산에서 부채가 차지하는 비율은 거의 90% 이상일 것이다. 이는 속 빈 공갈빵과 같다. 하락장에는 깡통전세로 사기에 휘말릴 수 있다.

1채당 1억 원에 매매되는 빌라를 9천만 원의 레버리지를 활용해 100채까지 매수했다고 가정해보자. 10억 원으로 100억 원의 자산가가 된 것이다. 부채가 90억 원에 달하지만 우리는 그들을 100억 원대 자산가라고 말한다.

빌라 100채가 있는 가상의 인물 나백채 씨를 통해 더 자세한 이야기를 들어보자. 나백채 씨는 5년 동안 전국을 돌며 경매와 공매, 급매를 통해 빌라 100채를 매수했다.

자칭 전문가인 나백채 씨는 자기자본이 거의 안 들어가는 갭투자를 활발히 활용했다. 1억 원에 빌라를 매수해서 보증금 2천만 원에 월세 40만 원을 받았다. 1억 원의 80%인 8천만 원은 대출을 받고 남은 2천만 원은 월세 보증금으로 충당했다. 레버리지를 극대화하기 위해서 제2금융권의 대출을 활용하기도 했다.

월세 40만 원에서 한 달 대출 이자 33만 원(연 5%)을 제외하면 1채당 월 7만 원의 수익이 발생했다. '월 7만 원×100채'라는 계산대로라면 700만 원의 수익이 발생하는 구조다. 일반 월급쟁이 월급의 2배 가까이를 버는 셈이다.

겉으로는 엄청난 자산가로 보일 수 있지만, 실상은 그렇지 않다. 우선 제2금융권의 대출만 80억 원에 달한다. 담보대출이 하나가 아니라 100채 전부 따로따로 설정되어 있는 것도 문제다. 100채를 한 곳에서 낙찰 받은 게 아니기 때문에 은행 업무를 위해 주기적으로 전국을 돌아다녀야 한다.

수첩은 중개인, 임차인, 인테리어업자, 설비업자, 월세금 및 입금일, 대출 상환일 등으로 빼곡할 것이다. 하루만 쉬어도 여기저기서 공실, 하자 처리, 수리 요청, 계약 갱신, 대출 연장 등 크고 작은 문제가 터져 나온다.

가장 큰 문제는 공실이다. 아무리 입지가 좋은 지역이라도 항상 100채 전부를 임차인으로 채울 수는 없다. 100채 중에서 공실률이 10%, 다시 말해서 10채의 공실이 발생했다고 가정하면 '40만 원×10채'의 손실을 입는다.

즉 400만 원의 월세가 안 들어오는데 이자는 매달 330만 원(33만 원×10채)씩 꼬박꼬박 빠져나간다. 100채 모두 임차인이 있을 때만 700만 원의 수익을 얻을 수 있는 것이다.

여기에 공실로 인한 손해와 대출 이자, 관리비, 수리비 등 여러 비용을 제하고, 외부적으로 부동산 규제 강화, 금리 인상까지 고려하면 수익은 마이너스로 곤두박질친다. 금리가 1%만 상승해도 빛 좋은 개살구가 되는 것이다.

물론 레버리지를 적극적으로 활용하는 것도 좋은 투자 방법 중 하나다. 하지만 미국의 금리 인상 기조가 꾸준히 이어지고 있는 상황에서 무분별한 갭투자는 도박이다. 갭투자는 담보대출 규제 강화, 금리 인상 리스크 등을 고려하여 철저하게 준비한 다음에 시도해야 한다.

또한 매수한 빌라를 100채씩이나 관리하려면 시간이 없어 멀쩡히 잘 다니던 회사도 그만둘 수밖에 없을 것이다. 그러니 보유한 부동산 개수에 집착하지 말자.

필자는 젊은 시절 한낮에 40℃가 넘는 중동 사우디아라비아와 쿠웨이트에서 3년 동안 근무했다. 그때 했던 공사가 송유관을 설치하는 작업이었다. 원유는 송유관을 통해서 공장으로 이동되고 정제돼 여러 나라로 수출된다.

송유관이 없다면 석유를 온전히 인력과 운송 장비로 옮겨야 했을 것이다. 송유관 덕분에 꾸준하게 석유를 수출해서 돈을 벌 수 있는 셈이다. 사우디아라비아 왕가가 부유한 이유는 송유관 덕분이라는 것을 깨달은 순간이었다.

중동의 송유관처럼 일을 하지 않아도 돈이 나오는 시스템(Money Pipe Line)을 구축하는 것이 우리의 최종 목표다. 그것이 필자가 말하는 진정한 경제적 자유다. 그러나 앞에서 설명한 나백채 씨의 빌라 100채 투자법은 일을 해야만 돈이 나오는 시스템으로, 임대업자라는 직업을 가졌을 뿐이지 부자가 된 것은 아니다.

몇 년 보유하고 매도하면 시세차익이 발생하지 않겠냐고 반문할 수도 있다. 맞다. 시세차익이 발생할 수도 있다. 그러나 빌라는 매수했던 가격 그대로 팔기 어려운 상품이다. 설사 운이 좋아 가격이 오른다 할지라도 아파트에 비하면 미미한 상승이다.

진정한 부자는
따로 있다

그렇다면 진정한 부자가 되기 위해서는 어떻게 해야 할까? 바로 거시적인 관점으로 시장을 바라보며 꾸준히 공부하는 것이다. 부동산 투자는 한방에 성사되고 대박이 나는 요행으로는 할 수 없다.

우연이었을까, 필연이었을까? 17년 전, 필자에게도 부자가 될 기회가 찾아왔다. 건설 회사에 입사해 세종시 건설현장 발령을 받았다. 그러자 행정중심복합도시라는 그곳이 궁금해졌다.

그래서 2년 동안 세종시를 공부했고, 세종시의 기본계획과 개발계획을 달달 외울 정도가 되었을 때 투자해도 되겠다는 확신이 생겼다. 공부를 하면 할수록 앞으로 세종시가 더 발전할 것이라는 예감이 들었다. 그래서 이후 15년 동안 세종시 부동산 투자로 많은 기회를 잡을 수 있었다.

그중에서 소액으로 수익을 낸 이야기를 해보려 한다. 다른 부동산 물건 때문에 돈이 필요해서 어쩔 수 없이 청약통장을 해지했던 시점에 있었던 일이다. 추후 청약통장을 다시 개설했지만 6개월이 막 지난 시점이라 청약 1순위 조건을 채울 수 없었다.

하지만 2순위였음에도 불구하고 2012년 봄, 세종시 도담동에 위치한 소형 평형 타입의 아파트를 분양받았다. 당시에 전국에서 유일하게 미분양이 없는 도시가 세종시였는데, 2010년 초

머니투데이

'완판시장' 세종시의 수상한 징후들

머니투데이 최보아 기자 | 입력 2012.03.13 06:37

민간아파트 처음으로 1순위 청약 미달…최근 '프리미엄無' 분양권 매물도 등장

신규아파트 분양시장이 침체된 상황에서도 활기를 보여온 세종시에서 이상조짐이 나타났다. 지난 9일 진행된 '세종시 웅진스타클래스2차'와 '세종시 중흥 S-클래스 그린카운티'가 각각 1순위 청약에서 미달사태를 빚은 것이다.

'완판시장' 세종시에서 1순위 청약마감에 실패한 아파트가 나온 것은 지난해 10월 이후 5개월 만이다. 다만 당시 1순위 미달단지의 경우 공공임대(첫마을 D블록)라는 점에서 민간아파트의 1순위 미달은 처음이다.

13일 금융결제원에 따르면 '세종시 웅진스타클래스2차' L2블록의 경우 44㎡ 3개 타입이 1순위 청약마감에 실패했다. L3블록도 44㎡C 주택형이 1순위에서 17가구 모집에 9가구 청약에 그쳤다. 세종시 최초 민간임대아파트를 내세운 '중흥 S-클래스 그린카운티' 역시 798가구 모집에 654건(당해 53건, 기타지역 601건)만이 접수, 1순위에서 미달했다.

반에는 낮은 경쟁률로 소량의 미분양 매물에 당첨될 수 있었다.

필자는 아파트 청약 경쟁률이 떨어지고 분양시장이 꺾이는 시점에 과감하게 투자했다. 분양가는 1억 5,300만 원이었다. 중도금 무이자 조건이라서 계약금 1,500만 원만 있으면 분양받을 수 있었고, 이후 매도하여 3,000만 원의 수익을 얻었다. 종잣돈이 얼마 없었지만 꾸준히 관심을 가지고 시장을 들여다봤기 때문에 얻을 수 있었던 기회였다.

수익이 많고 적음은 의미가 없다. 꾸준히 실패하지 않는 투자를 하는 것이 중요하다. 그러니 지금 당장 부동산에 투자할 돈이 없다고 포기하지 말자. 부동산에 투자할 시기가 아니라고 단정 짓지도 말자.

자기위로와 합리화의 늪에 빠져 기회를 놓쳐버릴 수 있다. 도전하지 않으면 기회가 오지 않듯이 투자할 돈이 없다고 가만

히 손을 놓고 있으면 안 된다.

월급쟁이라면 신용대출도 있고, 사내대출도 있으며, 저축담보로도 대출이 가능하다. 또는 전세 레버리지를 활용하는 방법도 있다.

남의 돈을 무리하게 빌려서 투자하라는 말은 아니다. 돈이 없어 투자하지 못한다는 핑계를 대지 말라는 것이다. 돈이 없어 투자를 못한다는 건 그저 리스크에 대한 두려움을 감추기 위한 거짓말이다. 언제 어떤 부동산에 투자하는 것이 최선인지 항상 확인해야 실제로 기회가 왔을 때 놓치지 않는다는 것을 명심하자.

직장 생활과
투자를 병행하라

월급쟁이 입장에서 전업 투자자는 부러움의 대상이다. 전업 투자자는 시간 제약이 없기 때문에 부동산 물건 분석과 임장, 경매 입찰 등에서 월급쟁이보다 유리한 면이 한두 가지가 아니기 때문이다. 소속된 회사에 얽매일 수밖에 없는 월급쟁이는 당연히 전업 투자자를 따라갈 수 없다.

단순히 시간적 자유만 비교하면 그렇다. 장점이 있으면 단점이 있듯이 다른 부분까지 종합해 함께 비교해보면 월급쟁이가 전업 투자자보다 유리한 면도 많고, 월급쟁이만이 누릴 수 있는 혜택도 있다.

이러한 장단점을 모두 고려하지 않고 당장 전업 투자자가 되겠다는 건 어불성설이다. 전업 투자도 여러 잡(Job) 중에 하나이고, 결코 경제적 자유를 얻은 자가 아님을 명심해야 한다.

월급쟁이 vs.
전업 투자자

남의 떡이 더 커 보이듯 다른 사람이 하는 일은 쉬워 보여서 탐날 때가 많다. 하지만 전업 투자자의 고충을 살펴보면 실상은 많이 다르니 환상에서 깨어나자. 그럼 월급쟁이가 누릴 수 있는 혜택으로는 무엇이 있을까?

첫 번째, 가장 큰 혜택은 매달 수백만 원의 돈이 꼬박꼬박 통장으로 들어온다. 성과가 좋으면 연초나 연말에 월급 이상의 보너스가 들어오기도 한다. 이런 정기적이고 안정적인 수익을 통해 얻는 즐거움은 전업 투자자가 누릴 수 없는 부분이다.

또한 회사마다 차이는 있지만 식대를 주거나 식사를 제공해주기도 한다. 복지후생으로 자녀의 학자금을 지원해주는 곳도 많아지고 있다.

두 번째, 시간 관리가 용이하다. 직장인은 보통 9시에 출근해서 오후 6시까지 근무하는데, 이렇게 하루 8시간씩 주 40시간을 얽매이면 그 외 시간은 자유다. 자유시간에 부동산 공부 등 자기계발 시간을 가질 수 있다.

세 번째, 월급쟁이에게는 전업 투자자보다 더 다양한 기회가 주어진다. 흔한 일은 아니지만 업무로 국내외 출장을 가면 겸사겸사 여행도 즐길 수 있다. 출장 수당까지 받을 수 있으니 일석이조다.

또한 회사의 지원을 받아 온라인, 오프라인 강의를 들을 수 있으며 영어 공부과 자격증 취득도 가능하다. 다양한 경로로 전문 지식을 쌓을 수 있는 것이다.

무엇보다 회사에는 직장 동료가 있기 때문에 경쟁과 협력을 통해 스스로를 발전시킬 수 있다. 경쟁자가 있으면 자신의 부족한 부분을 찾아 보완하기 수월하다.

네 번째, 개인 신용 관리가 용이하고 직급이 올라가면 대출 조건도 좋아진다. 직장인은 고정 수입이 있기 때문에 신용도가 좋고, 신용대출 금리도 프리랜서보다 낮다. 또한 사내대출이 있는 회사에서는 급전을 저금리로 빌릴 수도 있다. 전업 투자자가 무담보대출을 받기 어려운 것과 반대다.

다섯 번째, 회사 사무실을 이용할 수 있다. 사무직은 비가 오나 눈이 오나 사무실을 이용할 수 있다. 회사 사무실이라고 해서 무조건 회사 업무만 볼 수 있는 건 아니다. 개인 작업실처럼 이용할 수 있다. 때로는 인터넷 검색이나 계좌이체, 개인전화, 자료복사 등 개인 업무도 볼 수 있다. 물론 이렇게 개인적인 일을 보기 위해서는 공적인 일, 즉 회사 업무에 소홀해서는 안 된다.

여섯 번째, 주기적으로 종합건강검진을 받을 수 있다. 건강이 자산이라는 말이 있다. 건강을 잃으면 직장도 자산도 모두 잃는다. 건강보험을 포함한 4대 보험도 월급쟁이가 지역가입자보다 저렴하다.

이러한 6가지 장점 외에도 소소한 혜택들이 많다. 그럼에도 불구하고 직장을 그만두고 전업 투자자의 길로 가고 싶은가? 그 저 남의 떡이 더 커 보이는 것은 아닌지 곰곰이 생각해보기 바란다.

그렇다고 오롯이 직장 생활에 충실해야 한다는 것은 아니다. 가장 좋은 방법은 월급쟁이 생활을 유지하면서 부동산 투자를 병행하는 것이다. 부동산 투자는 다른 투자와는 다르게 일과 후에도 충분히 할 수 있다. 임장은 주말을 이용하면 되고, 계약도 퇴근 후에 하거나 주말을 이용하면 된다.

은행처럼 관리하고
기업처럼 투자하라

은행은 돈을 빌려주고, 회사는 빌린 돈으로 투자를 한다. 은행은 고객의 예·적금을 통해 저렴한 금리로 돈을 빌려왔다가 다시 다른 고객에게 고금리로 빌려준다.

은행이 이자 차익으로 엄청난 이윤을 추구한다고 비난을 받고 있지만 이보다 쉽게 효율적으로 수익을 내는 사업은 없을 것 같다. 돈 관리는 은행처럼 해야 한다. 잃지 않는 투자는 꾸준히 일정한 수익을 내는 것이다. 그런 면에서 은행은 잃지 않는 돈 관리를 하고 있는 셈이다.

대출은 크게 소비형 대출과 투자형 대출이 있다. 소비는 말

큰돈은 없지만 부동산 투자는 하고 싶은 월급쟁이에게

그대로 쓰기 위해서 빌리는 대출을 말하며, 소비형 대출금이 늘어날수록 가계에 안 좋은 영향을 준다. 반대로 투자형 대출은 잘만 이용하면 빌린 돈으로 수익을 내서 원금과 이자를 함께 상환해도 돈을 남길 수 있다. 가계에도 좋은 영향을 준다.

기업가도 회사를 운영하면서 투자형 대출을 활용해 공장을 짓고 제품을 생산해 판매한다. 각종 비용을 제외하고 남는 돈이 발생하면 그것이 회사의 이윤이 되는 것이다.

아무리 좋은 아이디어가 있어도 자금이 없으면 실행할 수 없는 일이 있다. 마찬가지로 부동산 투자에서도 아무리 좋은 투자처가 있어도 자금이 없으면 투자할 수 없는 물건이 있다. 그래서 은행처럼 돈 관리를 하고 기업처럼 투자해야 한다.

우리가 신용 관리에 애쓰는 이유는 무엇인가? 높은 금리로 저축하려고 하는 것은 아니다. 낮은 금리로 대출을 받기 위해서다. 그런데 기껏 신용 관리를 잘해놓고 투자는 실천하지 않는다면 무슨 소용인가.

대출 이자보다 많이 벌 수 있는 투자처가 있는지 알아봐야 한다. 쉽게 생각해서 1억 원을 5%의 금리로 대출받았다면 5% 이상의 수익률을 달성하면 되는 것이다. 만일 그런 투자처가 있다면 적극 활용해보길 바란다.

필자가 소유한 아파트 중에 3천만 원짜리 꼬마 아파트가 있다. 보증금 200만 원에 월세 22만 원을 7년째 고정적으로 받고 있다. 투자금 3천만 원은 이자 3%의 사내대출로 빌렸다. 이자를 제외하고 매달 14만 원의 월세가 통장에 찍힌다. 1년이면 174만 원인 셈이다. 이제 7년이 되었으니 자기자본 없이 1,218만 원의 순수익이 발생한 것이다.

부동산이 호황일 때 레버리지를 잘 활용하고 관리하면 꾸준하게 수익을 낼 수 있다. 물론 과도한 대출은 자제할 필요가 있다. 부동산 경기가 침체기에 접어들면 리스크가 커지기 때문이다. 침체기에는 고정금리 대출을 활용한 투자법이 적합하다.

2006년, 첫 월급을 받은 필자는 스스로의 신용도가 궁금해졌다. 그래서 주거래 은행인 농협에 방문해 신용등급을 물어봤다. "고객님은 신용카드가 없으시고, 담보대출도 없으시고, 아무런 자료가 없어서 신용등급이 잡히지 않습니다."라는 말이 돌아왔다.

그렇다. 필자는 신용등급이 없었다. 100만 원 한도의 마이너스 통장 개설도 거절당했다. 신용카드를 만들고 실적을 쌓아서 6개월 뒤에 방문하라는 답변을 듣고 은행을 나왔던 기억이 있다.

그 후 6개월이 지나서 500만 원짜리 마이너스 통장을 개설할 수 있었다. 3천만 원의 종잣돈과 마이너스 통장의 500만 원이 첫 부동산 투자의 씨앗이 됐다.

사회초년생 시절에는 집을 사기 위해 전세 레버리지와 대출 레버리지를 적극 활용했다. 전세 레버리지란 전세를 끼고 아파트를 매수하는 갭투자를 말하는데, 종잣돈이 부족했던 시절에 자산을 불리는 데 크게 일조한 투자법이다.

전세가율이 높으면서 공급이 줄어들어 향후 오를 가능성이 높은 지역은 이렇게 전세를 끼고 투자하는 게 좋다. 철저한 분석으로 좋은 물건을 선별했는데 종잣돈이 부족해 매수하지 못하는 투자자에게 적합한 투자법이다.

부동산 투자는 다른 투자처와 달리 종잣돈이 적게 들어가도 운영자산 규모가 크다. 전세금이 4억 원인 5억 원짜리 아파트를 갭투자로 매수하면 실투자금은 1억 원이지만 5억 원의 부동산을 운영·관리하는 것과 같다. 같은 돈을 다른 투자처에 넣었다면 운영자산은 자기자본인 1천만 원이었을 것이다. 그만큼 레버리지를 잘 활용하면 운영자산이 커져 수익을 극대화시킬 수 있다.

과거가 아니라
미래를 보자

최근 들어 통계자료를 기반으로 부동산 투자 타이밍을 잡는 방법이 유행하고 있다. 여러 부동산 데이터를 취합하고 비슷한 사이클을 찾아 매수 타이밍을 예측하는 방법으로, 주식의 차트분석법과 유사하다.

이번에는 가상의 인물 나확신 씨로 예를 들겠다. 나확신 씨는 자칭 통계 전문가다. 어느 정도 종잣돈을 모은 그는 알맞은 투자처를 찾기 위해 ○○시로 눈을 돌렸다.

그러던 중 요즘 가장 인기 있는 전용면적 59㎡의 'A아파트'가 눈에 들어왔다. 평소에 각종 통계자료를 기반으로 한 투자법에 자신이 있었던 그는 이번에도 과거의 가격 추이선을 분석하기 시작했다.

그가 인터넷에 올라온 A아파트를 찾은 시기는 2016년 말부

▎ 아파트 가격 추이선

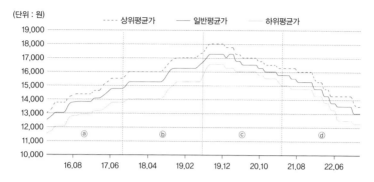

(단위 : 원)

······ 상위평균가   —— 일반평균가   —— 하위평균가

터 2017년 말인 ⓐ 시점이다. 2016년 이후 무려 5천만 원이나 급상승한 소형 아파트를 찾아낸 것이다.

매매가 그래프를 보니 최적의 투자 시점은 1년 전인 2016년 이었다. 최고의 매수 타이밍을 놓쳤다는 사실에 그는 매우 아쉬웠다. 그래서 미련을 못 버리고 다음 투자 타이밍이 올 때까지 기다렸다.

그는 과거의 통계자료를 통해 아파트 가격이 3년 동안 주기적으로 상승하는 것을 확인할 수 있었다. 나확신 씨는 A아파트가 계단형으로 상승했기 때문에 한 번 더 크게 상승할 것이라고 판단했다.

그래서 나확신 씨는 2018년부터 2019년 상반기까지, 즉 ⓑ 시점에 갭투자로 A아파트를 매수했다. 그 사이 전세가격도 급등해서 전세 레버리지를 활용해 그동안 모아둔 종잣돈 1억 원과 신용대출 5천만 원으로 A아파트를 매수할 수 있었다. 그리고 가격 추이를 지켜보며 상황이 예상했던 방향으로 흘러가자 즐거워 환호했다. 2019년까지 A아파트의 가격은 꾸준히 상승했다.

투자 성공을 확신한 나확신 씨는 비슷한 시세 그래프를 보이는 다른 지역의 아파트를 찾았다. 그리고 그 아파트까지 추가 매수하기로 결심했다. 앞선 투자로 수익을 얻어 자신감을 생겼기 때문에 무서울 게 없었다.

나확신 씨는 A아파트가 5년 가까이 계단식으로 꾸준하게 상승했고, 앞으로도 오를 것이라 확신했다. 그래서 이렇게 투자한 아파트들에 대한 이야기를 여러 투자자들에게 공유했고, 그는 사람들 사이에서 차트분석 전문가로 인정받게 됐다.

문제는 그때부터였다. ⓑ 시점이 지나고 ⓒ 시점에 접어들자 가격이 하락세로 돌아선 것이다. 끝없이 올라갈 줄 알았던 아파트 가격은 하락선을 탔다. 하지만 투자원금과 이자, 세금 등을 생각하니 본전 생각에 쉽사리 손을 뗄 수도 없었다.

그렇게 약 2년이 지났다. ⓓ 시점에 접어들자 가격이 더욱 빠르게 폭락해 수익은 고사하고 1채당 수천만 원씩 뱉어내야 하는 상황이 됐다. 이후의 일은 상상에 맡기겠다.

도시를 알아야
미래를 알 수 있다

정말 과거의 가격 추이를 분석해서 미래의 가격을 예측할 수 있을까? 경제학자가 바라보는 관점에서 부동산 경기는 어느 정도 예측 가능한 영역이다. 과학적 분석이나 객관적 근거, 경기변동 예측기법 등을 통해 정확한 방향성은 어느 정도 판단이 가능하기 때문이다.

1~2년의 단기예측은 주택거래량, 전세가, 미분양 물량, 인허가 물량, 착공 물량, 주택담보대출잔고 추이 등 선행지표법이 있다. 3~4년의 중기예측은 인구구조, 소득구조, 정책기조, 금리기조, 수급변동, 투자심리, 글로벌 부동산 동향, 환율이 중요한 요소다.

10년의 장기예측은 10년 주기설과 벌집순환모형으로 주택 시장을 전망하는 사례가 늘고 있다. 그에 관한 연구도 여럿 있지만 벌집순환모형은 주택 시장을 전망하거나 예측할 수 있는 이론으로서는 분명한 한계를 지니고 있다. 주택의 거래량과 가격의 관계만을 근거로 여러 요인에 의해 변동하고 있는 주택시장을 충분히 설명할 수 없기 때문이다.

정확한 예측은 다양한 변수가 모두 일치해야 성립하는데 모두 일치할 가능성이 없으니 예측 결과는 빗나가는 것이다. 과거의 차트를 보고 투자를 결정하는 건 후방을 주시하면서 운전하

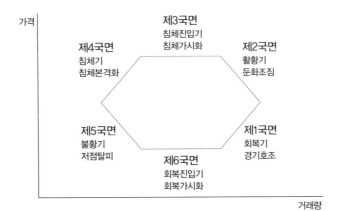

는 것과 같다.

　미래를 결정짓는 건 지나쳐온 길이 아니라 앞으로 나아갈 길이다. 우리의 인생도 지금부터 앞으로 무엇을 어떻게 할 것인가에 따라 달라지지 않는가? 과거의 통계자료가 미래를 예측하고 투자를 결정짓는 중요한 요소가 되면 안 된다. 현재의 위치에서 미래에 대한 개발계획을 보고 판단하는 것이 중요하다.

　그러나 눈에 보이지 않는 미래를 판단하고 분석하는 것은 결코 쉬운 일이 아니다. 그래서 투자라는 것은 차트만 보고 쉽게 판단해서는 안 되는 것이다.

　과거 통계치를 집계한 자료를 보면서 미래를 섣부르게 판단하거나, 그 자료에 큰 의미를 둔다면 오히려 매수 타이밍을 놓칠수 있다. '과거에도 이 시점에 올랐으니 미래에도 이 시점에는 오를 것이다.' 이런 안일한 생각으로 투자를 하면 실패할 확률이 크다. 그렇다면 잃지 않는 투자를 하기 위해서는 향후 전망을 어떻게 예측해야 할까?

부동산 중에 주거시설, 그중에서도 공동주택인 아파트는 주로 도시에 있다. 도시는 사람이 많이 사는 지역을 말한다. 그래서 우리나라의 대표 주거시설인 아파트가 도시에 몰려있는 것이다.

도시를 알아야 제대로 된 아파트에 투자할 수 있다. 다시 말하자면 아파트에 투자한다는 것은 도시에 투자하는 것이고, 아파트에 투자하기 위해서는 먼저 수익을 낼 수 있는 도시부터 선별해야 한다.

도시는 크게 예전부터 사람들이 살았던 구도시와 계획적인 개발로 만들어진 신도시로 나뉜다. 구도시는 인프라가 대부분 완성된 상태이므로 철저하게 공급과 수요에 의해 등락을 반복한다. 인허가, 착공 및 분양물량, 인구 유입, 세대수 증가를 중심으로 분석하면 투자 타이밍을 잡기가 수월하다.

신도시는 구도시 분석에 필요한 인허가, 착공 및 분양, 인구 유입, 세대수뿐만 아니라 개발계획 진행 여부까지 함께 봐야 한다. 그래서 신도시 투자가 위험하고 어려운 것이다.

신도시는 '계획적으로 개발된 새로운 도시 주거지'를 포괄적으로 지칭하는데, 대표적으로는 '위성도시(satellite town)'와 '침상도시(bed town)'처럼 모도시에 의존적인 형태가 있다.

위성도시는 도심에 과도하게 밀집된 연구와 각종 시설을 분산시키기 위해 건설된 신도시이며, 침상도시는 주거 기능에 특화된 신도시를 말한다. 이들 외에 대도시 인접 지역에 계획적으로 개발한 '확장도시(expanding town)'도 신도시에 포함된다.

하지만 좁은 의미의 신도시는 대도시에 대항해서 새로운 지역거점으로 개발하려는 '지역거점도시(regional growth center)'만을 뜻한다. 지역거점도시는 대도시 주변에 위치한 계획도시 가운데 기존의 도시들과 공간적으로나 사회·경제적으로 독립성을 유지하는 자족형 도시를 의미한다.

그렇다면 우리나라의 신도시는 어디에 있을까? 수도권을 중심으로 개발 중인 신도시는 파주 운정신도시, 김포 한강신도시, 평택 고덕신도시, 화성 동탄2신도시, 양주 옥정신도시, 남양주 별내신도시, 시흥 군자배곧신도시, 송파 위례신도시, 인천 검단신도시, 천안 아산배방신도시 등이 있다. 지방에도 세종시를 비롯한 다양한 기업도시와 혁신도시가 있어 눈여겨봐야 한다.

앞서 부동산, 그중에서도 아파트에 투자하기 위해서는 투자 가치가 있는 도시부터 먼저 알아야 한다고 했다. 그렇다면 신도시는 어떤 방식으로 접근해야 할까? 우선 신도시의 형성 과정을 알아야 한다.

신도시는 아무것도 없는 무(無)에서 유(有)를 창조하는 것으로, 건물을 지어 인간이 거주할 수 있는 새로운 공간을 만든다. 여기서 '무'는 주거 공간이나 인프라가 없다는 것을 의미한다.

하지만 개발계획에 따라 점차 '유'로 바뀌면서 사람이 살 수 있는 장소로 탈바꿈하고, 인프라가 구축돼 시설물들이 갖춰지면 주거시설 역시 쾌적해진다.

불과 몇 년 전에는 먼지 날리는 공사판에 불과했지만, 도시가 성숙기에 접어들면서 불편함이 하나씩 해소되고 사람들이 전입하면서 살기 좋은 도시로 성장하는 것이다.

이때 부동산 가격은 거주민들의 불편함이 해소될 때마다 큰 폭으로 상승한다. 신도시에서 인프라와 시설물은 부동산 가격에 지대한 영향을 미치는 요소이므로 우리는 이것을 호재라고 부른다.

투자자는 호재의 가치에 따라서 아파트 매수를 결정하며, 실수요자는 편리함을 보고 아파트 매수를 결정한다. 그래서 항상 투자자가 실수요자보다 한 발 빠른 것이다. 신도시 개발 초기에 투자자들이 호재를 보고 매수해 선점하고, 그 뒤에 실수요자가 시장에 진입한다.

호재는 부동산 가격을 올리기도 내리기도 한다. 호재가 지연되거나 좌초되면 악재로 변하여 시세 하락의 원인이 되기 때문이다. 사업 지연은 인구 유입 속도를 늦추고 아파트 분양을 저조하게 만들어 미분양 적체와 기존 주택의 가격 하락으로 이어진다.

즉 큰 수익을 원하는 투자자는 시작부터 리스크를 안고 매수하지만 실수요자는 리스크가 해결된 후에 매수하려는 심리가 강하다. 투자자는 리스크가 곧 수익이라고 생각한다. 이러한 이유로 신도시는 구도시보다 가격이 더 큰 폭으로 등락하는 현상을 보인다.

구도시는 이미 인프라가 형성되어 있기 때문에 수요와 공급에 따라 가격이 움직이지만, 신도시는 수요와 공급, 호재가 함께 움직이기 때문에 가격 형성이 조금 더 복잡하다. 당연히 가격을 예측하는 것도 상당히 어렵다.

개발이 완료되고 성숙기에 접어들면 투자자에서 실수요자로 손바뀜이 이뤄진다. 이 과정에서 높은 가격에 매도하려는 투자자와 낮은 가격에 매수하려는 수요자 사이에 힘겨루기가 생기는데, 항상 실수요자 측이 손해를 본다.

이때 보통 부동산 거품(버블)이 언급되기 때문에 버블 논쟁은 구도시보다 신도시에서 자주 등장한다. 버블지수가 위험에서 저평가 또는 침체기로 바뀐다는 건 다시 상승기류가 생길 수 있다는 의미이므로 그 타이밍을 놓쳐선 안 된다. 청신호는 버블지수가 높았던 지역부터 서서히 나타나고 있다.

신도시를 구성하는 요소는 인프라와 시설물이다. 인프라는 '인프라스트럭처(infrastructure)'에서 나온 말로 사회기반시설을 뜻하며, 동력·에너지 관계시설, 도로·수로·공항·항만·전신·전화 등의 교통·통신시설, 상하수도·관개·배수시설 등을 포함한다. 그리고 학교·박물관 등의 교육·문화시설, 보건·의료·복지 등의 모든 시설을 통칭한다. 시설물은 공공시설물, 체육시설물, 교통시설물 등이 있으며 이러한 구조물들이 사람들이 삶을 편

큰돈은 없지만 부동산 투자는 하고 싶은 월급쟁이에게

▎ 국내 17개 시·도 분기별 버블지수 분석 결과(2020.1분기~2021.1분기)

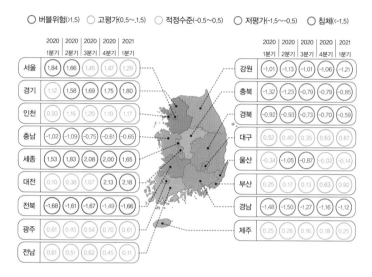

※ 분기별 버블지수는 해당 분기자료만을 반영하여 산정한 것으로 연도별 버블지수와는 분석자료의 기간이 상이함.
※ 우리나라 지역별 버블리스크 지표는 UBS 글로벌 부동산 버블지수를 산출하는 과정을 준용하여 추정.
※ 2019년 이후 가계동향조사가 통합조사 형태로 변경됨에 따라 2020년 1분기~2021년 1분기 소득자료의 경우 추정값을 사용.

리하게 영위할 수 있도록 돕는다.

거듭 이야기했듯이 신도시에 인프라와 시설물이 들어선다는 소식은 호재이며, 호재가 모여서 부동산 가격을 상승시키는 요소로 작용하는 것이다.

부동산 시장의 등락을 예측하기 위해서는 과거가 아닌 미래가 중요하다. 오로지 호재가 어떻게 진행되는지에 초점을 맞춰 시장을 분석하고 예측해야 한다.

호재의 향방에 따라 부동산의 가치와 가격이 결정되며, 여기에 공급량 등 다른 변수가 더해져 더 상승하기도 하고 하락하기도 하는 것이다. 과거의 가격 추이를 나타내는 통계자료는 추계선일 뿐, 호재는 미래와 관련된 요소이므로 개발계획에서 답을 찾아야 한다.

그러니 통계자료에 큰 관심을 두지 말자. 과거의 가격은 하등 중요하지 않다. 과거와 현재의 가격 차이는 먼저 움직인 투자자들의 몫이다. 과거와 현재가 아닌 현재와 미래의 가격 차이가 본인의 수익이라는 점을 잊지 말자.

성공적인 투자를 위해서는 서로 다른 여러 측면을 동시에 신중하게 살펴야 한다. 어느 하나라도 놓치면 미래의 가격을 예측할 수 없다. 벽돌 하나하나가 쌓여서 튼튼한 벽이 되고 건물이 완성되듯이 미래가치를 결정짓는 요소 하나하나를 종합하면 성공적인 판단이 가능해진다.

유연하고 선제적인 투자 전략이 필요하다

투자는 실수가 발생하고 변수가 많다는 점에서 수학보다는 예술에 가깝다. 정량적 지표로 값이 나오고 그 값으로 투자한다면 필승 전략이겠지만 현실은 녹록치 않다. 특히 부동산 투자는 변수가 많기 때문에 좀 더 유연하고 선제적인 투자 전략이 필요하다. 변수와 호재가 가늠이 된다면 남보다 한발 앞서 투자해야 한다.

과거에 효과적이었던 투자 전략일지라도 매번 통하지는 않는다. 경우에 따라서 유효할 뿐, 무조건 성공하는 필승 전략은 없다. 부동산의 외부 환경에는 늘 통용되는 절대적인 규칙이 없고, 변수 역시 매번 변하기 때문이다. 과거에 큰 성공을 거두었다고 해도 끊임없이 공부해야 한다.

부동산 가격을 움직이는 변수는 공급, 수요, 정책, 도시계획, 인구, 세대수, 개발계획, 금리, 멸실주택의 수, 투자자 심리 등 셀 수 없이 많다. 그 변수가 얽히고설켜 수시로 변하기 때문에 똑같은 상황이 반복되는 일은 드물다.

한 가지 투자 전략이 한동안은 유효했을 수도 있지만 다수의 대중이 그 전략을 따라가면 실효성이 떨어지고, 이윽고 새로운 투자 전략이 필요해진다.

한동안 전세가율이 높은 지역을 중심으로 인기를 끌었던 갭투자가 대표적인 예다. 그 방법이 미래에도 유효한 투자방법이라고 생각하지 말기 바란다.

투자에서 속된 말로 '평타'라는 말이 있다. 평균적인 수익률을 얻고자 할 때 "평타라도 치자."라고 이야기한다. 그러나 우리는 평타를 성공적인 투자라고 말하지는 않는다. 부자가 되기를 원하는 투자자는 그 이상을 원한다. 평균치보다 높은 수익률, 즉 다른 투자자보다 높은 수익을 내는 것만을 성공한 투자라고 생각한다.

성공적인 투자를 하기 위해서는 다른 투자자들에게는 없는 요소가 더 필요하다. 그것은 운이 될 수도 있고, 시장을 바라보는 탁월한 통찰력이 될 수도 있다.

결국 투자자들은 서로 경쟁할 수밖에 없다. 경쟁을 거치면서 누군가는 승자가 되고 누군가는 패자가 된다. 당연한 이야기지만 남보다 한발 앞선 사람이 승자가 될 것이다. 남보다 더 많이 공부했거나, 체력이 좋아 발품을 더 많이 팔거나, 더 좋은 투자 스킬이 있다면 평균치의 수익은 올릴 수 있다.

하지만 평균치를 넘어선 수익을 지속적으로 얻기 위해서는 통찰력, 직관, 가치에 대한 감각, 투자자들의 심리를 파악하는 능력 등이 있어야 한다. 누구나 후천적 노력을 통해 이러한 능력들을 익힐 수 있다.

옳은 판단을 하는 것은 성공적인 투자를 위한 필요조건이지 충분조건이 아니다. 다른 투자자들보다 더 적절한 판단, 즉 남과 '다르게' 생각해야 한다. 남들과 똑같이 생각한다면 결코 '평타의 늪'에서 벗어날 수 없다.

2장

월급쟁이를 위한
부동산 투자의
첫걸음

수익을 만드는
투자 사이클

앞서 월급쟁이에게 왜 투자가 필요한지, 성공적인 투자를 위해 선 어떤 마인드가 필요한지 알아보았다. 이번에는 '투자 사이클' 에 대해 이야기해보려고 한다.

투자는 일회성으로 끝나기보다 반복적으로 꾸준하게 이어 지는 경우가 많다. 한 번 사는 인생이라 생각해 과감하게 움직일 수도 있지만 그렇게 투자하기에는 리스크가 너무 크다.

리스크를 낮추고 성공적인 투자를 이어나가기 위해서는 투 자 사이클을 이해해야 한다. 그래야 체계적이고 외부의 영향에 도 흔들림 없는 자신만의 기준을 세울 수 있다.

투자 사이클은 크게 '준비', '계획', '실천', '수익'의 4단계로 볼 수 있다. '준비'는 종잣돈을 모으는 과정, '계획'은 투자를 공 부하는 과정, '실천'은 물건을 매수하는 과정, '수익'은 물건을 매

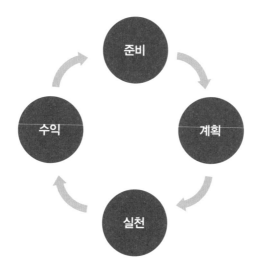

도해 돈을 버는 과정이다. '수익'의 과정이 끝나면 다시 '준비'로 돌아가 다음 투자를 대비한다.

　이해하기 쉽게 종잣돈을 모으는 '준비'는 우량종자 모으기, 이후의 과정은 농사짓기라고 생각해보자. 농부가 농사를 짓기 위해서는 종자(씨), 토양, 농기구, 물, 비료 등 많은 조건이 필요하다.

　우리 몸에 필요한 3대 영양소가 있듯이 농사에서도 3대 필요조건이 있는데 종자, 토지, 그리고 물이다. 이를 부동산 투자에 대입하면 종자는 투자하기 위한 최소한의 자본, 토지는 투자할 대상, 물은 부동산 공부인 셈이다.

자신만의
투자 기준을 세워라

투자를 농사에 비유한 이유는 투자를 하는 과정이 농사를 짓는 과정과 유사한 점이 많기 때문이다.

2006년 말, 필자는 첫 투자 후에 부동산 공부와 직장 생활을 병행했다. 그 기간 동안 필자에게는 투자 멘토가 따로 존재하지 않았다. 그렇기에 투자 과정에서 흔들릴 때마다 스스로를 잡아줄 투자 기준이 필요했다.

이때 어린 시절 시골에서 경험했던 농사가 투자 기준을 세우는 데 큰 도움이 됐다. 이렇게 세운 투자 기준이 내비게이션이 되어 흔들림 없이 스스로를 믿고 투자를 해나갈 수 있었다.

물론 내비게이션이 항상 옳은 길을 안내해준 것은 아니었다. 성공이 있기 전에 실패도 있었지만 투자방법, 투자처를 알려준 멘토가 없었기 때문에 원망할 대상도 없었다. 그렇다고 자책하지도 않았다.

실패하면 반성하며 교훈으로 삼았고, 실패의 경험을 바탕으로 내비게이션을 업데이트했다. 비록 성공에 다다를 때까지 많은 시간이 소요되긴 했지만, 지금은 그 누구보다 정확하고 확고한 투자 기준을 갖게 됐다.

농부가 파종할 종자를 아무리 많이 갖고 있어도 작물이 저절로 자라지 않듯이 종잣돈이 많다고 부자가 되는 건 아니다. 종자

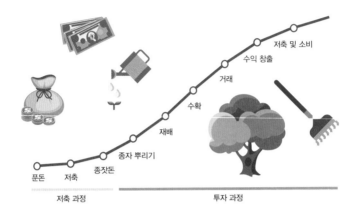

하나를 심어도 제대로 심어야 하고, 투자처를 자식 키우듯이 관리해야 비로소 수익을 창출해낼 수 있는 것이다.

재테크란 보유 자금을 효율적으로 운용해 최대의 이익을 창출하는 방법을 의미한다. 이 관점에서 본다면 푼돈을 모아서 종잣돈을 만들고 투자하는 일련의 과정 전체를 재테크라 볼 수 있다.

앞서 기본적인 투자 사이클을 '준비', '계획', '실천', '수익'의 순환이라 설명했는데, 이를 농사와 연관 지어 자세히 살펴보겠다. 필자는 재테크 사이클을 순서대로 '푼돈', '저축', '종잣돈', '종자 뿌리기', '재배', '수확', '거래', '수익 창출', '저축 및 소비' 순이라고 생각한다.

저축으로 종잣돈을 만들면 그다음은 투자를 해야 하는데 투자를 위한 돈, 즉 종잣돈은 주식, 펀드, 채권, 부동산 등 여러 투자처로 퍼져나갈 수 있다. 직장인에게 가장 좋은 투자처는 어디일까?

앞서 이야기했듯이 바로 부동산이다. 종자 뿌리기 이후 재배와 수확, 거래를 거쳐 수익금이 창출되면 이를 다시 부동산을 구매하기 위한 밑천으로 삼으면 된다. 일련의 재테크 사이클이 건강하게 반복되면 말 그대로 돈이 돈을 버는 부의 시스템이 구축되어 삶이 윤택해진다.

투자에만 사이클이 있는 것이 아니다. 부동산 시장에도 사이클, 즉 흐름이 있다. 수요보다 공급이 많으면 가격은 내려가고, 수요보다 공급이 적으면 가격은 올라간다. 이는 누구나 알고 있는 경제상식이다.

모든 일과 행동은 상식에서 시작하고, 결코 상식 수준에서 벗어나지 않는다. 상식의 틀 안에서 부동산 시장의 흐름을 읽어야 한다.

흐름을 이해하면
답이 보인다

경제가 가파르게 성장했던 과거에는 나날이 치솟는 물가와 함께 부동산 시장도 성장하기만 했다. 그러나 1997년 IMF구제금융사태와 2008년 금융위기를 겪으면서 지금의 우리나라 부동산 시장이 어떻게 변했는지 살펴봐야 한다.

2009년 전후로 서울과 수도권의 아파트 가격 폭락이 이어지면서 '부동산 불패' 신화가 깨졌다. 부동산 시장이 폭락하자 투자자들 역시 큰 손실을 입었다. 반면 지방 아파트 가격은 대폭 상승하기도 하면서 국지적으로 오르내리는 모습을 보였다.

보통 실거주가 목적이면 직주근접성과 편의시설이 잘 갖춰진 지역, 즉 입지를 최우선으로 고려한다. 시세차익을 목적으로 하는 투자자와 달리 실거주가 목적인 이들은 가격 변동에 관심이 덜하고 주거성을 중요하게 본다. 유명한 투자서도 백이면 백 부동산은 입지가 제일 중요하다고 말한다. 결론부터 말하자면 반은 맞고 반은 틀리다.

입지는 서울이 가장 좋고 후순위로 수도권, 광역시를 따라올 곳이 없다고 한다. 그런데 우리는 2009년 이후 4년 동안 서울과 수도권의 부동산 폭락장을 몸소 겪었다. 2023년에는 2022년 고점 대비 20% 이상 하락했다. 이는 오직 입지만이 가격을 정하는 것이 아니라 다른 요소도 중요하게 작용한다는 걸 뜻한다.

그러므로 실거주가 목적이 아닌 이상 입지 하나만을 우선순위로 두고 접근해서는 안 된다. 그보다 더 중요한 것은 부동산 시장의 흐름을 잘 타고, 흐름이 바뀔 때마다 눈치 빠르게 대처하는 자세다. 부동산 시장은 대응이 빠르면 빠를수록 수익도 커지는 무한경제 자유시장이라 보면 된다.

부동산 시장은 금리, 정부정책, 도시계획, 세계경제, 신규물량과 멸실주택의 수, 대선·총선공약, 국토개발계획, 인구증감 및 이동, 세대수 등 수없이 많은 요소가 복합적으로 작용해 이뤄진다. 이러한 변수들이 모여 부동산 시장을 형성하고 흐름을 바꾼다. 그렇다면 부동산 시장이 동시다발적으로 상승하지 않고 국지적으로 움직이는 건 무엇 때문일까?

부동산을 거래하는 집단은 크게 투자 집단과 실사용자 집단으로 구분할 수 있다. 투자 집단은 국지적으로 움직이면서 저금리를 무기로 레버리지를 활용해 시세차익을 노린다.

그들이 전국 곳곳에서 부동산을 사고팔기 때문에 수요와 공급의 일시적인 불균형이 생기는 것이다. 마치 소설『허생전』에 나오는 매점매석과 유사한 방식으로 부동산 시장을 교란에 빠트린다.

실수요자 집단은 이후 대중매체를 통해 투자 집단의 움직임을 뒤늦게 알게 되고, 후발 주자가 되어 부동산 시장에 접근한다. 정부는 부동산 정책을 내놓지만 뒷북 정책에 불과하다. 그래서 부동산 시장은 끊임없이 상승과 하락을 반복하는 단순한 사이클을 보인다.

대한민국에서 대표적인 부동산 상품은 아파트인데, 아파트 시장은 정부 정책, 시행·시공사, 금융권, 투기 세력이 함께 만들어낸 작품이다. 그중에서 정부의 부동산 정책에 가장 발 빠르게 대응하는 세력이 투기 세력이다.

이들은 한 곳에 레버리지 자금을 집중적으로 투하해 가격을 끌어올리는 생태계 교란종이다. 이후 투자 세력이 어느 정도 달라붙기 시작하면 실수요자 세력이 가세한다.

정부는 가격이 꼭짓점에 다다르면 부동산 규제정책 강화 등으로 압력을 가하기 시작하지만, 투기 세력은 아파트를 거주 목적으로 구매하는 게 아니기 때문에 규제가 잘 통하지 않는다. 결국 부동산 시장에서 가장 피해를 보는 것은 내 집 마련을 위해 아등바등 살아가는 실수요자들이다.

이런 일련의 사이클을 잘 파악하고 부동산 시장에 접근하면 흐름을 읽을 수 있다. 지역마다 사이클의 단계가 모두 다르기 때문에 관심 지역이 어느 단계에 접어들었는지 살펴보는 게 중요하다. 그런 식으로 투자 타이밍을 잡는다면 적어도 실패하지 않는 투자를 할 수 있다.

목표 수익률보다
목표 수익금이 중요하다

투자금은 적으면서 수익률과 수익금이 높다면 좋을 것이다. 하지만 대출을 이용해 투자할 때 수익률과 수익금을 동시에 높이는 방법은 없다.

대출금을 어느 정도의 비율로 활용하는가에 따라 수익률은 고무줄처럼 늘어나고 줄어든다. 대출금이 늘어날수록 수익금은

▎ 예금은행 대출금리(신규취급액 기준)

(단위 : %)

대출 항목	'20.12	'21.12	'22.12	'23.01	'23.02	'23.03	'23.04	'23.05
대출평균	2.74	3.25	5.57	5.46	5.32	5.17	5.01	5.12
기업대출	2.73	3.14	5.56	5.47	5.36	5.25	5.09	5.20
가계대출	2.79	3.66	5.64	5.47	5.22	4.96	4.82	4.83
소액대출(500만원이하)	4.25	5.09	7.37	7.15	6.94	6.99	7.10	6.61
주택담보대출	2.59	3.63	4.63	4.58	4.56	4.40	4.24	4.21
예·적금담보대출	2.50	2.54	4.40	4.49	4.67	4.78	4.79	4.85
전세자금대출	2.58	3.40	5.16	4.96	4.57	4.42	4.11	4.09
일반신용대출	3.50	5.12	7.97	7.21	6.55	6.44	6.30	6.44

줄어들지만 수익률은 비례적으로 증가한다. 그래서 레버리지 효과, 즉 대출을 이용해 수익을 낼 때는 수익률이 큰 의미가 없다.

무조건 수익률을 투자의 기준으로 삼으면 안 된다. 최대의 수익을 올릴 수 있는 조건(레버리지 효과가 없는 조건)에서 수익률을 따져봐야 한다. 투자금을 적게 투입하면 수익률은 당연히 상승하므로 이때의 수익률은 그저 숫자에 불과하다.

수익률의 함정에 속지 말아야 한다. 수익형 부동산을 분양할 때 아둔한 투자자들은 높은 수익률에 현혹되고는 한다. 대출금 비율을 최대로 증가시켜 레버리지 효과를 극대화하면 당연히 수익률은 높아질 수밖에 없다.

그러나 확정된 수익률을 보장하는 저축과 달리 투자는 어떤 변수가 발생할지 모르기 때문에 필연적으로 리스크가 수반된다. 불확실성이 커질수록, 즉 큰 수익이 나거나 큰 손실이 발생할 가능성이 높을수록 리스크가 큰 투자가 된다.

대출을 많이 받으면 수익률이야 높아지겠지만 그만큼 금리 인상 리스크도 치솟는다는 것을 잊지 말아야 한다. 이를 간과하면 큰 화를 입을 수 있다.

지나친 레버리지는
독이 된다

총 투자액에서 자기자본을 줄이면 투자 레버리지는 상승한다. 하지만 부채는 많이 사용하면 사용할수록 독이 될 수 있다. 부채로 자금을 조달하는 기업을 떠올리면 이해하기 쉬울 것이다. 부채를 끌어 모아 사업을 하면 경제 상승기에는 효과를 톡톡히 볼 수 있다. 그러나 경제가 하락할 때는 상장폐지와 워크아웃(기업의 재무 구조를 개선하는 작업) 등 회사가 존폐 위기에 몰릴 수도 있다.

부동산 투자에서도 레버리지를 자주 활용하고는 한다. 앞서 철저한 공부와 분석이 선행되어야 한다는 전제가 있었지만 종잣돈이 부족한 투자자에게는 갭투자가 좋은 투자법이라 이야기한 바 있다. 전세를 끼고 아파트를 매입하는 전세 레버리지 투자법이 대표적이다.

예를 들어 5억 원인 아파트를 4억 원의 전세를 끼고 자기자본 1억 원에 매입했다면 전세 레버리지는 5배(500%)가 된다.

| 레버리지 효과

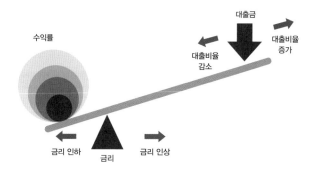

2년 뒤 운 좋게 1억 원 상승해 6억 원이 되면 자기자본 1억 원에 대한 수익률은 100%로 치솟을 것이다.

하지만 집값이 하락하면 어떻게 될까? 20% 하락해 4억 원이 되면 수익률은 -100%가 되고 집값이 전셋값과 동일해진다. 기타 비용까지 포함하면 원금 전액을 손실하게 되는 '깡통 전세'로 전락하는 것이다. 이처럼 레버리지로 이익을 극대화할 수 있지만 손해도 극대화될 수 있기 때문에 양날의 검이다.

보통 부동산에 처음 투자할 때는 간이 작아 레버리지를 조심스럽게 사용한다. 하지만 기대 이상의 수익을 내기 시작하면 점차 자신의 능력을 과신하고 레버리지를 과감하게 사용하는데, 이렇게 지나친 욕심에 남의 돈을 끌어서 쓰게 되면 큰 화를 입을 수 있다.

우리는 1997년 IMF구제금융사태와 2008년 금융위기 때 잘나가던 기업과 개인 사업가들이 하루아침에 망하고, 도심의 빌딩들이 외국에 헐값으로 팔리는 모습을 목격했다. 모두 지나친 레버리지로 사업을 했기 때문이다.

무리한 투자에 심취한 사람은 보통 자기자본은 물론이고 신용거래와 대출까지 쏟아 부어 투자액을 늘린다. 그러나 경제 상황이 항상 좋을 수는 없다. 하락장에서는 어느 정도 버텨줘야 하는데 그 시기를 이기지 못하는 것이다. 부동산 투자자도 주식 투자자도 성공에 심취한 그 시기가 가장 위험하다. 우리는 이미 심취하다가 호되게 당한 경험이 있다.

바람직한 투자는 한 번에 큰 수익을 내고 끝내는 것이 아니라 잃지 않고 꾸준히 이어나가는 것이다. 그렇다면 굳이 지나친 레버리지를 사용할 이유가 없다. 본인이 감내할 수 있는 수준 내에서 적절하게 레버리지를 사용하는 것이 가장 좋다.

습관을 고치고
종잣돈을 모아라

필자는 지독할 정도로 절약하는 습관이 있다. 아무래도 부모님의 영향을 많이 받아서 그럴 것이다. 어머니는 시골에서 여섯 남매를 키우시느라 늘 돈이 없으셨다. 그래도 초등학생이던 필자에게 매주 꼬박꼬박 1천 원씩 용돈을 주시며 저축하라고 하셨다.

필자는 그 돈의 가치를 알기에 함부로 쓸 수 없었다. 버스비가 아까워 집에서 초등학교까지 왕복으로 6km나 되는 거리를 비가 오나 눈이 오나 매일같이 걸어 다녔다.

지금도 이런 상을 주는지 모르겠지만 필자는 초등학교 졸업식 때 저축상을 받았다. 6년 동안 고작 10만 원을 저금했는데 말이다. 참 의아했다. 한참을 잊고 지내다가 스승의 날 때 담임 선생님을 만나 "고작 10만 원을 저축했을 뿐인데 왜 제가 저축상을 받았는지 모르겠습니다."라는 말을 농담 삼아 꺼낸 적이 있다. 선생님은 그때 "얼마를 모았는지가 중요한 게 아니라 얼마나 꾸준히 모으는가가 중요하다."라고 이야기하셨다.

그렇다. 저축을 많이 해서 상을 받은 게 아니었다. 학교를 다니는 동안 꾸준히 저축했기 때문에 상을 받은 것이다. 그때 생긴 습관이 지금의 돈 관리 마인드를 만들었다. 저축 액수가 문제가 아니라 습관이 중요하다.

속담 중에 "티끌 모아 태산"이라는 말이 있다. 티끌을 우습게 보지 말아야 한다. 금수저를 물고 태어나지 않은 이상 티끌부터 시작해야 하는 것이 순리다. 그 과정을 생략하고 막연하게 부자가 되고 싶다는 생각만 해서는 안 된다.

한두 푼씩 모아서 작은 종잣돈을 만들고 돈 모으는 과정을 끊임없이 반복해 행복과 성취감을 느껴보자. '습관을 고치고 종잣돈을 모아라'라고 제목을 붙인 이유는 돈 모으는 습관이 부동산 투자의 첫걸음이기 때문이다.

종잣돈을 모으는
7가지 방법

돈을 모으는 데만 주안점을 두라는 이야기는 아니다. 애써 모은 종잣돈을 썩히지 말고 적극적으로 투자해야 한다. 어린 시절에는 저축만 잘하면 부자가 된다고 배웠다. 하지만 사회에 나와 첫 월급을 받고 나서 저축만으로는 부자가 될 수 없다는 것을 깨달았다.

종잣돈을 모으는 것도 중요하지만 시의적절하게 투자하는 것도 중요하다. 이 점을 명심하면서 종잣돈을 효율적으로 모으는 방법에 대해 알아보자.

1. 적금 풍차 돌리기

사회초년생이 종잣돈을 가장 빨리 모을 수 있는 방법은 '적금 풍차 돌리기'다. 해보지 않은 사람은 적금 풍차 돌리기를 회의적으로 생각한다.

'이자가 몇 푼이나 된다고 그래?', '통장 하나 관리하기도 어려운데 매달 통장을 1개씩 늘리라고?', '1년이면 통장이 12개인데 어떻게 관리하란 말이야?' 등 부정적인 시선도 다양하다. 너무 복잡하고 번거로워 구시대적인 재테크 방식이라 치부하는 이들도 많다.

하지만 적금 풍차 돌리기는 저축 이상의 역할을 하는 유의미한 방식이다. 저축하는 습관과 돈 관리하는 기술을 자연스럽게 배울 수 있기 때문이다. 이자가 적다고 무시하지 말고 꼭 한번 시도해보기 바란다.

적금 풍차 돌리기는 강제로 종잣돈을 모으는 방식이다. 이자가 적다고 푸념해서는 안 된다. 저축의 개념이지 투자가 아니기 때문이다. 적금 풍차 돌리기는 최대한 돈을 아껴서 모으는 데 의

| 적금 풍차 돌리기 예시

구분	적금 1	적금 2	적금 3	적금 4	적금 5	적금 6	적금 7	적금 8	적금 9	적금 10	적금 11	적금 12
1월	10만 원	10만 원	10만 원	10만 원	10만 원	10만 원	10만 원	10만 원	10만 원	10만 원	10만 원	10만 원
2월		10만 원	10만 원	10만 원	10만 원	10만 원	10만 원	10만 원	10만 원	10만 원	10만 원	10만 원
3월			10만 원	10만 원	10만 원	10만 원	10만 원	10만 원	10만 원	10만 원	10만 원	10만 원
4월				10만 원	10만 원	10만 원	10만 원	10만 원	10만 원	10만 원	10만 원	10만 원
5월					10만 원	10만 원	10만 원	10만 원	10만 원	10만 원	10만 원	10만 원
6월						10만 원	10만 원	10만 원	10만 원	10만 원	10만 원	10만 원
7월							10만 원	10만 원	10만 원	10만 원	10만 원	10만 원
8월								10만 원	10만 원	10만 원	10만 원	10만 원
9월									10만 원	10만 원	10만 원	10만 원
10월										10만 원	10만 원	10만 원
11월											10만 원	10만 원
12월												10만 원
월계	10만 원	20만 원	30만 원	40만 원	50만 원	60만 원	70만 원	80만 원	90만 원	100만 원	110만 원	120만 원
합계	10만 원	30만 원	60만 원	100만 원	150만 원	210만 원	280만 원	360만 원	450만 원	550만 원	660만 원	780만 원

큰돈은 없지만 부동산 투자는 하고 싶은 월급쟁이에게

미가 있고, 몇 푼 안 되는 이자는 그저 부수적인 덤이라고 생각하면 된다.

현재 은행 금리는 4~5%대다. 월 10만 원씩 적금으로 풍차 돌리기를 해서 얻을 수 있는 이자 수익은 5만 원대에 불과하다. 고작 5만 원을 벌기 위해서 풍차 돌리기를 하라는 것이 아니다. 불필요한 지출을 막아 목돈을 만드는 데 진짜 목적이 있다.

소액일지라도 적금 풍차 돌리기를 통해 묶어둘 수 있는 것이다. 적금 풍차 돌리기를 비난하기 전에 저축과 투자의 개념부터 이해하길 바란다.

필자도 사회초년생 때 적금 풍차 돌리기로 종잣돈을 꽤 모았다. 1년에 통장을 12개나 만든 것은 아니었고 자금 상황에 따라 격월과 분기별로 신규 통장을 만들었다. 월 납입금도 상이했다. 그러나 목표 금액과 기간은 필자만의 원칙이 있었다.

기본 원리는 매달 1년 만기에 새로운 적금 상품에 가입하는 것이다. 그렇게 1년을 기준으로 새로운 통장을 개설한다. 통장의 개수와 금액은 중요하지 않다. 본인의 재무 상황을 고려해 목표 금액과 기간을 설정하면 된다.

그렇게 1년이 지나면 매달 만기 통장의 기쁨을 맛볼 수 있다. 이런 소소한 결실이 반복되면 저축에 재미를 붙일 수 있다.

한 번에 고액의 장기 적금에 가입하면 중도에 해약해야 할 때 이자 등의 손실이 발생한다. 그러면 종잣돈 모으기를 금세 포기할 수도 있다. 그러나 적금 풍차 돌리기는 돈을 소액으로 쪼개서 저축하는 방식이므로 필요한 자금만큼만 해지할 수 있다. 매달 만기 적금을 찾는 즐거움은 덤이다.

2. 돈줄 새는 구멍 막기

종잣돈 만들기의 기본은 줄줄 새는 푼돈부터 막는 것이다. 부자들의 돈 관리 방법에 대해 생각해보자. 일반인이나 부자나 모두 큰돈은 잘 아낀다. 그러나 푼돈을 관리하는 자세에서 차이가 나타난다.

일반인은 보통 잔돈은 푼돈이라 생각하여 소중하게 다루지 않는다. 그래서 모르는 사이 잔돈이 호주머니에서 줄줄 빠져나간다. 하지만 그 얼마 안 하는 100원이 모이고 모여 1천 원이 되고, 1만 원이 되고, 다시 10만 원, 100만 원, 1천만 원이 된다. 잔돈이 모여 목돈이 된다는 걸 알면서도 그 소중함을 모르고 사는 것이다. 푼돈을 우습게 보면 목돈을 모을 수 없다.

한 예로 10년 전, 필자는 얼마 안 되는 푼돈 230만 원으로 땅을 샀고 매달 4만 원씩 지료를 받고 있다. 적은 임대료지만 푼돈을 우습게보면 안 된다는 생각에 소중하게 관리하는 중이다.

목돈을 모으는 방법은 어렵지 않다. 작은 생활 습관에서부터 시작하면 된다. 그런 습관을 만들기 위해 푼돈이 새는 구멍부터 차단해야 한다. 그러기 위해서는 자신이 쓰는 돈의 규모가 얼마인지 지속적으로 확인할 필요가 있다.

그래서 추천하는 방법이 가계부를 쓰는 것이다. 바쁜 현대인이 언제 가계부를 쓰냐고 반문할 수도 있다. 하지만 수기 가계부를 쓰기 어렵다면 엑셀 가계부도 있고, 스마트폰의 무료 가계부 애플리케이션도 있다. 물론 가계부를 쓰는 행위 자체가 푼돈 새는 일을 막는 것은 아니다. 저축이 작은 습관에서부터 시작된다고 말했듯이 돈을 줄이겠다는 마음가짐을 가져보자는 뜻이다.

가계부를 작성하면 지출 현황을 파악할 수 있고, 자신이 돈을 어떻게 쓰는지 소비 패턴을 명확하게 파악할 수 있다. 궁극적으로 푼돈이 새는 것을 줄이는 해결 방안도 찾을 수 있다.

"밑 빠진 독에 물 붓기"라는 말이 있다. 밑 빠진 독에 아무리 물을 부어도 독이 채워질 수 없다는 뜻이다. 아무리 돈을 많이 번다고 해도 돈이 조금씩 새어나가면 헛수고가 되어버린다.

밑 빠진 독에 물 붓는 꼴이 되지 않기 위해서는 큼직하게 나가는 돈이 무엇인지 체크해보고, 줄일 수 있는 방법을 강구해야 한다.

필자가 사회초년생이던 시절, 자녀 공부법이 남다른 부장님이 계셨다. 부장님 슬하에는 중학교를 다니는 2명의 자녀가 있었는데, 주말이면 부장님이 자녀들과 함께 공부를 했다. 인터넷 카페에 있는 문제들을 엮어 자녀들에게 나눠주고 가르치는 식으로 교육비를 아낀 것이다.

평일 내내 업무에 시달리면 주말에는 쉬고 싶을 만도 한데 시간을 할애해 자녀들을 지도한 것이다. 지금 부장님의 두 자녀는 명문 사립대와 국립대를 나와 공기업에 다니고 있다. 이처럼

2장 월급쟁이를 위한 부동산 투자의 첫걸음

고단하지만 노력 여하에 따라 교육비라는 큰 지출을 줄이는 방법도 있다.

만일 은행 대출 이자 상환이 가장 큰 지출이라면 그 이자를 줄이는 방법을 찾아야 한다. 대출상품을 갈아타는 방법, 금리인하요구권을 행사하는 방법, 지금보다 작은 평수의 아파트로 이사 가는 방법 등 여러 방면으로 고민하는 것이 좋다. 이 외에 식비, 여행비, 충동구매, 중복 혜택으로 가입한 보험 등도 큰 지출 중에 하나임을 명심하자.

돈을 모은다는 것은 다이어트와 닮았다. 다이어트에 실패하는 이유는 맛있는 음식과 주변 사람들의 유혹인 경우가 대부분인데, 그 유혹을 단호하게 뿌리쳐야만 성공할 수 있다. 돈 모으는 일 역시 여러 유혹을 뿌리쳐야만 가능하다.

1억 원을 모으기 쉽다고 이야기하는 사람은 별로 없을 것이다. 그 이유는 우리가 주변에 산재하는 많은 유혹들을 전부 뿌리치지 못하기 때문이다. 목돈이 생기면 분위기 좋은 5성급 호텔에 가서 식사하고 싶다거나 해외여행을 가고 싶다는 보상 욕구가 생긴다. 새 차도 뽑아서 고생한 자신을 위해 선물을 해주고 싶다는 생각을 한다.

그렇게 욕구대로 돈을 써버리면 목돈을 모을 수 없다. 푼돈이 모여서 목돈이 되고, 이 목돈이 투자를 위한 종잣돈이 된다. 부동산 투자의 첫걸음은 목돈 나가는 구멍을 막는 것임을 명심하자.

3. 식비 줄이기

인간 생활의 3가지 기본 요소는 '입을 것(衣)', '먹을 것(食)', '생활하는 곳(住)', 즉 의식주다. 의식주를 통제하고 절제한다는 것은 고통과 인내가 수반되기에 쉽지 않은 일이다.

그중에서 소비 지출의 대표 항목은 먹을 것, 즉 식비다. 어느 조사기관의 지출비용 설문조사 결과, 카드명세서 내역 중 식비가 절반 이상을 차지하는 경우가 많았다고 한다. 다시 말해 식비를 줄이면 지출의 반은 줄일 수 있다는 이야기인데, 알고 있어도 실천이 어려운 게 현실이다.

3인 가족의 식비로 월 200만 원씩 지출하다가 100만 원으로 100만 원을 줄이면 1년에 1,200만 원의 목돈이 만들어진다. 이렇게 2년이면 2,400만 원을 만들 수 있다. 누군가에게는 하찮은 푼돈에 불과할 수도 있겠지만, 누군가에게는 부동산 투자의 밑거름이 되기도 한다.

대개 식비를 줄이라고 이야기하면 주식을 값싼 인스턴트로 대체해 건강이 악화된다는 인식이 강한데, 식비를 줄이라는 건 집밥에 들어가는 비용을 줄이라는 것이 아니라 외식을 줄이라는 뜻이다.

외식을 줄이면 단순히 목돈만 만들어지는 게 아니다. 집밥은 자극적인 외식보다 건강에 좋고 가계에도 큰 보탬이 된다. 그리고 가족 간에도 대화의 기회가 많아져 화목한 가정을 만드는 데 큰 역할을 한다.

식비와 건강이 반드시 비례하지는 않는다. 비용 역시 집밥이 몇 배는 싸다. 집에서 건강한 식단을 준비해서 끼니를 해결한다면 건강에 도움도 되고 식비 지출도 줄이는 효과를 얻을 수 있다.

오랫동안 보관하고 있는 냉장고의 식자재를 비우는 것도 좋은 방법이다. 집에서 먹는 밥은 비주얼을 따질 필요도 없고 예쁘게 차릴 필요도 없다. 가족이 맛있게 먹어주기만 하면 된다.

가공식품은 대형마트에서 한 달에 한 번 구입하고, 신선재료는 필요할 때마다 구매하는 것이 좋다. 재래시장, 로컬푸드 매장, 동네 마트를 자주 이용하자.

대형마트에서는 유통기한이 임박한 식자재로 '1+1 행사' 등을 하기 때문에 필요 이상으로 많이 구매하는 경우가 잦다. 먹지도 못하고 한 주 뒤에 음식물 쓰레기통으로 갈 수 있으니 싸다는 이유로 무작정 사면 안 된다. 불편하더라도 재래시장을 이용해 필요한 만큼만 사는 습관이 필요하다. 식비 절약이 종잣돈 모으기의 첫 단추임을 잊지 말자.

4. 수입 늘리기

2018년 7월 1일부터 '주당 근로시간 52시간'이 시행되면서 월급쟁이에게 시간적 여유가 많이 늘어났다. 바뀐 근무제 정책은 워라밸을 지향해 만들어졌지만 실질적인 수익을 줄여버리는 역효과도 생겨났다.

그래서 투잡, 쓰리잡을 뛰는 직장인이 늘어나고 있는 실정이

큰돈은 없지만 부동산 투자는 하고 싶은 월급쟁이에게

다. 한 취업 사이트에서 직장인 10명 중 3명이 부업을 하고 있다는 통계자료를 발표했다.

어쩌면 이제 부업은 선택이 아닌 필수가 될지도 모른다는 생각이 든다. 자신의 기술과 재능을 살려 부수익을 창출하는 것도 수입을 늘리는 좋은 방법이다.

필자는 대학교에 다닐 때 건설 현장에서 작업반장을 따라다니며 미장일을 했었다. 그 경험을 살려 아파트를 매수하면 셀프 인테리어를 했다. 첫 월급을 받고 불안한 미래를 걱정하던 시절에는 퇴근 후에 수학강사로 일했다.

아내 역시 사교적이고 손재주가 좋아서 소모임 강좌를 개설해 소소한 부수익을 냈다. 아내가 그동안 취득한 자격증은 제과·제빵, 미용, 네일아트, 바리스타, 컴퓨터 등 15개가 넘는다.

이 외에도 할 수 있는 일은 많다. 본인의 재능을 살려서 부업을 찾는다면 보다 빠르게 꿈에 가까워질 수 있다. 물론 부업이 본업에 악영향을 미쳐서는 안 된다.

부업 말고 근본적인 수익을 늘리는 방법은 스펙을 쌓아 더 좋은 회사로 이직하는 것이다. 필자는 대학교 졸업 후 바로 중소기업에 입사했고 각종 수당을 포함한 첫 월급은 200만 원이었다.

얼마 후 첫 아이가 세상에 나왔고 생활비가 늘어나니 투자를 위한 종잣돈 마련이 힘들어졌다. 그래서 부동산 투자금을 만들기 위해 일을 하면서 스펙을 쌓기 시작했다. 가정과 회사 어느 한 곳도 소홀히 하지 않기 위해 누구보다 열심히 살았다.

그 결과, 5년이 지난 후 대기업에 입사했고 10년이 지나면서 월급은 이전 회사보다 3배가 상승했다. 앞으로 또다시 도약할 시기가 다가오리라고 생각한다.

필자는 사람의 인생이 4쿼터로 이뤄져 있다고 생각한다. 사회초년생이라면 이제 막 1쿼터를 마치고 2쿼터를 시작했을 뿐이다. 더 많은 보수를 바란다면 스펙을 쌓아 불안정한 미래를 대비하기 바란다.

그리고 늘어나는 소득과 함께 겸손한 태도를 배워야 한다. 소득이 늘어나면 사치, 자존심, 소비충동, 우월감, 욕망 등이 생기는데 남들의 시선을 눈곱만큼도 신경 쓰지 말고 그것들을 내려놓아야만 소득이 종잣돈으로 쌓인다.

5. 똑똑하게 통장 관리하기

직장인들이 누가 시키지 않아도 폴더를 만들고 파일을 구분하여 저장하는 이유는 뭘까? 문서 정리만 잘해도 불필요한 업무가 줄어들고 핵심 업무에 집중할 수 있기 때문이다. 업무 흐름을 빨리 파악해 생산성을 높여 시간을 단축할 수 있는 것이다. 직장에서 문서 관리만 잘해도 업무시간의 반은 줄어든다.

문서는 작성한 후에 성격에 맞는 폴더에 저장하고 관리한다. 이처럼 당신이 적은 월급을 받을지라도 그 월급을 어떻게 관리하느냐에 따라 재테크 결과는 확연히 달라진다. 문서를 관리하는 노력의 반만 통장 관리에 투자하면 돈이 마술처럼 불어나는

│ 효율적인 통장의 구분

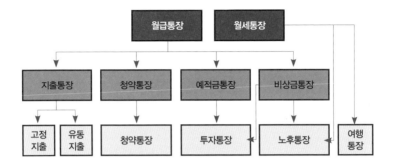

효과를 경험할 수 있다.

목적과 방법을 몰라서, 귀찮아서, 바빠서, 효과가 없을 것 같아서 안 했다는 핑계는 접어두자. 이번에는 가장 효율적인 돈 관리법인 '통장 관리하기'에 대해 다뤄보겠다.

통장 쪼개기의 목적은 수익을 늘리기 위함이 아니다. 지출을 통제해 크고 작은 구멍으로 새는 돈을 막는 게 목적이다. 하나의 통장으로 관리하면 돈이 어디로 얼마나 새어나가는지 보이지 않는다.

통장 관리를 잘하는 사람은 보통 '선저축 후지출' 생활형이다. 반대로 통장 관리를 못하는 사람은 '선지출 후저축' 생활형인 경우가 많다. 얼핏 보면 비슷해 보이지만 돈을 통제하는 능력에 따라 결과가 크게 달라진다. 돈을 통제할 수 있어야 큰돈을 모을 수 있다.

통장을 쪼갠다고 수익이 늘어나는 것도 아닌데 무슨 의미가 있냐고 생각할 수도 있다. 통장에 모으는 돈은 투자가 아니므로 당연히 큰 수익이 발생하지 않는다. 그러나 투자할 수 있는 종잣돈을 더 빨리, 더 많이 모을 수 있는 방법이 바로 통장 쪼개기다.

통장의 종류는 크게 월급통장, 월세통장, 지출통장, 청약통장, 예·적금통장, 비상금통장, 투자통장, 노후통장, 여행통장 등으로 나뉜다.

차례대로 살펴보면 월급통장은 급여가 들어오는 통장을 말한다. 여기로 들어온 수익을 쪼개서 목적에 맞는 통장에 적절히 배분해야 한다. 월급이 들어오면 수일 내에 나머지 통장들로 자동이체가 되게 하는 것이 좋다.

목적에 맞는 통장으로 돈을 배분해야 하므로 월급통장에는 월급날 외에는 돈이 남아 있어서는 안 된다. 그러면 현금 흐름이 좋아지고 돈을 편하게 관리할 수 있다.

지출통장은 매달 고정으로 나가는 돈을 관리하는 통장이다. 교육, 관리, 보험, 교통, 통신, 경조사, 각종 세금 등이 해당된다. 지출은 고정 지출과 유동 지출로 구분할 수 있는데, 가능하면 통장을 두 개로 분리해서 각각 관리하는 것이 좋다. 분리하기 어렵다면 고정 지출의 30% 이상을 추가로 통장에 넣은 후 남은 금액을 비상금통장 또는 자유식 적금에 넣는 것이 좋다.

문자 알림 서비스를 신청하면 신용카드, 체크카드 사용 시 지출 내역을 확인할 수 있는데다가 통장 입출금 시 입금, 인출, 잔고 내역을 바로 확인할 수 있다. 요새는 활용도가 우수한 무료

가계부 애플리케이션이 많아서 가계부 정리도 수월하게 할 수 있다.

예·적금은 종잣돈을 만들기 위한 가장 중요한 단계다. 그래서 예·적금은 금리가 높은 은행을 선택해야 한다. 시중 은행이 가장 안전하지만 5천만 원 이하의 소액 모으기라면 상호저축은행 등 금리가 시중 은행보다 약 1~2%의 추가 금리 혜택을 받을 수 있는 제2금융권에 저축하는 것도 하나의 방법이다.

금리 1%는 엄청난 차이가 있다. 1천만 원의 1%는 10만 원이다. 10만 원은 사실 크게 느껴지지 않는다. 3천만 원을 시중 은행의 예·적금(금리 4%)과 저축은행 예·적금(금리 5%) 상품에 넣으면, 후자의 경우 1년에 30만 원, 2년이면 60만 원을 더 받을 수 있다.

물론 세금을 뺀 단순 계산이지만 그만큼 1%의 차이가 크다는 이야기다. 소소한 금리부터 관심을 가지는 것이 재테크의 시작임을 기억하길 바란다. 저축은행중앙회 홈페이지(www.fsb. or.kr)에서 금리가 높은 상품을 쉽게 찾을 수 있으니 참고하기 바란다.

다음은 비상금통장이다. 이 통장은 돈을 단기간 동안 운용하는 용도라서 CMA(증권사자산관리)통장과 인터넷전문은행(토스, 카카오뱅크 등)을 많이 사용한다. 단 하루를 넣어도 이자가 붙기 때문이다.

다만 증권사 상품이기 때문에 타행 ATM기를 사용할 때 많은 수수료가 발생하는 단점이 있다. 수수료 면제 혜택이 되는지 확인하고 가입하도록 하자.

종잣돈을 모으기 위해 허리띠를 졸라 매고 있다면 비상금통장은 꼭 마련해둬야 한다. 예기치 못한 지출이 발생하는 경우가 종종 생기기 때문이다. 비상금이 없으면 힘들게 모으고 있던 적금이나 예금을 해지해야 하는 상황이 발생한다.

마이너스 통장을 만들어 사용할 수도 있으나 신용카드 사용 내역이 없어 신용도가 낮으면 이마저도 거절당할 수 있다.

비상금은 개인마다 상황이 다르기 때문에 정해진 기준은 없지만, 일반적으로 월급의 3~6배 정도를 준비해놓으면 좋다.

비상금이 없는데 단기 급전이 필요할 때 보험금 내에서 대출을 받을 수 있는 보험계약대출(약관대출)을 활용하는 방법도 있다. 보험계약대출의 장점은 신청 절차가 간편해 보험사 홈페이지나 스마트폰 애플리케이션으로도 대출을 받을 수 있다는 것이

큰돈은 없지만 부동산 투자는 하고 싶은 월급쟁이에게

다. 전화 한 통만으로도 보험료를 담보로 대출을 받을 수 있다.

보험계약대출은 잘 활용하면 비상금통장 없이도 자금을 유용하게 사용할 수 있는 방법이지만, 대출 금리가 높아서 상환 부담이 크기 때문에 유의해야 한다.

투자통장은 시중 은행에서 만들기보다는 CMA통장으로 개설하는 것이 좋다. 예를 들어 올해 5천만 원으로 지방 부동산에 투자하려고 한다고 가정해보자. 예금으로 4천만 원을 모은 상태라 5개월 뒤에 1천만 원을 더 모아서 5천만 원을 만들 예정이다.

그 5개월 동안 적합한 물건이 나오면 일단 계약을 진행해야 하기 때문에 입출금이 자유롭고 이자도 받을 수 있는 통장이 필요하다. 이때 적합한 게 CMA통장이다. 다만, 예금자보호대상이 아니라는 위험성이 있다.

그 외 파킹통장(Parking+통장: 주차장에 차를 잠시 주차하듯이 짧은 시간 동안 예비자금을 주차해 놓는다는 의미) 중 대표적인 통장에는 카카오뱅크, 케이뱅크, 토스뱅크 등이 있다. 5천만 원 예금자보호가 가능하며, 연 2% 전후의 금리를 적용받을 수 있다.

마지막으로 월세통장이다. 수익형 부동산에 투자하면 월세통장이 생긴다. 월세는 수입이므로 급여통장과 동일한 방법으로 관리하면 된다. 월세를 1~2곳에서 소소하게 받는다면 월급통장으로 통합해 관리해도 되지만, 들어오는 월세가 많다면 별도의 통장 관리가 필요하다.

임대계약서 작성 시 월세 임금 일정을 월급일과 동일한 일자

로 지정해야 통장 관리가 편하다. 또한 월세통장에 입금된 돈은
목적에 맞는 통장으로 자동이체를 신청해놓는 게 좋다.

6. 주택청약통장을 만들자

청약통장은 중요하기 때문에 따로 소제목을 할애했다. 평범
한 사람이라면 내 집 마련을 꿈꾸기 마련이다. 그 꿈의 첫 단추
는 주택청약종합저축통장, 즉 청약통장을 개설하는 것이다.

최근 주요도시 집값 하락 등 부동산 침체로 투기과열지역과
조정대상지역을 대거 해제하면서 정책 방향이 완화 기조로 흘
러가고 있다. 이에 따라 유주택자에게도 청약의 기회가 많이 찾
아 올 것으로 기대된다.

청약 가입자 수는 매년 꾸준하게 증가하여 2023년 6월 말 기
준으로 2,700만 명 수준이다. 성인 상당수가 가입한 상태라고
볼 수 있는데, 혹시 이 글을 읽고 있는 독자 중에 아직 가입하지
않은 사람이 있다면 당장 오늘이라도 개설하기 바란다. 청약통
장은 내 집 마련의 꿈을 실현시켜줄 사다리가 될 것이다.

주택청약종합저축통장은 2009년 5월 6일 출시된 상품으로,
전용면적 85m² 이하의 공공주택을 위한 청약저축, 모든 민영주
택과 전용면적 85m²를 초과하는 공공주택을 위한 청약예금, 전
용면적 85m² 이하의 민영주택을 위한 청약부금 등 기존의 청약
관련 상품에서 구별했던 기능을 통합한 것이다. 국민주택과 민
영주택을 가리지 않고 모든 신규 분양주택에 사용할 수 있어 '만

| 청약통장 가입현황(2023년 6월 기준)

(단위 : 좌)

구분	계	1순위	2순위
종합저축	25,882,064	17,190,192	8,691,872
청약저축	367,595	289,793	77,802
청약부금	153,499	122,926	30,573
청약예금	942,788	942,788	0
총계	27,345,946	18,545,699	8,800,247

능청약통장'이라고 불린다.

주택 소유 및 세대주 여부 등에 관계없이 누구나 가입할 수 있는 것이 특징이다. 단 만 19세 이상이어야 하고(19세 미만인 세대주는 허용), 1인 1통장 제도가 적용되어 기존 청약통장에 가입된 경우에는 해지하고 신규로 가입해야 한다. 2개 이상의 은행에 중복 가입하는 것도 허용되지 않는다. 신규로 가입한 경우에는 기존 청약통장의 가입 기간이나 납입 금액 등을 인정해주지 않는다.

20세 미만 가입자의 경우에는 1순위가 되더라도 청약할 수 없다. 또한 기존의 청약저축·청약예금·청약부금에서 전환 가입은 허용되지 않는다. 헷갈린다면 일단 신분증을 가지고 근처 은행을 방문하자. 청약통장은 국민주택기금을 취급하는 은행인 우리은행·농협은행·기업은행·신한은행·하나은행·국민은행·대구은행·부산은행·경남은행에서 만들 수 있다. 금리는 일반 적금보다 낮으니 주택을 공급 받을 수 있는 최소 예치기준금액만 납입하는 것을 추천한다.

납입 방식은 일정액 적립식과 예치식을 병행해 매월 2만 원 이상 50만 원 이내에서 5천 원 단위로 자유롭게 불입할 수 있다. 잔액이 1,500만 원 미만인 경우에는 월 50만 원을 초과해 1,500만 원까지 일시 예치가 가능하다. 잔액이 1,500만 원 이상인 경우 월 50만 원 이내에서 자유롭게 적립할 수 있다.

가입일로부터 1개월 이내는 무이자, 1개월 초과 1년 미만은 연 1.3%, 1년 이상 2년 미만은 연 1.8%, 2년 이상은 연 2.8%의 금리를 적용한다. 참고로 금리는 정부의 고시에 의해 언제든지 바뀔 수 있다.

예금자보호법에 의해 보호되지는 않으나 국민주택기금의 조성 재원이므로 정부가 관리해 안전하다. 가입자가 사망한 경우 그 상속인으로 명의 변경이 가능하며, 본인 한도 내에서 비과세 종합저축 가입이 가능하다.

순위는 청약 가입 기간, 청약 지역(투기지역, 투기과열지구, 조정대상지역, 그 외 지역), 소유한 주택 수, 청약 당첨 사실 여부 등에 따라서 달라진다. 1순위 여부는 관심 지역 모델하우스 오픈 시 상담사에게 문의하는 것이 가장 정확하다.

어느 지역에 몇 평대의 아파트를 청약하느냐에 따라서 예치기준금액이 달라진다. 서울 기준으로 평형대가 85m^2 이하인 경우 최소 300만 원 정도의 예치금이 있어야 하며, 102m^{2}는 600만 원, 135m^2 이하는 1,000만 원의 예치금이 필요하다. 모든 평형대를 마음껏 청약하고 싶다면 예치금이 1,500만 원은

| 거주지역별 민영주택 청약 예치기준 금액

(단위 : 만 원)

구분	서울, 부산	기타 광역시	시·군지역
85㎡ 이하	300	250	200
102㎡ 이하	600	400	300
135㎡ 이하	1,000	700	400
모든 면적	1,500	1,000	500

되어야 한다.

주택 규모를 선택 또는 변경하는 것은 즉시 가능하다. 청약 통장의 가입 기간과 무주택 기간, 부양가족 수 등 여러 가지 조건을 계산해서 점수가 책정되며, 만점 84점을 기준으로 점수가 높은 순으로 청약자가 선택된다.

당첨률을 높이기 위해서는 우선 본인이 몇 점 정도 나오는지 파악하고, 이후 점수를 높이기 위해 어떻게 해야 하는지 전략을 세울 필요가 있다.

필자는 서울 변두리의 빌라에서 전세로 살던 회사 후배에게 청약통장으로 내 집 마련을 해보라고 조언해줬는데, 10번의 도전 끝에 1년이 조금 지난 후 특별공급으로 서울 강남에 집을 마련하는 데 성공했다. 신혼 초라서 담보대출이 많지만 이른 나이에 서울에서 내 집 마련이라는 큰 목표를 이룬 것이다. 그 후배는 담보대출을 20년 장기 후불식 적금이라고 생각하니 마음이 편해졌다고 한다. 그리고 지금도 아내와 맞벌이하며 성실히 대출 이자와 원금을 상환하고 있다.

| 청년우대형 청약통장 저축기간별 이자율 비교

구분	저축기간				
	1개월 이내	1개월 초과~ 1년 미만	1년~2년 미만	2년~10년 이내	10년 초과 시부터
주택청약종합저축 이자율(%)	무이자	연 2.0%	연 2.5%	연 2.8%	연 2.8%
청년우대형 주택청약종합저축 이자율(%)	무이자	연 2.0%	연 2.5%	연 4.3%	연 2.8%

7. 청년우대형 청약통장에 가입하기

　정부에서는 만 34세 이하 청년들만 가입할 수 있는 청약통장을 만들었다. 청년들이 집을 구할 때 돈을 더 쉽게 모을 수 있도록 나라에서 돕는 것이다.

　매달 2만 원에서 50만 원까지 금액을 정해서 저축할 수 있는데, 청년우대형 청약통장은 4.3% 금리를 적용받아 일반 청약통장의 적용 금리 2.8%보다 1.5% 높다는 장점이 있다.

　가입 기준은 만 19세 이상부터 만 34세까지며 병역의무를 이행한 자는 그 기간만큼 인정된다. 다만 연수입이 3,600만 원 이하여야 한다. 그리고 신청하는 사람과 그 가족들까지 자기 이름으로 된 집이 없어야 한다.

　주택청약 기능이 있는 만큼 무주택 세대주만 가입이 가능하며, 기존에 다른 통장에 가입한 경우에는 자격 요건이 된다면 청년우대형 청약통장으로 전환이 가능하다. 청년우대형 청약통장을 활용한다면 기회와 목돈을 동시에 준비할 수 있다.

노후를 위해
부자를 꿈꿔라

지금까지 목돈을 모으는 7가지 방법에 대해 알아보았다. 우리가 이렇게까지 돈을 모으기 위해 애쓰는 이유는 월급만으로 부자가 될 수 없는 시대에서 살아가고 있기 때문이다.

하지만 불확실한 시대에는 살수록 목표는 뚜렷해야 한다. 행복한 노후를 위해 부자를 꿈꿔야 한다. 대단한 부자가 아니더라도 넉넉하게 살 정도는 돼야 한다.

사실 부자는 재테크로만 가능한 것이 아니다. 금수저로 태어났거나 특별한 재능이 있다면 재테크를 안 해도 부자가 될 수 있다. 제프 베이조스(아마존), 일론 머스크(테슬라), 빌 게이츠(마이크로소프트)는 창업으로 부자가 됐다. 운동에 재능이 있는 스포츠 선수나 목소리가 아름다운 가수 등은 태어날 때부터 지닌 본인의 재능으로 부자가 될 수 있다. 하지만 당신에게 이러한 능력이 없다면 하루라도 빨리 부자가 되는 다른 길을 찾아야 한다.

평범한 사람이 부의 추월차선에 올라탈 수 있는 유일한 방법은 부동산 투자다. 필자가 성공적인 투자를 할 수 있었던 건 뚜렷한 계획을 세우고 하나씩 실천했기 때문이다. 그 방법 중 하나를 소개하자면 대표적인 게 '만다라트'다.

중심 목표를 설정하고, 그 목표를 달성하기 위해 해야 할 8개의 주요 실천 목표를 만든다. 그리고 8개 목표마다 세부적인

부동산	저축	펀드
사업	**중심 목표: 100억 만들기**	습관 만들기
부업	자기계발	주식

↓

독서하기	운동하기	저축하기
일찍 기상하기	**세부 목표: 습관 만들기**	신문 읽기
글쓰기	중개사무실 가기	정부 자료 찾기

※ 중심 목표와 세부 목표가 같으면 안 된다.

실천 방안 또는 아이디어를 8개 더 적는다. 이런 식으로 우선순위를 기록해서 무엇부터 실행에 옮길지 결정하고 하나씩 실천하는 것이다.

이 방법이 흔들리지 않는 투자 기준을 만들어줄 것이다. 만약 목표가 '부자 되기'라면 부자가 되기 위한 세부 계획 8개를 만들고, 각각의 실천 계획을 만들어보자. 중심 목표에서 세부 목표 8개를 정리하고, 다시 세부 목표의 실천 방안을 8개 더 정리하면 복잡했던 생각이 자연스럽게 정리된다.

이때 최대한 정량적인 수치를 넣어 구체적으로 정하면 더 좋다. 예를 들면 하루에 50분씩 독서하기, 출퇴근길에서 경제 기사 읽기를 세부 목표 실천 칸에 넣는 것이다. 무엇부터 해야 할지 뚜렷한 목표가 없다면 미루지 말고 바로 만다라트 기법으로

| 만다라트 계획표 완성하기

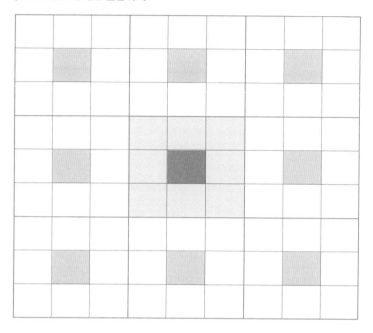

생각을 정리해보길 바란다.

만다라트 표에 적힌 세부 계획 64개는 투자 기준을 만드는 데 큰 도움을 줄 수 있다. 모든 칸을 채울 필요도 없고, 당장 종잣돈이 없더라도 상관없다.

가장 중요한 것은 목표를 세우고 꾸준히 실천하는 것이다. 목표가 없으면 제대로 된 기회조차 생기지 않는다. 진정한 부자가 되겠다는 목표를 세워 끝까지 포기하지 말고 정진해보자.

투자 철학을 세워
중심을 잡자

부동산 투자에도 철학이 필요하다. 성공적인 투자를 위해서는 서로 다른 여러 측면을 동시에 신중하게 살펴야 한다. 어느 하나라도 빠지면 만족스러운 결과를 얻지 못할 수도 있다. 벽돌 하나하나가 모여 튼튼한 벽이 되고 집이 만들어지듯이 꾸준한 노력을 통해 성공적인 투자의 기반을 마련해야 한다.

홀륭한 투자자가 될 수 있는 조건을 처음부터 가진 사람은 많지 않다. 배우면 되는 사람도 있지만 이는 모든 사람에게 해당되는 것은 아니며, 홀륭한 투자자가 될 가능성이 높은 사람일지라도 노력 없이는 투자의 모든 것을 알 수는 없다.

그래서 필요한 게 투자 철학이다. 그렇다면 부동산 투자에 성공할 가능성을 높이기 위해 해야 하는 일들에는 어떤 것들이 있을까?

왜 투자 철학이
필요할까?

효과적인 투자 전략도 경우에 따라 유효할 뿐, 매번 효과적이지
는 않다. 그 이유는 투자에서 항상 적용 가능한 규칙이 없기 때
문이다.

필자가 17년 동안 꾸준히 취득한 부동산은 50여 개가 넘는
다. 그중에는 고수익을 낸 효자도 있고, 손해만 보고 있는 불효
자도 있다. 만일 같은 방식이 계속 통했다면 모든 부동산이 효자
가 됐을 것이다.

하지만 그동안 매수한 부동산은 수익의 유무와 상관없이 모
두 필자가 직접 조사하고 발품을 팔아 매수한 자식들이다. 개인
적으로 필자는 소유한 부동산을 물건처럼 보는 게 아니라 살아
있는 생명체처럼 아낀다.

농부가 농작물을 키우듯이, 부모가 자녀를 키우듯이 소유한
부동산은 모두 다 자식처럼 애틋하다. 그만큼 애착과 애정이 간다.

부모님은 농작물을 재배하고 도매 시장에 판매해 육남매를
키우셨다. 생활비를 지출하고도 돈이 남으면 모아서 재산을 늘
려나갔다. 부모님은 단 한 번도 땅값이 올랐다고 해서 차익을 보
기 위해 팔지 않으셨다. 지금의 필자처럼 부모님 역시 핏줄로 만
든 자식과 노력으로 만든 자식이 따로 있었던 것이다.

지금에서야 부모님의 마음을 조금씩 알아가는 것 같다. 필자

는 부동산 투자를 그저 취미로 생각해서 부동산 투자가 지겹지 않다. 전업 투자자의 길을 걷지 않았던 건 부동산을 물건으로 취급하지 않았기 때문이다.

부동산을 물건이라 생각했다면 이토록 오랫동안 성공적으로 투자를 이어오지 못했을 것이다. 불효자도 자식이고 효자도 자식이다. 매수한 부동산의 가격이 하락하면 타산지석으로 삼아 교훈을 얻으면 된다.

결국 부동산 투자는 평생 동안 해야 하는 일이다. 자신의 가치와 성향을 기반으로 한 투자 철학을 갖추지 않으면 결코 거시적이고 장기적으로 이어나갈 수 없다. 필자는 부동산에 애착과 애정을 쏟는 투자 철학을 갖고 있을 뿐이다.

물론 단기 투자로 여러 번 사고팔기를 반복했다면 더 많은 수익을 낼 수도 있었을 거라 생각한다. 그러나 필자의 성향을 봤을 때 결코 쉬운 일은 아니다. 실제로도 하나를 사서 진득하게 오랫동안 가지고 있는 것이 더 좋은 결과로 이어졌다.

투자 철학과 상관없이 다른 방법으로 운 좋게 수익을 냈다고 치자. 다음 투자에서도 계속 운이 좋아야 하는데 그럴 수 있을까? 꾸준하게 수익을 보려면 반드시 투자 철학을 갖춰야 한다.

꿈을 크게
가져라

우리는 자라나는 아이들에게 꿈을 크게 가지라는 이야기를 많이 한다. 필자도 어린 시절 웃어른들에게 꿈을 크게 가지라는 이야기를 많이 들었다. 그러나 성인이 되면서 꿈이 점차 작아졌다. 세상을 사는 게 만만치 않아 현실과 타협했기 때문이다.

하지만 현실이 어렵다고 꿈까지 작아질 필요는 없다. 필자도 큰 꿈이 있어 네 아이의 아빠가 됐고, 대기업의 차장이 됐고, 부동산 투자에서도 큰 성공을 거둘 수 있었다.

꿈의 크기가 작은 사람은 역경이 생길 때마다 타협하고 단념하기 일쑤지만 꿈을 크게 가지면 현실과 타협하지 않는다. 필자 역시 최종 목표가 확고했기 때문에 지지부진하든 빠르든 그것을 향해 달려갈 수 있었다. 꿈 없이 살아간다는 것은 나침반 없이 항해하는 것과 같다.

그럼 부동산 투자자가 가져야 할 꿈은 무엇일까? 대부분의 사람들은 부동산 투자를 시작하기도 전에 현실과 타협한다. 그래서 고작 '월세 200만 원 받기', '재산 10억 원 만들기'가 꿈이 된다.

그러나 시작부터 현실과 타협하면 절대로 부자가 될 수 없다. 요즘 부동산 책을 보면 월세 부자 이야기가 많이 나온다. 그리고 마치 그것이 최종 목표인 것처럼 이야기한다.

한 달에 200만~300만 원씩 월세를 받는 게 당신의 꿈인가? 이는 부동산 경기가 좋을 때 종잣돈만 잘 마련하면 2~3년 이내에 이룰 수 있다. 그러므로 더 큰 그림을 그리고 부동산 투자에 뛰어들어야 한다.

꿈을 목표로 세분화해보자. 1단계는 1천만 원, 2단계는 1억 원, 3단계는 5억 원으로 구체적인 목표액을 단계별로 산출하는 것이다. 그렇게 차차 단계를 늘려 최종 단계에서는 100억 원을 모으겠다는 목표를 세워보자.

단계별 목표를 달성하기 위해 온 힘을 다해 노력함으로써 하나씩 성취해나가는 것이다. 각각의 목표를 달성하는 과정에서 성취감과 행복을 얻을 수 있다. 작은 성취감이 모이고 모여 본인도 모르는 사이 꿈에 가까워지는 것이다. 그렇게 누구나 진정한 부자가 될 수 있다.

꿈은 말 그대로 꿈이어서 현실성이 부족하다. 그러니 꿈보다 소박한 목표를 세워 하나씩 달성해보자. 누구에게나 하루는 공평하게 24시간이지만, 한정된 시간 자원을 어떻게 사용하는가에 따라서 꿈을 이룰 수도, 좌절할 수 있다.

꿈을 이루기 위해서는 시간을 잘 관리해야만 한다. 쉽지만 간과하기 쉬운 8가지 시간 관리 방법에 대해 알아보자.

1. 시간을 기록하라

시간을 더 잘 활용하기 위한 첫 번째 단추는 자신이 지금 당장 무엇을 하고 있고, 시간을 어떻게 보내고 있는지 파악하는 것이다. 며칠 혹은 일주일 동안 기억이 날 때마다 스스로 무엇을 하고 있는지 적어보자.

2. 시간을 계산하라

기록된 시간을 항목별로 나눠 집계해본다. 다른 항목에 비해 시간을 지나치게 많이 할애했거나 덜 할애한 항목이 있다면 어떤 것인지 추려본다. 그리고 이유가 무엇인지 스스로 생각하고 개선할 방법을 찾는다.

3. 현실을 직시하고 계획을 세워라

시간이 부족하다고 말하는 건 어불성설이다. 누구에게나 시간은 똑같이 흘러가기 때문이다. 그러니 우선적으로 해야 할 일들을 정리해 선별해보자.

4. 큰 꿈을 가져라

스스로 무엇을 하고 싶은지 자문해보자. 자신만의 100가지 목표 리스트를 작성하면 좋다.

5. 목표별로 일정을 세워라

각각의 목표를 우선순위별로 나눈 뒤, 구체적으로 정리해본다. 우선순위에 따라 이행할 시기를 대략적으로 가늠한다.

6. 실행 가능한 단계로 나누어라

'목표별로 일정을 세워라'에서 우선순위가 높았던 항목 순으로 실행한다. 예를 들어 10km 달리기가 목표라면 그로부터 6개월 후에 있을 대회를 찾아 참가 신청부터 하면 된다.

달리는 거리를 매주 조금씩 늘리고, 남는 시간에는 '좋은 러닝화 구입하기', '마라톤 관련 책 읽기', '동네에서 좋은 코스 찾기' 등 자신이 세운 우선순위에 따라 행동한다.

7. 계획을 검토하라

계획을 매주 검토해야 한다. 검토가 끝나면 계획을 수정하고 보완하자.

8. 스스로 책임을 지자

스스로 움직일 수 있는 동기를 만들어주지 않으면 꿈은 공상에 그치고 말 것이다. 아침마다 운동을 하겠다고 다짐했는데 침대에서 나가고 싶지 않을 때, 어떻게 할 것인가? 당근과 채찍을 적절하게 써서 나태해지는 걸 막아야 한다.

부동산 투자도
기초 체력이 필요하다

흔히 무슨 일을 하든지 기초 체력이 중요하다고 말한다. 몸이 건강해야 공부든 일이든 잘할 수 있듯이 어떤 일이든 체력이 뒷받침되지 않으면 금세 지치고 쉽게 포기한다.

　같은 맥락에서 부동산 투자에서도 투자 공부라는 기초 체력이 필요하다. 기초 체력이 부실하면 절대로 높은 수익을 낼 수 없다.

　부동산 투자에서 무엇보다도 중요한 건 늘 겸손하게 공부하는 자세다. 과거에 높은 수익을 낸 적이 있다고 공부를 하지 않고 계속해서 같은 방식으로 투자를 하면 도태될 수밖에 없다. 그렇다면 어떻게 효과적으로 부동산 투자의 기초 체력을 키울 수 있을까?

기초 체력을
키우는 방법

기초 체력을 키우기 위한 첫걸음은 부동산, 사회, 경제, 정치 기사가 실린 신문을 구독하는 것이다. 부동산, 사회, 경제, 정치는 유기적으로 움직인다. 사회, 경제 이슈에 따라서 부동산 경기가 죽거나 살아나며, 정치에 의해서 부동산 개발 공약이 생기거나 바뀐다. 부동산 투자를 잘하고 싶다면 사회, 경제, 정치 기사를 함께 읽어야 한다.

부동산 투자에서 중요한 부분이 최신 정보와 고급 정보를 남들보다 빨리 얻는 것이다. 이것이 신문을 꾸준히 읽어야 하는 이유다.

필자의 경험을 바탕으로 팁을 하나 주자면 신문은 비판적으로 읽는 게 좋다. 비판적으로 읽으라는 건 기사의 내용을 맹신하지 말고 주장이 사실인지 아닌지 생각하며 보라는 뜻이다.

비판적 독서는 글의 정확성, 객관성, 타당성, 효용성 등을 독자 스스로 판단하면서 읽는 것이다. 기자의 주장이 옳은지, 논증 방식이 타당하고 논리적인지, 제시된 자료는 적절하고 믿을 만한지 등을 평가하며 글을 읽어야 한다.

광고하는 글이나 주장하는 글 등을 읽을 때는 해당 내용이 사실인지, 주장이 타당한지, 뒷받침하는 근거는 알맞은지 꼼꼼히 따져가며 읽어야 한다.

실제로 신문 기사에 기자의 주관적인 생각이 들어간 경우를 심심치 않게 볼 수 있다. 이러한 부분은 특히 분양 광고에서 많이 볼 수 있는데, 상품이 가지고 있는 기능을 부풀리거나 거짓 자료나 정보를 사용하기도 한다. 또는 과장된 표현으로 독자의 판단을 흐려지게 한다.

신문에 나온 문구에 과장되거나 감추고 있는 내용이 있진 않은지 자세히 살펴보고, 과장 광고나 허위 광고를 비판적으로 체크할 수 있는 눈을 길러야 한다.

특히 부동산, 경제 뉴스는 정부기관에서 발표한 자료를 그대로 활용해 기사화하는 경우가 많으므로 기사 내용의 출처와 원본 자료를 확인하는 게 기본이다.

또한 신문 구독만큼 중요한 것이 부동산, 경제 관련 책을 꾸준하게 읽는 것이다. 유명한 저자가 썼다고, 베스트셀러라고, 메스컴 홍보가 잘 됐다고 좋은 책이 아니다. 그냥 눈에 띈다고 사지 말고 소장가치가 있는 책을 선별할 수 있어야 한다.

가장 중요한 건 본인에게 맞는 책을 찾는 것이다. 참고로 실패한 이야기가 없는 부동산 책은 좋은 책이 아니다. 투자를 하면서 실패 경험이 전혀 없을 수는 없다.

독자는 보통 성공담이 아니라 실패담에서 교훈을 얻기 마련이다. 투자 결과를 과장해 이야기하는 것보다 과정 자체에 포커스를 맞춘 책, 성공담보다 실패담을 이야기해주는 책을 찾는 것이 좋다.

2장 월급쟁이를 위한 부동산 투자의 첫걸음

적어도 부동산 분야에서는 그렇다. 이러한 책을 읽음으로써 첫 투자의 두려움을 없애고, 투자 손실을 줄일 수 있다.

특강이나 강좌, 강연회에 참석해보는 것도 좋은 방법이다. 책을 내지 않았더라도 좋은 인사이트를 줄 수 있는 전문가들은 많다. 그런 전문가들의 오프라인 강연에 참석해 노하우를 직접 배우는 것도 큰 도움이 된다. 독서가 전문가의 정보를 눈으로 습득하는 과정이라면 강의는 귀로 습득하는 과정이다.

물론 책과 마찬가지로 강의도 모두 다 도움이 되는 것은 아니다. 투자 유치, 투자 상품 판매를 위해 강의를 진행하는 경우도 있다. 속된 말로 '미끼 강의'라고 부른다. 그렇기 때문에 사전에 신뢰할 수 있는 전문가인지 선별하는 과정이 필요하다.

책값과 강의료 몇 만 원이 아깝다는 생각은 버리자. 그 몇 만 원의 책과 강의가 투자에 실패할 확률을 줄여줄 수 있다.

앞에서도 이야기했지만 정부기관에서 발표하는 부동산 자료도 반드시 살펴봐야 한다. 부동산 개발계획은 결국 정부가 기획하고 설계하고 실행하는 것이다. 정부기관의 자료가 가장 정확하고 빠른 정보이므로 평소 정부기관에서 발표한 자료를 수집하는 습관이 필요하다.

누구나 공평하게 기회를 얻는 것이 부동산 투자의 장점이다. 그 정보를 최대한 빨리 본인의 것으로 만들어야 한다. 부동산 정보의 반 이상은 국토교통부 홈페이지(www.molit.go.kr)에서 얻을 수 있으니 자주 방문하는 습관을 가지자.

그 외에도 통계청, 시·도청 홈페이지, LH(한국토지주택공사), SH(서울주택도시공사), KORAIL(한국철도공사) 등을 눈여겨봐야 한다.

신문, 책, 강의, 정부기관 자료까지 모두 살펴봤다면 이후에 온라인 카페, 블로그, 유튜브 방송 등에 관심을 기울이면 좋다. 관심사가 같은 사람끼리 모이는 곳이 온라인 카페와 블로그다.

필자는 실제로 관심 지역 부동산 카페에서 많은 정보를 얻고, 투자에 활용하기도 한다. 여기서 주의할 점은 순서에 있다. 온라인에 떠도는 자료는 불순물, 즉 거짓과 선동이 많아서 반드시 신문, 책, 강의, 정부기관 자료를 먼저 보고 나서 손을 대야 한다.

입지가 좋은지는 그 지역에 사는 사람이 가장 잘 안다. 아파트가 살기 좋은지는 그 집에 거주하는 사람이 가장 잘 안다. 지금이 팔아야 할 시기인지 사야 할 시기인지 역시 그 지역 부동산 카페에 들어가 보면 쉽게 파악할 수 있다.

'집을 내놓았는데 몇 달 동안 보러 오는 손님이 없다.', '집 보는 손님이 늘었다.' 등의 글들을 통해 시장의 분위기를 느낄 수 있다. 그 지역 사람들의 투자 심리를 보조지표로 활용해 투자시기를 예측하는 것이다.

부동산 정보를 올리는 블로거들도 많다. 잘못된 자료도 있지만 실전 투자에 활용해도 손색이 없을 정도로 분석이 잘된 자료들도 많다. 늘 배우는 자세로 인터넷에 떠도는 다양한 정보들을 선별하고 정리해보자.

본인에게 맞는 투자처를 찾아라

추진력이 강점인 사람은 단거리 육상이 맞고 지구력이 강점인 사람은 마라톤이 맞다. 기초 체력을 키우면서 본인에게 맞는 운동을 찾아야 한다. 부동산 공부 역시 어느 정도 수준에 도달한 뒤에는 본인에게 맞는 운동, 즉 자신에게 맞는 투자처를 찾아야 한다.

정기적인 월세를 꾸준히 받을 것인지, 매도하여 시세차익으로 수익을 한 번에 받을 것인지를 투자 성향, 은퇴 시기, 가계 수준, 자금력 등에 따라 판단하면 된다.

부동산은 수익을 내는 방식에 따라 수익형 부동산과 시세차

| 수익형 부동산 vs. 시세차익형 부동산

수익형 부동산이 적합한 사람	시세차익형 부동산이 적합한 사람
1. 나이가 많은 사람 2. 은퇴 시점이 다가오는 사람 3. 이미 많은 재산을 형성한 사람 4. 늘 불안하고 걱정이 많은 사람 5. 안전한 투자를 선호하는 사람	1. 젊은 사람 2. 종잣돈이 적은 사람 3. 시장을 예측할 능력이 있는 사람 4. 통제와 절제가 가능한 사람 5. 공격적인 투자를 선호하는 사람

익형 부동산으로 구분할 수 있는데, 수익 측면에서는 당연히 시세차익형 부동산이 수익형 부동산보다 월등하게 높다.

예컨대 정기예금 이자의 월이자 지급식과 만기일시 지급식을 떠올리면 된다. 월이자 지급식은 매월 이자를 예금주에게 지불하는 방식이며 금리가 만기일시 지급식보다 저렴하다. 만기일시 지급식은 만기 도래 시 이자를 한 번에 받는 방식이며 금리가 월이자 지급식보다 높다.

이러한 맥락에서 수익형 부동산은 월이자 지급식, 시세차익형 부동산은 만기일시 지급식이라고 볼 수 있다.

만약 월세 수익과 시세차익 둘 다 높다면 그것만큼 좋은 게 없을 것이다. 그러나 아쉽게도 두 가지 장점을 모두 가진 부동산 물건은 존재하지 않는다.

혹시나 그런 부동산이 있다고 광고하는 이가 있다면 사기꾼이라고 보면 된다. 이는 기획부동산에서 주로 사용하는 수법이다. 기획부동산은 고수익의 월세를 보장하고 시세차익도 크다는 식의 광고를 자주 하는데, 이런 뉘앙스의 광고가 보이면 꼼꼼하게 따져봐야 한다.

수익형 부동산에서 시세차익은 보너스로, 시세차익형 부동산에서 월세는 용돈 개념으로 생각하면 된다. 그렇다면 어떤 것이 시세차익형 부동산일까?

대표적으로 토지를 들 수 있다. 필자가 2017년에 분양한 원주 기업도시의 단독택지는 분양 경쟁률 '1만 9천:1'이라는 경이로운 기록을 보였다.

이 사람들이 전부 자기 집을 짓기 위해 택지를 분양받으려는 걸까? 아니다. 대부분 중간에 되팔아 전매차익을 챙기려는 것이다. 그 차익은 보통 수억 원에 이른다. 좋은 의미로 생각하면 투자지만 행실을 따지면 투기에 가깝다.

실제로 당첨 후 전매한 비율을 보면 투기 행각임을 금방 알 수 있다. 국회 국토교통위원회 소속 최인호 의원이 발표한 자료에 따르면 2016년 기준으로 택지에 당첨된 뒤 6개월 내 전매한 비율이 99%에 달한다고 한다.

원칙적으로 소유권 이전 전에는 전매가 금지되어 있는데 전매한 비율이 99%라는 건 전매차익을 노린 투자자들이 대부분이란 뜻이다.

수익형 부동산은 안정적으로 꾸준하게 월세를 받을 수 있다는 장점이 있다. 반면에 시세차익형 부동산은 매수와 매도의 차익으로 수익을 내는 구조라서 매도 전에는 돈을 벌 수 없다는 단점이 있지만, 잘 선별하기만 하면 수익형 부동산과 비교할 수 없을 만큼 큰 수익을 낼 수 있다.

2011년 세종시의 수정계획으로 투자자들의 발길이 끊겼던 시점이 있었다. 그때 필자는 세종시 개발 지역 인근 농지 400평을 매수했다. 12년이 지난 지금 공시지가로는 5배, 거래 시세로는 9배가 올랐다.

그렇다면 큰돈을 벌 수 있는 시세차익형 부동산을 사야 하는 걸까? 상황과 여건에 따라 다르지만 은퇴를 앞둔 50~60대 월급쟁이라면 수익 실현까지 시간이 오래 걸리는 시세차익형 부동산보다 수익형 부동산을 택하는 게 옳을 수 있다.

은퇴를 앞둔 월급쟁이들의 로망은 꼬박꼬박 월세가 나오는 수익형 부동산을 하나라도 소유하는 것이다. 가장 대표적인 수익형 부동산이 다가구 주택이다. 가장 꼭대기 층은 본인이 거주하고 적게는 10개에서 많게는 20개의 방을 임대해주는 것이다.

1~2인 가구가 증가하면서 다가구 주택의 인기는 앞으로도 계속 치솟을 전망이다. 그러나 꾸준히 인기가 있는 지역과 공실이 많은 지역이 따로 있으니 투자할 생각이라면 반드시 꼼꼼한 입지 분석이 선행되어야 한다.

실제 투자 사례를 들어보자. A씨는 세종정부청사 배후지역 번화가에 위치한 하나의 등기 물건에 독립된 2실로 분리된 도시형생활주택을 소유하고 있다.

매수 당시 매매가격은 1억 2,000만 원인데, 한 실은 전세 1억 원, 다른 한실에는 보증금 500만 원에 45만 원의 월세를 받고 있다. 1,500만 원으로 1년에 540만 원의 월세 수익을 올리고 있는 셈이다. 이는 수익형 부동산임에도 연 36%의 수익률을 올리고 있는 것이다.

다가구 주택은 수요가 꾸준해야 하기 때문에 서울과 수도권에 입지할수록 좋다. 지방은 일자리가 중요하기 때문에 대형 국가산업단지의 배후지역을 중점적으로 봐야 한다. 교통과 인프라가 잘 갖춰진 주거 지역이라면 공실 걱정이 덜하다.

다가구 주택의 장점을 몇 가지 언급하자면 대출 이자가 월임대료에 비해서 낮기 때문에 레버리지를 활용해 투자 수익을 높일 수 있다. 게다가 원룸은 주거 목적이기 때문에 상가보다 경기의 영향을 덜 받는다.

1~2인 가구의 증가로 혼밥, 혼술이 많아지고, 주 52시간 근무제로 여가 시간이 늘어나면서 상가의 수익률은 경기의 영향을 받을 공산이 크다. 반대로 1~2인 가구가 꾸준하게 증가하면서 다가구 주택은 유망한 수익형 부동산으로 자리 잡고 있다.

하지만 다수의 임차인이 거주하기 때문에 시설물 관리가 필요하고, 계약 관리가 번거로우며, 소모품에 대한 수리 및 교체가 필요하다는 단점도 있다. 상가보다 관리 측면에서 까다롭고, 건물이 노후되면 수익률도 저하될 수 있다.

망설이지 말고
소액 투자부터

기초 체력을 만들었다면 이제 망설이지 말고 소액 투자부터 시작해보자. 근로자는 근로의 대가로 보수를 받는다. 한 달 동안 일하고 받는 보수를 월급이라고 하는데, 헌신해서 일한 대가로 받는 보수가 높지 않아 생활이 녹록지 않은 게 현실이다. 그래서 월급쟁이들의 꿈은 일을 안 해도 보수가 꼬박꼬박 들어오는 시스템을 구축하는 것이다.

우선 수익형 부동산을 소유하기 위해서는 수억 원의 종잣돈이 필요하다는 고정관념부터 버릴 필요가 있다. 잘 찾아보면 소액으로도 수익형 부동산을 매입할 수 있는 지역이 있다.

가장 수요가 높은 곳은 입지가 좋은 서울이다. 그러나 서울은 평균 매매가격 12억 원에 달하는 아파트를 매수해야 월세를 받을 수 있기 때문에 현실적으로 어렵다. 이는 소위 말하는 '영끌'을 해도 쉽지 않다. 종잣돈이 소액이라면 꼭 서울만을 고집할 필요는 없다.

한국부동산원에 발표한 주택가격동향 자료를 분석해 보면 2021년 6월을 기준값 100으로 설정했을 때 서울과 수도권이 지방 대비 더 많은 상승과 더 많은 하락률을 보이고 있다. 지방이 리스크가 클 것이라고 생각하겠지만 실제는 서울과 수도권이 변동성이 크다는 것을 알 수 있다.

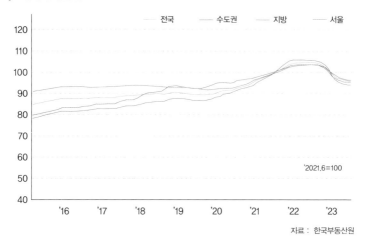

자료 : 한국부동산원

종잣돈이 적다면 지방(소멸지역 제외) 아파트에 투자하는 것도 시도해볼 만하다. 지방에서는 월세와 시세차익을 함께 노릴 수 있다.

물론 관건은 철저한 입지 분석이다. 지방에서 좋은 지역을 선별해내는 눈을 키우면 큰 자본이 없어도 성공적인 부동산 투자를 할 수 있다.

그렇다면 입지 외에 또 무엇을 파악해야 할까? 앞서 부동산 시장의 핵심은 수요와 공급이라고 말한 바 있다. 부동산도 하나의 커다란 시장이다. 수요와 공급이 가격을 결정짓고 나머지 요소는 양념에 불과하다. 양념이 수요와 공급이라는 재료를 거슬러 요리의 본질을 바꾸진 못한다.

서울시 인구는 약 950만 명이고 대한민국 인구의 20%가 서

| 아파트 가격 및 월세 상승률

지역	아파트 가격 상승률	월세 상승률
전국	114%	110%
서울	126%	117%
전남	122%	126%

자료 : 한국감정원

울에 모여 살고 있다. 그래서 서울 부동산은 불패라는 인식이 강하다. 우리나라의 최고의 입지가 서울이라는 데는 이견이 없다.

입지는 말 그대로 '부동(不動)'이라서 변하지 않는다. 서울은 현재 대한민국에서 최고의 입지이고 당연히 앞으로도 최고의 입지일 것이다. 하지만 그러한 요인이 이미 가격에 어느 정도 반영되어 있다.

가격을 움직이는 주요 변수는 수요와 공급, 그리고 금리와 투자 시기다. 아파트 가격은 2008년 금융위기 이후 5년 넘게 가격이 하락하다가 2013년부터 현재까지 서울을 중심으로 가파르게 상승했다. 이 시기에는 서울의 어느 아파트에 투자해도 수익을 냈다. 부동산 호황기로 인해 사람들은 능력과 무관하게 돈을 벌 수 있었다.

서울을 중심으로 한 정부의 규제에도 가격이 계속 오른 이유는 수요 대비 공급이 부족했기 때문이다. 단순히 입지만 좋아서 그런 게 아니다.

성공적인 투자를 위해서는 현재가 아닌 미래를 예측하는 통찰력이 중요하다. 따라서 현재의 상황을 정확히 이해하고, 필요한 정보들을 수집해 다양한 시나리오에 대비하는 확률적 사고가 필요하다.

결과론적인 이야기지만 앞서 2016년 6월부터 2년간은 서울의 수익형 부동산보다 전남의 수익형 부동산의 월세 수익률이 높았다. 결국 입지가 전부는 아니란 뜻이다. 그렇기 때문에 소액으로도 충분히 성공적인 투자가 가능하다.

요리에서 가장 중요한 건 요리사의 능력이다. 같은 재료와 조미료를 사용할지라도 요리사의 솜씨에 따라 요리의 맛은 천차만별일 수 있다. 투자도 마찬가지인데 투자에 필요한 정보는 누구나 쉽게 찾을 수 있다. 정부기관의 통계자료, 대중매체, 기본·개발계획, 공약 등은 인터넷 검색만으로도 쉽게 얻을 수 있다.

하지만 같은 정보로 어떻게 미래를 예측하는가는 투자자의 실력에 따라 달라진다. 요리 실력을 갖추기 위해 쉬운 요리부터 연습하듯이 확률적 사고력을 기르기 위해 쉬운 투자부터 시작해야 한다.

부동산 투자처 중 아파트는 수요와 공급 따라 가격을 예측할 수 있고, 투자 사이클에 따른 이익과 손해를 쉽게 확인할 수 있다. 따라서 부동산 투자를 처음 시작하는 초보자에게는 아파트 매매부터 도전해보는 것을 추천한다.

거듭 강조하지만 아파트를 포함한 부동산의 가격을 결정하는 건 결국 수요와 공급이다. 수요와 공급의 사이클을 파악하여 저렴한 가격에 매수하고 높은 가격에 매도해야 이윤을 크게 남길 수 있다. 입지나 금리, 국가 부동산 정책 등은 상대적으로 아파트 가격에 영향을 덜 미친다.

2019년 코로나19 바이러스 유행, 2022년 우크라이나와 러시아 전쟁과 그로 인한 원자재 상승, 금리 인상 등 불가항력적인 외부요인도 있으니 시장 변화를 모니터링하는 자세도 필요하다.

월급쟁이에게는
경매보다 공매다

부동산 '경매(競賣)'란 돈을 빌려간 채무자가 약속한 날짜까지 빌린 돈을 갚지 못할 경우, 채권자가 법원에 의뢰해 입찰자 중 가장 높은 가격을 쓴 사람에게 팔아 정산하는 것을 말한다.

부동산 '공매(公賣)'란 국세 체납처분 절차의 최종단계로 압류재산을 강제적으로 환가처분하는 것을 말한다. 공매에는 압류재산도 있지만 국유재산도 있다.

경매와 공매의 공통점은 경쟁 입찰을 통해 가장 높은 가격을 쓴 입찰자에게 매각된다는 것이다. 그리고 매수자가 없으면 가격이 낮아진다는 점이 동일하다.

경매는 시세보다 싸게 살 수 있지만 입찰하기 위해 법원에 방문해야 한다는 번거로움도 있다. 또 권리분석이 어렵고, 임장이 필요하며, 낙찰 후 가장 까다로운 명도를 진행해야 한다.

하지만 공매는 경매와 달리 법원에 가지 않고도 전자입찰이 가능하다는 장점이 있다. 또 조건에 따라 장기 할부 등이 가능해 대금 납부조건도 덜 까다롭다. 권리분석 역시 경매보다 간단하다. 다만 부동산 물건이 경매에 비해 적어서 선택의 폭이 제한적이라는 단점이 있다.

만일 당신이 초보 투자자이거나 회사를 다니는 월급쟁이라면 경매보다는 공매를 적극 추천한다. 초보 투자자는 권리분석 과정에서 어려움을 겪을 수밖에 없다. 그래서 경매에 올라온 물건이 좋은지 나쁜지 잘 분간하지 못한다.

또한 법원을 오고가는 데 모아둔 연차를 소진하는 것도 쉽지 않다. 좋은 가격에 낙찰되어도 악덕 채무자와 세입자가 버티고 있으면 명도에 많은 시간을 소비해야 하고, 스트레스도 받는다.

공매는 국유재산과 공공기관의 부동산을 다루기 때문에 권리분석과 명도의 걱정이 없다. 경매보다 편하게 소유권을 넘겨받을 수 있다. 국유재산과 공공기관의 부동산은 권리관계가 분명해 거래를 투명하게 처리할 수 있고, 권리분석과 명도가 필요 없기 때문에 기초 지식만 있으면 저렴하게 매수할 수 있다.

온비드 홈페이지(www.onbid.co.kr)를 통해 공매와 관련된 공고 정보를 확인할 수 있다. 필자 역시 온비드에서 진행하는 공매로 국유자산인 소형 아파트 몇 개를 낙찰 받은 적이 있다. 그중

큰돈은 없지만 부동산 투자는 하고 싶은 월급쟁이에게

하나는 전북 익산에 있는 5층 규모의 노후된 소형 아파트다.

낙찰 받은 2015년 12월 당시의 시세는 4천만 원 수준이었는데 3,250만 원에 낙찰을 받아 셀프 등기와 셀프 인테리어를 진행했다. 그 과정에서 250만 원의 추가 비용이 발생했지만 보증금 500만 원에 월세를 20만 원씩 받을 수 있게 됐다.

그렇게 2년 동안 월세통장을 운영했고, 2년 후에는 4,200만 원을 받고 매도했다. 시세차익만 1천만 원이었고 월세 수익은 총 500만 원이었다. 세금과 수리비 등을 감안해도 2년 동안 3,000만 원으로 1,200만 원의 수익을 낸 것이다.

당시 입찰 경쟁률은 10:1이었다. 4명은 아예 입찰금조차 내지 않아서 실제 입찰 경쟁률은 6:1이었다. 6:1의 경쟁률은 법원 경매에 비하면 상당히 낮은 수준이다.

만일 예금금리를 2%로 가정했을 때 3천만 원을 같은 시기에 예금했다면 100만 원 정도의 수익을 냈을 것이다. 무려 12배의 수익 차이가 발생한 것이다. 3천만 원이 아니라 3억 원이었다면 1억 1,000만 원의 차이가 발생했을 것이다.

공매는 상대적으로 잘 알려져 있지 않기 때문에 경매보다 낮은 경쟁률을 보인다. 관심 있게 살펴본다면 숨은 보석을 찾을 수 있을 것이다. 경매에 비해 물건이 많지 않으니 수시로 온비드에서 물건을 검색하거나, 매각 공고 메일을 받는 것도 좋은 방법이다.

3장

실전
부동산 투자
노하우

트렌드와
입지 분석 노하우

2006년에 필자가 아파트 공사 현장에서 건축기사로 일했을 때 담당했던 아파트의 전용면적은 각각 85m², 129m², 155m²로 중·대형 단지에 해당됐다.

30대는 30평대, 40대는 40평대, 50대는 50평대를 사야 한 다는 우스갯소리까지 있을 정도로 당시에는 대형의 인기가 높 았다. 17년 전에는 그렇게 현재와 사뭇 다른 분위기였다.

그러나 2008년 금융위기 이후 상황이 많이 바뀌었다. 요즘 은 3.3m²당 분양가를 비교하면 중소형 평형이 대형 단지보다 더 비싸게 팔리고 인기도 많다. 대형 타입의 수요가 급격하게 줄 어들어 전처럼 인기를 끌지 못하고 있다.

경기도 용인, 일산 등 일부 도시에서 분양된 대형 평형은 입 주한 지 20년이 지났지만 분양 당시의 시세를 회복하지 못하고 있다. 앞으로도 그 가격을 기대하기 어려울 것으로 보인다. 같은 입지임에도 불구하고 전용면적에 따라서 희비가 갈린 것이다. 이것이 소형 주택으로 눈을 돌려야 하는 연유다.

소형 주택에
주목해야 한다

1~2인 가구는 해마다 급격하게 늘어나고 있으며 전체 가구 중 1인 가구가 차지하는 비중은 2021년에는 33.4%였으나, 2030년 35.6%, 2050년 39.6%에 이를 것으로 전망된다. 그러나 이들이 거주할 수 있는 신규 주택 공급은 미미한 수준이다.

정부에서도 이를 의식하고 고시원, 다가구주택, 오피스텔, 소형아파트(도시형생활주택) 등 1인 거주 중심의 소형주택 활성화 정책을 내놓고 있지만, 늘어나는 수요에 비해 부족한 공급량은 해소될 기미가 보이지 않는다.

이처럼 급격한 1~2인 가구의 증가로 불필요한 주택 규모를 줄이는 '핏 사이징(fit-sizing)'이 활발해지고 있다. 핏 사이징이란 주거 공간을 점차적으로 줄여가는 다운사이징과는 다른 개념으로, 1인당 10평이라는 최소한의 공간에서도 생활할 수 있음을 뜻한다. 즉 주거비를 깎을 수 있다면 1인 기준으로 10평 정도는 감수할 수 있다는 의미다.

❘ 가구원수별 가구 현황

(단위 : 천 가구, %)

구분	전체가구	1인	비중	2인	비중	3인	비중	4인이상	비중
2015	19,111	5,203	27.2	4,994	26.1	4,101	21.5	4,813	25.2
2016	19,368	5,398	27.9	5,067	26.2	4,152	21.4	4,751	24.5
2017	19,674	5,619	28.6	5,260	26.7	4,179	21.2	4,616	23.5
2018	19,979	5,849	29.3	5,446	27.3	4,204	21.0	4,481	22.4
2019	20,343	6,148	30.2	5,663	27.8	4,218	20.7	4,315	21.2
2020	20,927	6,643	31.7	5,865	28.0	4,201	20.1	4,218	20.2
2021	21,448	7,166	33.4	6,077	28.3	4,170	19.4	4,036	18.8

자료 : 통계청, "인구주택총조사"

❘ 1인당 건축물 사용 면적

(단위 : ㎡)

구분	주거용	상업용
전국	32.1(9.7평)	14(4.2평)
수도권	30.3(9.2평)	14(4.2평)
지방	33.8(10.2평)	14(4.2평)

자료 : 국토교통부

또한 2023년 대규모 전세사기 사태 발생 이후 빌라, 다가구 주택, 오피스텔의 전세 거주보다 주거비가 다소 비싸더라도 보증금을 낮추면서 높은 월세를 선호하는 임대시장이 형성되었다.

물론 소형이 대세라고 해서 무조건 소형 주택이 돈이 된다는 것은 아니다. 수요를 맞추기 위해 무분별하게 공사를 앞당기다 부실공사를 초래하는 경우도 잇따르고 있어 주의가 필요하다.

2014년 충남 아산에서 완공을 열흘 앞둔 오피스텔 건물이 피사의 사탑처럼 붕괴 직전까지 가기도 했고, 2017년에는 부산에서 입주한 지 얼마 되지 않은 오피스텔이 기울어지는 일도 벌어졌다.

이런 사례들 때문에 건축법 위반 시 형사처벌 및 행정처분을 강화해야 한다는 목소리도 높아지고 있다. 공사기간이 부족한데다가 부족한 공급을 억지로 수요에 맞추다 보니 부실공사가 발생한 것이다. 그럼에도 불구하고 여전히 소형 주택은 매력적인 투자처다.

소형 주택을 선호하는 수요층은 다양한데, 가능하면 고소득자가 거주하는 소형 주택에 투자해야 한다. 소형 주택을 선호하는 사람은 임대 거주의 목적이 강하다. 1~2인 가구가 증가한다는 건 임대 수요가 꾸준히 늘어나고 있다는 뜻이다.

안정적인 월세 수익을 내기 위해서는 직주근접이 가능한 지역, 역세권 등 교통과 인프라가 잘 형성된 지역, 국가산업단지 배후 지역, 인구가 꾸준하게 늘어나는 지역, 평균 연령이 30대인 지역에 투자해야 한다.

1~2인 가구의 증가와 베이비붐 세대(1955~1963년생)의 정년이 맞물리면서 소형 주택의 임대사업이 활성화되고 있어 앞으로도 꾸준한 월세 수익은 물론이고 시세차익까지 덤으로 노릴 수 있는 좋은 투자처일 것이다.

1~2인 가구의 득세로 앞으로 대형 주택은 고소득자, 출산율

| 1인당 용도별 건축물 면적 현황

(단위 : m²)

구분		합계	주거용	상업용	공업용	문교·사회용	기타
전국		76.44	35.74	16.81	8.18	6.83	8.88
수도권		68.76	33.28	16.69	6.03	6.00	6.76
	서울	59.45	31.06	18.70	1.32	6.23	2.14
	인천	67.79	33.38	16.68	7.87	5.75	4.10
	경기	75.67	34.86	15.25	9.01	5.89	10.66
지방		84.20	38.22	16.93	10.35	7.68	11.02
	세종	79.85	40.45	14.73	7.57	7.96	9.14

※ 인구수 : 행정자치부 2020년 12월 주민등록 인구통계(51,829,023명) 기준

이 높은 지역 등 특수한 지역이 아니면 기피해야 한다. 대형 아파트에 살고 있다면 인테리어 비용을 투자하여 세대 분리를 통해 임대 수익을 노리는 것도 대안이 될 수 있다. 세대 분리를 고려하고 있다면 국토교통부에서 발간한 「기존 공동주택 세대구분 설치 가이드라인」의 세대구분 설치 기준을 참고하기 바란다.

주거 공간의 규모는 계속해서 작아지고 있는 추세다. 혼자 사니까 주거 공간을 줄여 주거비의 부담을 줄이려는 사람들이 계속해서 늘고 있기 때문이다.

국토교통부가 발표한 「2021년 전국 건축물 현황」에 따르면 우리나라의 건축물은 모두 약 731만 동이며 면적은 40억m²라고 한다. 전체 건축물 면적을 인구수로 나눠보면 1인당 건축물 면적은 76.4m²인데, 이를 다시 주거용과 상업용으로 구분해보면 국민 한 사람이 사용하고 있는 평균 면적을 산출할 수 있다.

주거용은 평균 35.7m²로 10평이 조금 넘으며, 상업용은

16.8m²이다. 정리한 표를 보면 1인당 주거면적은 지방으로 갈수록 커져 지방 사람들이 수도권 사람들보다 더 넓게 사는 것을 알 수 있다.

인구가 늘어나는 도시를 선별해야 한다

우리나라에는 100여 개 정도의 크고 작은 도시가 있다. 그 도시 중에는 꾸준히 인구가 증가하는 도시와 감소하는 도시가 있다.

서울시의 인구는 2009년 3월부터 꾸준히 감소하고 있는 실정이다. 2016년 6월에 서울시의 인구는 1천만 명 선이 붕괴되었는데 이는 상당수가 비싼 집값과 전세난으로 인해 서울에서 수도권으로 이동했기 때문이다.

실제로 급등한 전셋값을 감당하지 못해 직장과 거리가 먼 위성 도시로 전출을 가는 경우도 많다. 서울에서 신도시로 이사하는 경우는 자녀가 성장해 더 넓은 집이 필요해졌을 때가 대부분이다.

아직 미혼인 20~30대는 편안함, 편리성, 신속성, 개인성 등을 더 추구하기 때문에 임대료가 다소 비싸고 방이 작더라도 직주근접성을 중시하는 반면, 아이가 있는 기혼자들은 그렇지 않다.

서울시 전출 인구 2명 중 1명이 20·30세대였으며, 전출 사유는 20대는 가족·직업, 30대는 주택·가족 순이었다. 그리고 재개발·재건축 등으로 멸실주택이 늘어나고, 세대분리가 되는 등 여러 복잡한 요소가 작용했다.

가령 경기가 안 좋아지면서 전세를 선호하는 경향이 깊어짐에 따라 2017년 서울 아파트 평균 전세가격은 4억 2,000만 원에서 2022년 6억 7,000만 원으로 상승했다. 그러나 2023년에는 빌라왕이 공인중개사와 공모하여 벌인 대규모 전세사기가 사회적·경제적 이슈로 부각되고, 주택시장 침체로 인한 깡통전세가 본격화되면서 5억 1,000만 원으로 하락했다.

물론 서울의 도시재생사업이 완료되는 시점에는 전출이 줄어들 것으로 예상된다. 나날이 늘어가고 있는 1인 가구와 맞벌이 가구는 여전히 직장과 가깝고 생활 편의시설이 풍부한 서울을 더 선호하기 때문이다. 고령자 역시 운신이 어려워 생활 편의시설과 멀리 떨어진 곳에서 살면 젊은 층보다 더 많은 불편함을 느낀다.

흔히들 우리나라의 경제 양상이 일본과 닮은꼴이라고 이야기한다. 전문가들 사이에서는 '맞다', '아니다'로 첨예하게 대립하는 문제지만 일본의 주택 시장도 눈여겨볼 필요는 있다. 일본은 한국보다 앞선 1960년대부터 대도시 주택난을 해소하기 위해 도쿄, 오사카, 나고야 외곽 등에 신도시를 개발했다.

하지만 2000년 이후 도심 회귀가 본격화되면서 '신도시 공동화 현상'이 나타나기 시작했다. 1966년 개발된 타마 뉴타운

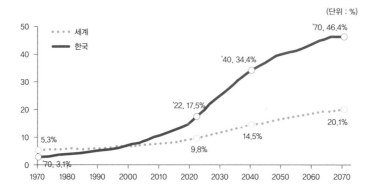

등의 베드타운형 신도시가 대표적이다.

일본은 초고령화 사회로 접어들면서 고령자 대비 취학연령 인구가 급감해 빈집, 방범 등의 문제가 계속 대두되고 있다. 지속적으로 출산율이 떨어지는 우리나라 역시 도심 회귀가 본격화되면 수도권에 공동화 현상이 나타날 수 있는 것이다.

특히 한국의 고령화는 속도 측면에서 이미 일본을 앞질렀으며 세계에서 가장 빠른 속도로 늙어가는 국가가 되었다. 통계청이 2022년 9월 발표한 「세계와 한국의 인구 현황 및 전망」에 따르면 한국의 65세 이상 고령인구비중은 2045년에 37.0%로 일본(36.7%)을 넘어선다.

2020~2070년 기간 중 세계 127개국의 고령인구 구성비는 계속 증가할 전망이다. 한국의 고령인구 구성비 역시 2022년 17.5%에서 계속 증가하여 2070년 46.4%에 이른다.

이런 속도라면 복지비 지출은 더 급속히 증가할 것이고 생산 가능 인구도 곤두박질칠 우려가 있다. 그래서 사전에 공동화 현상을 방지하기 위해 서울과 수도권에 몰려 있는 기업과 정부 행정기관을 지방으로 분산시키는 국가 균형발전 정책이 필요했다.

바로 이런 배경에서 노무현 정권 때 행정중심복합도시와 각 지방의 기업 도시, 혁신도시 등이 탄생한 것이다. 하지만 1~2인 가구의 증가라는 악재로 신도시 공동화 현상이 가속화될 우려가 있다.

위성도시는 대도시의 인구 증가, 주택 부족, 공업용지 부족 등으로 나타난 문제를 해결하기 위해 정부에서 의도적으로 만든 도시다. 교통의 발달과 도시 인구의 증가로 교외화가 진전돼 외곽 지역에 위성도시가 형성됐다.

위성도시는 대도시의 기능을 일부 담당함으로써 도시의 과밀화를 해소하고 있으며, 주택 기능과 공업 기능을 대신하기도 한다. 대표적인 위성도시로는 행정 기능의 과천, 공업 기능의 안양·부천·안산, 군사 기능의 의정부, 주거 기능의 고양과 성남 등이 있다.

통계청 장래인구추계 2010년 자료에 따르면 우리나라는 2031년부터 인구가 줄어들 예정이라 했는데, 이미 그보다 11년 앞선 2020년부터 지속적으로 감소하고 있다. 속도 또한 빨라서 고령화 사회(고령인구 비율 14% 이상)에서 초고령화 사회(20% 이상)로의 진입도 얼마 남지 않았다.

결국 도시는 인구가 줄어드는 축소도시와 늘어나는 성장도시로 이분화될 것이다. 인구가 줄어드는 도시도 부동산에 대한 수요가 있겠지만 제한적일 수밖에 없다.

따라서 부동산 투자는 인구가 꾸준하게 늘어나는 도시, 평균 연령이 낮은 도시, 신성장 산업도시, 국가주도형 개발도시, 자족 기능이 확보된 도시에 해야 한다. 사람이 모이는 곳에 돈이 있고, 돈이 있는 곳에 사람이 모인다. 인구가 늘어나는 도시를 선별해 투자한다면 실패할 확률도 줄어들 것이다.

최고의 지역은
인천시와 세종시

이제 1~2인 가구, 즉 소형 평형의 주거시설이 주거 문화를 주도하고 있다는 점에 대해 공감할 것이다. 이렇게 육하원칙 중에서 '무엇을'을 해결했으니 '어디에'에 대한 질문만 남았다.

필자는 중대형 아파트도 여러 보유하고 있지만 소형 아파트는 더 많이 보유하고 있다. 개별적으로 보면 월세는 소소하지만 공실 없이 안정적으로 수익을 올리고 있다.

계약이 만기되기 전에 나간다는 세입자가 있어 걱정했던 적도 있었지만 새로운 세입자를 금방 구할 수 있었다. 이처럼 소형 평형은 손이 많이 가지만 투자처로서는 뛰어난 경쟁력이 있다.

2023년 최저 임금인 9,620원을 기준으로 월 209시간을 일한다고 가정했을 때 받을 수 있는 월급은 대략 201만 원이다. 여기서 각종 세금과 생활비, 주거비를 제외하면 수중에 남는 돈은 거의 없다.

소형 주택에 사는 1인 가구는 소득 수준이 낮은 경우가 많아 월세가 밀리는 일이 허다하다. 그렇기 때문에 30~40대 싱글 직장인과 전문직에 종사하는 가구가 많은 지역에서 수익형 부동산을 찾는 것이 중요하다.

1인 가구 수요층을 타깃으로 한 지역은 어디가 좋을까? 당연히 인구가 제일 많은 서울일까? 인구가 제일 많다는 건 그만큼 수요도 많을 가능성이 크다는 것이다. 그러나 통계청에서 발표한 자료에 따르면 서울을 포함한 모든 광역시 중에서 1인 가구의 증가율이 가장 높은 곳은 인천시였다.

인천시의 1인 가구는 2015년 24만 4,000, 2022년 37만 6,000 가구로 꾸준히 늘어나는 추세다. 전체 가구에서 차지하는 비중도 2015년 27.2%에서 2022년 34.4%로 점차 늘어나 가장 많은 비중을 차지하는 가구 형태가 됐다.

지난 7년간(2015~2022년) 1인 가구 증가율도 인천시가 54.1%으로, 서울(40.1%) 비해 빠르다. 1인 가구가 차지하는 비율도 인천시의 가구 구성비가 타 지역에 비해 월등하게 높아질 것으로 보인다.

따라서 소형 주택은 서울보다 수도권 및 인천에서 투자 물건

3장 실전 부동산 투자 노하우

| 수도권의 일반 가구 및 1인 가구 증가율

(단위 : 천 가구, %)

구분	전국		경기		서울		인천	
	일반 가구	1인 가구	일반 가구	1인 가구	일반 가구	1인 가구	일반 가구	1인 가구
2015년	19,111	5,203	4,385	1,026	3,784	1,116	1,045	244
2022년	21,774	7,502	5,407	1,634	4,099	1,564	1,213	376
증가율	13.9	44.2	23.3	59.3	8.3	40.1	16.1	54.1

※ 통계청 자료를 바탕으로 필자가 재구성

을 찾는 것이 더 바람직하다. 반대로 인천의 중대형 주택 수요는 시간이 지날수록 급격하게 줄어든다고 판단해야 할 것이다.

그렇다면 중대형 주택은 어디에 투자하는 것이 바람직할까? 당연히 인구유입률이 높고, 전국에서 출생률이 가장 높은 세종시다. 세종시는 1인 가족 구성비의 증가율이 가장 낮은 곳으로 중대형 주택의 수요가 꾸준할 것으로 보인다.

길 따라
돈이 흐른다

부동산 개발은 길을 따라 진행된다. 무슨 뜻인가 하면 길이 있어야 집을 짓고, 집을 지어야 사람이 모인다는 의미다. 그래서 부동산의 가치를 판단하는 중요한 요소가 바로 길(도로)이다.

서울과 위성도시를 잇는 전철과 GTX(Great Train Express)는 도시의 성장과 소멸을 좌우하는 중대한 요소다. 그렇기 때문에 전철 개통 소식만 들려도 부동산 가격이 올라가는 호재로 작용하는 것이다.

'저탄소 녹색성장 기본법', 약칭 '녹색성장법'의 '제53조 저탄소 교통체계의 구축' 항목을 살펴보면 철도에 대한 정부의 입장을 알 수 있다. 정부는 철도가 국가 교통망의 근간이 되도록 관련된 투자를 지속적으로 확대하겠다고 이야기한다.

그래서 눈여겨봐야 할 것이 바로 GTX다. 이는 수도권의 교통난을 해소하려는 목적으로 경기도가 국토해양부에 제안해 추진하기 시작한 사업이다.

보다 자세히 설명하자면 GTX는 수도권 외곽에서 서울 도심의 주요 거점을 연결하는 수도권광역급행철도로, GTX A·B·C 등 3개 노선 건설이 추진되고 있다.

하지만 2011년 국책 사업인 제2차 국가철도망 구축 계획(2011~2015년)에 포함됐으나 사업 추진 주체 등을 놓고 논쟁이 확산하면서 사업이 지연됐고, 제3차 국가철도망 구축 계획(2016~2025년)으로 조정했다.

GTX는 A(경기 파주 운정~화성 동탄역), B(인천 송도~경기 마석역), C노선(경기 양주~경기 수원역) 등 3개 노선으로 나눠지며, 3개 노선 모두 예비타당성 조사를 통과했다.

GTX A, B, C 노선은 최고시속 200km, 평균시속 100km의 속도로 주행하기 때문에 현재 경기도나 인천에서 서울 도심까

3장 실전 부동산 투자 노하우

자료 : 국토교통부

지 2~3시간 걸리는 교통시간이 20~30분 이내로 대폭 단축될 것으로 전망하고 있다.

GTX는 지하 40~70m 터널로 건설되어 정차 시간을 감안해도 기존 전철보다 3배 이상 빠른 최고 시속 200km, 평균 시속 100km로 운행될 예정이다.

GTX A노선은 3개 노선 중 사업 진행 속도가 가장 빠르다.

| GTX역이 들어설 예정인 지역들

A노선	운정, 킨텍스, 대곡, 연신내, 서울역, 삼성, 수서, 성남, 용인, 동탄
B노선	송도, 인천시청, 부평, 부천종합운동장, 신도림, 여의도, 서울역, 청량리, 망우, 별내, 평내호평, 마석
C노선	수원, 금정, 과천, 양재, 삼성, 청량리, 광운대, 창동, 의정부, 덕정

부동산 투자를 위해서는 GTX역이 들어서는 지역들을 관심 있게 주목해야 한다. 특히 서울역, 청량리, 삼성은 2개의 GTX 노선이 만나는 곳이어서 많은 투자자들의 이목이 쏠리고 있다.

서울역, 청량리, 삼성 외에도 주목해야 할 곳이 있다. 바로 연신내, 과천, 수서, 망우, 창동 등 서울과 위성도시의 교집합 지역이다.

물론 서울역, 청량리, 삼성이 가장 확실한 투자처지만 당연하게도 이미 높은 가격을 형성하고 있다. 따라서 이런 교집합 지역을 중심으로 놓고 투자할 곳을 선별해야 한다.

서울과 위성도시의 교집합 지역은 일단 수요가 풍부하고, 서울 중심과 인접해 직주근접성이 뛰어난 곳들이다. 만일 GTX역까지 개발된다면 가장 뜨거운 지역으로 급부상할 것이다.

GTX A노선(파주~동탄)

경기도 파주시에서 출발하여 서울시의 은평구·중구·강남구와 성남시·용인시를 거쳐 화성시까지 총 83.1km를 운행한다.

경기도 서북부와 서울 도심, 경기도 동남부를 가로지르는 노선으로, 운행 노선은 운정역(기점)-킨텍스역-대곡역-연신내역-서울역-삼성역-수서역-성남역-용인역-동탄역(종점)의 10개 역으로 계획되어 있다.

2017년 3월 삼성역~동탄역 구간이 재정사업으로 착공되었는데, 이 가운데 수서역~동탄역 구간은 수서평택고속선(수서고속철도, SRT)의 노선을 공유한다.

운정역~삼성역 구간은 정부와 민간이 사업 위험을 각각 40%, 60%씩 분담하는 '위험분담형 민간투자사업'(BTO-rs; Build Transfer Operate-risk sharing)으로 추진하여 2018년 착공한 뒤 2024년 개통할 예정이다.

이 노선이 개통되면 경기도에서 서울까지의 통근 시간이 큰 폭으로 줄어들어 동탄역~삼성역까지는 기존의 77분에서 19분으로, 일산에서 서울역까지는 기존의 52분에서 14분으로, 일산에서 삼성역까지는 기존의 80분에서 20분으로 단축된다.

GTX B노선(남양주~송도)

경기도 남양주시에서 출발하여 서울시 중랑구·동대문구·중구·용산구·영등포구·구로구와 경기도 부천시, 인천시의 부평구·남동구를 거쳐 송도국제도시까지 총 80.1km를 운행한다.

운행 노선은 마석역(기점)-평내호평역-별내역-망우역-청량리역-서울역-용산역-여의도역-신도림역-당아래역-부평역-인천시청역-송도역(종점)의 13개 역으로 계획되어 있다. 마석역~청량리역 구간은 기존의 경춘선과 중앙선을 공유한다.

이 노선은 2014년에 실시한 예비타당성 조사에서 경제적 타당성이 결여된 것으로 판단되어 무산될 뻔했으나, 2017년 8월 청량리역~마석역 구간(31.4km)을 연장하는 방안이 제시되어 2019년 8월 예비타당성 조사를 통과하였다.

2022년 말 착공하여 2025년 이후 개통 예정이다. 2026년 개통되면 송도역~서울역까지의 이동 시간이 기존의 82분에서 27분으로 단축된다.

GTX C노선(양주~수원)

경기도 양주시 덕정역-의정부역-창동역-광운대역-청량리역-삼성역-양재역-과천역-금정역-수원역 구간으로 총 74.8km를 통과한다.

2018년 12월 예비타당성 조사를 통과했다. 초기에는 경기도 의정부시에서 출발하여 서울시 5개구(도봉구·노원구·동대문구·강남구·서초구)와 경기도 과천시, 군포시까지 운행하는 것으로 추진되었으나, 경제적 타당성이 부족하여 북쪽으로는 양주, 남쪽으로는 수원까지 노선을 확장하는 계획으로 변경됐다.

GTX D노선(김포~용산)

2021년 6월 국토교통부는 '제4차 국가철도망 구축계획'을 발표하였다. 수도권 서북부 지역의 교통 혼잡 문제를 해소하기 위한 사업으로, 김포 장기에서 부천종합운동장역을 거쳐 용산역까지 연결한다는 계획이다.

부천종합운동장역과 용산역까지는 GTX-B노선과 선로를 공유해 운행한다. 아울러 김포공항·방화역을 지나는 서울지하철 5호선을 김포·검단까지 연장하는 안 또한 검토하겠다는 입장을 밝혔으나 D노선을 포함한 E, F노선은 경유노선과 정차역이 정확하게 그려지지 않았다.

2026년에 작성될 5차 국가철도망 구축계획 반영, 예비타당성 조사 2~3년, 민간사업자의 사업성 검토 1~2년, 설계 2~3년, 시공·시운전 5~6년 등을 고려하면 최대한 앞당긴다고 해도 최소 15년 이상은 걸리는 사업이다.

국토교통부에서 GTX A선의 운임요금을 기본요금 2,850원(10km 이내)에 5km당 추가 요금 250원을 기준으로 계획하고 있지만 민간투자사업과 물가상승을 고려한다면 개통 시점에는 더 오를 것으로 보인다.

저출산, 초고령화 등으로 이동인구가 줄어들 수밖에 없는 상황에서 기존 교통수단의 수요를 빼앗는 이른바 '제로섬 게임'이 발생할 수 있다. 빛 좋은 개살구가 될 수 있으니 부동산 수익성을 고려하여 투자해야 한다.

신도시의
투자 타이밍

신도시에 투자할 계획이라면 반드시 유의해야 할 점들이 몇 가지 있다. 제일 먼저 신도시를 개발 단계별로 구분해 투자하기에 좋은 시기인지 나쁜 시기인지 판단해야 한다.

개발 초기부터 신도시가 성숙·완성에 이르기까지는 짧게는 10년, 길게는 20년이 소요된다. 1단계는 초기 단계, 2단계는 성장 단계, 3단계는 성숙 단계로 나눠보도록 하자.

이해를 돕기 위해 이를 도식화한 것이다. 다음 페이지에 제시된 도표와 같이 시간에 정비례해 도시가 성장하는 경우는 거의 없다. 해당 도표는 2020년에 신도시를 개발해 2030년에 완료된다는 가정 하에 만들어졌다.

신도시는 원형지 상태에서 개발을 착수한다. 여기에 도로와 편의시설, 공공시설, 상업시설, 주거시설 등을 건설해야 가치가 생기는 것이다.

투자자라면 이러한 시설들이 언제 착수되어 완성될지 꾸준하게 흐름을 파악해야 한다. 그래야 앞으로 어떤 일이 벌어질지 예측하고 대비할 수 있다. 예측은 한 번만 하고 끝나는 것이 아니라 지속적으로 모니터링해야 하는 것이다.

다양한 변수에 대응하기 위해서는 투자하려는 신도시가 어떤 단계에 접어든 상태이고, 또 어떤 공사와 사업이 문제가 있는

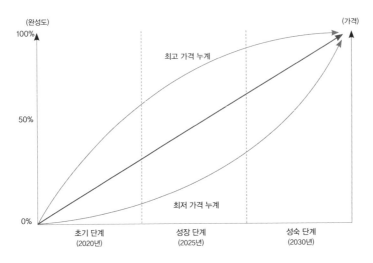

지 파악해야 한다.

　여기서 핵심은 도시 개발계획에 나와 있는 일반적인 개발 외에 허구적인 개발 예측들, 즉 이뤄지지 않는 정치적 공약이나 단순 MOU 체결, 허위사실(속칭 찌라시) 등으로 인한 허구적인 부분들을 잘 가려내야 한다는 것이다.

　이러한 허구적인 개발 예측들이 거품을 만들기 때문에 잘못 휘말리면 큰 손해를 볼 수도 있다.

1. 초기 단계

　개발 전에는 도시 기획과 계획을 수립하고, 개발 초기에는 토지 보상과 택지 조성을 진행한다. 사업 초기 단계에는 토지 보상 및 문화재 조사가 이뤄진다.

문화재 조사가 어느 정도 진행되면 부지 및 도로, 통신관로 공사 등을 진행하는데, 부지 조성이 끝나면 허허벌판에 아파트만 덩그러니 짓고 첫 분양을 시작한다.

도표에서는 추이선이 시간에 비례해 상승했지만 실제로는 그렇지 않다. 도시의 완성도에 따라 상승곡선이 가파르게 치솟을 수도 있고, 정체될 수도 있다. 개발 완성도에 맞춰 가격이 형성되는 것이다.

부동산 정책과 시장 분위기 등에 따라 달라질 수 있지만 가격은 보통 '최고 가격 누계'와 '최저 가격 누계' 사이를 오고 간다. 가격이 최고 가격 누계와 비슷하거나 넘어설 경우 고평가됐다고 말하며, 가격이 최저 가격 누계와 비슷하거나 더 낮을 경우 저평가됐다고 말한다.

초기 단계가 지나야 아파트를 비롯한 시설물을 지어 사람들이 거주할 수 있는 환경을 만든다. 이때는 생활편의 시설물이 굉장히 부족하고, 짓는다고 해도 공사로 인한 불편함을 가장 많이 감수해야 하는 시기다. 상권도 제대로 형성되어 있지 않다.

그래서 실수요자보다는 투자자들이 먼저 시장에 진입하는 경우가 많다. 실거주 목적으로 들어오기에는 너무 불편하고, 사업의 불확실성 등으로 리스크가 크기 때문이다. 분양권 거래 역시 투자자들끼리 서로 북 치고 장구 치며 이뤄진다.

2. 성장 단계

성장 시기에는 도시가 제자리를 잡아가는 시기이며, 드디어 실입주자가 관심을 가지기 시작하는 시기다. 이때부터 실수요자로의 손바뀜이 시작된다.

이 시기부터 선점한 자(투자자)와 진입하려는 자(실수요자) 간의 첨예한 다툼이 시작된다. 간혹 어느 한쪽이 과하게 불리하다 판단되면 정부는 균형을 맞추기 위해 새로운 룰을 만들어서 간섭한다.

이처럼 신도시가 개발 단계에서 성숙 단계로 넘어가는 과정을 '신도시 성장통'이라고도 한다. 바로 현재의 세종시가 이 단계라고 보면 되겠다.

3. 성숙 단계

성숙 시기에는 상업시설과 문화시설이 완성된다. 성숙 단계는 굵직한 호재가 시설물로 만들어져 도시가 완성되는 시기로, 이 시기에는 부동산 가격도 안정기에 접어든다.

편의시설이 모두 갖춰진 상태이므로 실수요자 입장에서는 '최적의 도시'라 할 수 있다. 반대로 투자자 입장에서는 호재의 활동이 멈추는 시기이기 때문에 새로운 호재가 등장하지 않는 이상 큰 수익을 내기가 어렵다. 이때부터는 수요와 공급의 불균형이 나타나지 않는 이상 원하는 만큼 큰 수익을 낼 수 없다.

구도시는 공급 물량과 수요층의 증감에 따라서 가격이 결정되지만, 신도시는 도시의 완성도에 따라 시세차익을 얻을 수 있다. 결국 도시의 완성도와 리스크는 반비례하는데, 초기의 리스크를 100으로 두고 보면 완성 시점에는 0이라고 보면 된다.

물론 리스크의 정도는 어떤 시점에서 바라보는가에 따라 체감이 다르다. 신도시 개발 시기에는 호재가 사라지거나 혹은 악재가 발생되기도 하며, 이에 따라 사업이 지연 또는 중단되기도 한다.

투자는 리스크를 안고 하는 것인데 신도시에 투자하는 것은 시설물 지연의 리스크를 감수한다는 의미로, 이미 성숙한 도시에는 없는 리스크를 감수하는 것이다. 그만큼 신도시는 이미 조성된 도시보다 많은 리스크를 가지고 있지만, 계획처럼 잘 성장해서 리스크가 해소된다면 그에 따른 시세차익을 얻을 수 있다.

그렇다면 신도시 투자 시 어느 단계에서 진입해야 가장 많은 수익을 낼 수 있을까? 정답은 초기 단계다. 초기 단계, 성장 단계, 성숙 단계 순서로 리스크가 적어지므로 가장 리스크가 큰 시기가 당연히 시세차익도 크다.

하지만 단기 투자를 생각하고 있다면 이야기가 달라진다. 단기적인 수익은 도표에서 볼 수 있듯이 성장 단계가 가장 크다. 최고 가격 누계와 최저 가격 누계 사이의 격차가 클수록 단기적인 손익도 커지기 때문이다. 가장 좋은 투자 타이밍은 당연히 신도시의 전체적인 가격이 저평가된 상태일 때다.

하지만 현재의 가격이 저평가인지 고평가인지 파악하기 위해서는 외부 상황을 종합적으로 고려하는 과정이 필요하다. 신도시 형성 과정에서 현재 진행 중인 사업은 무엇인지, 개발계획에 따라 진척도는 어떤지, 최근에 특별한 이유 없이 큰 폭으로 등락한 적이 있는지 등을 파악해야 한다.

아무런 기준 없이 막연하게 현재의 가격을 비싸거나 싸다고 판단하는 건 굉장히 위험한 생각이다. 분명한 기준을 세워 가격을 판단해야 한다. 앞서 강조했듯이 과거의 가격은 중요하지 않다. '1년 전 대비 5천만 원 올랐으니 비싸다.' 이런 식의 접근은 굉장히 위험하고, 운에 기대 투자하는 것에 불과하다.

투자 시점과 매도 시점을 찾기 위해서는 통찰력 있는 사고가 필요하고, 호재별로 점수를 매겨 정량적 평가를 시도하려는 노력이 필요하다.

예를 들어 도시의 완성을 100점이라 봤을 때, 자신의 판단에 따라 고속도로를 6점, 전철을 3점, 공원을 1점으로 적용하는 등 점수를 매겨 측정해 보는 것이다. 만일 고속도로 개통이 지연되거나 백지화되면 6점을 감점하는 식이다.

이렇게 접근하면 주변에 휘둘리지 않고 조금 더 객관적으로 판단할 수 있다. 물론 이런 정량적 분석은 완벽하지 않은 하나의 예일 뿐이다.

그렇다면 1~3기 신도시는 어떤 단계일까? 1기 신도시 분당, 일산, 평촌, 산본, 중동은 정체 단계이며, 2기 신도시 송파, 위례, 성남, 판교, 김포한강, 광교, 동탄, 검단, 고덕, 양주 등은 대체로

| 3기 신도시(330만㎡ 이상)

지구명	남양주		하남 교산	인천 계양	고양 창릉	부천 대장
	왕숙	왕숙2				
면적	938만㎡	239만㎡	631만㎡	333만㎡	789만㎡	342만㎡
호수	5만 2천 호	1만 4천 호	3만 3천 호	1만 7천 호	3만 6천 호	1만 9천

자료 : 3기 신도시 홈페이지

| 기타 공공주택지구

지구명	과천	안산 장상	인천 구월2	화성 봉담3	광명 시흥	의왕·군포·안산	화성 진안
면적	169만㎡	221만㎡	220만㎡	229만㎡	1,271만㎡	597만㎡	452만㎡
호수	7천 호	1만 5천 호	1만 8천 호	1만 7천 호	7만 호	4만 1천 호	2만 호

자료 : 3기 신도시 홈페이지

성숙 단계다.

3기 신도시는 정부가 추진 중인 「수도권 주택공급 확대방안」 등의 일환으로 수도권 주택시장 및 서민 주거 안정을 위해 계획한 공공주택지구이다.

3기 신도시는 서울과 맞닿아 있거나, 아주 가까운 곳에 위치하여 GTX, S-BRT와 같은 다양한 교통수단을 통하면 주요 도심까지 30분 내로 도착할 수 있다. 또한 신도시 내에서는 10분 안에 대중교통과 연결되는 미래교통도시로 만들 예정이다.

3기 신도시의 입지적 장점은 다음과 같다.

1. 서울 인접하였으며 접근성이 우수하다

서울 경계에서 평균 1.3km 떨어진 곳에 입지를 선정하였다.

서울과의 접근성이 우수하여 도심의 주요 기능을 분담하고, 수도권 균형발전의 핵심으로 성장할 것이다.

2. 정시성을 갖춘 철도 중심의 광역교통계획을 수립했다

일정한 시간에 출발·도착하는 철도 중심의 광역교통대책을 수립하고, 수도권 광역급행철도(GTX), 간선급행버스(S-BRT) 등과 연계한 대중교통망을 통해 인근 도시의 교통 불편까지 해소하는 교통대책을 마련할 예정이다. 서울의 주요 도심까지 30분 이내에 연결된다.

3. 수도권 광역급행철도와 연계했다

수도권 광역급행철도는 지하 대심도 공간을 활용하여 노선을 직선화하고, 평균 속도를 높여 신속한 이동이 가능하다. 3개 노선이 3기 신도시와 연결될 예정으로, 먼 거리도 빠르고 편리하게 이동할 수 있다.

서울과 직주근접이 유리한 3기 신도시 지역을 중심으로 투자 단계별 주기를 알고 접근한다면 투자에 실패할 확률을 줄일 수 있다.

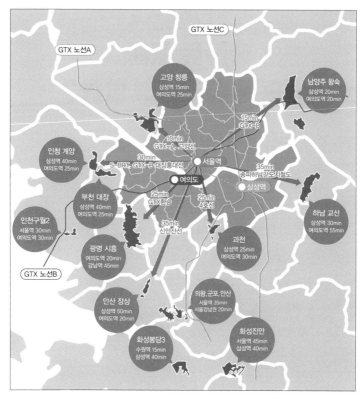

자료 : 3기 신도시 홈페이지

구분	GTX-A	GTX-B	GTX-C
연장	삼성~동탄 39.5km, 파주~삼성 43.6km	송도~마석 80.1km	덕정~수원 74.2km
비고	고양 창릉(인접)	남양주 왕숙, 인천 계양(인접), 부천 대장(인접)	과천

자료 : 3기 신도시 홈페이지

아파트 매매,
어떻게 접근해야 할까?

갭투자가 앞으로도 완벽한 투자 전략일 수는 없다고 이야기한 바 있다. 하지만 철저하게 공부해 잘 활용한다면 유효한 부분도 있다.

전세금을 끼고 전세가와 매매가 사이의 차이가 매우 적은 아파트를 매수하는 방법은 대표적인 소액 투자법 중 하나다. 그러나 전세가율이 높아 소액으로도 투자가 가능하다고 해서 섣불리 접근하는 것은 굉장히 위험하다.

갭투자를 할 생각이라면 반드시 전세가율이 왜 높은지 꼼꼼하게 이유를 따져볼 필요가 있다. 입주 예정 물량이 많아서 매매가격이 하락해 매매가와 전세가의 차이가 축소된 것인지, 인프라는 좋으나 아파트 노후화가 심해 소유보다는 전세를 선호하는 이들이 많은 것인지, 단순히 집값 상승에 대한 불확실성 심리

(단위 : %)

가 작용했는지, 저금리 기조로 인한 전세 선호 현상이 지속돼 전세가가 상승했는지 등을 잘 따져봐야 한다.

전국 주택의 전세가율(매매가격대비 전세가격 비율)은 2017년부터 지속적으로 하락 중이다. 이는 집값 상승폭이 전세가 상승폭보다 높아지면서 생긴 착시효과다.

갭투자의 가장 큰 리스크는 집값이 하락세로 전환되면 전세가 또한 상승을 멈추고 하락한다는 점이다. 갭투자한 시점보다 전세가율이 하락하면 시세차익이 줄어들고, 전세 만기 시 역전세로 손실을 본다. 수익률과 투자금만 고려해서 투자하지 말고 자금 여건을 고려해 신중히 접근해야 하는 연유다.

투자자 입장에서는 부동산 시장의 호황이 계속되어 아파트 매매가와 전세가율이 상승하면 좋겠지만, 결국 아파트도 재화의 일종이므로 오르기만 할 수는 없다. 2015년부터 2023년 8월까지의 전국 아파트 전세가율 추이를 보면 확실히 알 수 있다.

만일 갭투자 이후 전세가율이 낮아지면 추가 비용이 발생하고, 전세 레버리지를 이용한 만큼 리스크도 커질 것이다.

가장 확실한 방법은
청약을 통한 매수다

아파트를 매수하는 방법은 갭투자만 있는 것이 아니다. 청약을 통해서 매수하는 방법도 있다. 우리나라는 성인의 대부분이 청약통장을 가지고 있다. 그만큼 청약이 가장 확실하고 안전한 아파트 매수 수단이기 때문이다.

만일 이 책을 읽고 있는 독자 중 아직 청약통장이 없는 이가 있다면 나이와 종잣돈, 주택 유무 떠나 반드시 만들기를 바란다. 기회는 스스로 준비한 사람에게 찾아오기 마련이다.

아파트 공급방법은 특별공급(신혼부부, 다자녀, 노부모 부양, 기관 추천 등)과 일반공급으로 구분된다. 특별공급 대상자는 경쟁률이 낮아 당첨 확률이 높고, 떨어져도 일반공급에서 재청약이 가능하므로 총 2번의 기회를 얻을 수 있다는 장점이 있다.

필자는 특별공급 대상임에도 잘 알지 못해 기회를 놓치는 경우를 주변에서 여럿 보았다. 반드시 특별공급 대상자의 조건을 꼼꼼하게 살펴보기 바란다. 자신이 특별공급 대상자인지 미리 확인하고, 조건이 부족하다면 대안을 찾는 것도 필요하다.

청약은 청약홈 홈페이지(www.applyhome.co.kr)에서 진행된다. 이곳에서 아파트 청약과 분양 공고 등을 확인할 수 있다. 청약홈 홈페이지에서 청약 점수 확인 및 청약통장 가입금액, 청약일정, 경쟁률, 당첨 사실 조회가 가능하다.

청약으로 아파트 매수를 노린다면 틈틈이 청약홈에 접속하여 정보를 확인하거나 관심공고 청약 알림 서비스를 신청해서 청약접수 일정을 문자메시지나 카카오톡 등을 통해 받아보면 유용하다.

청약주택의 종류는 국민주택과 민영주택으로 구분되고, 공

아파트 특별공급 청약 신청방법

주택 선택 → 유의사항 확인 및 로그인 → 특별공급 종류 선택 → 청약 자격 확인 → 주택형 선택 → 거주지 입력 → 청약통장 자격 확인 → 선정 기준 입력 → 청약자 정보 입력 → 청약 신청 내역 확인 → 청약 완료

급 방식은 분양과 임대로 구분된다.

국민주택은 주택도시기금을 지원받아 공급되는 주택 또는 지방단체, LH 한국토지주택공사, 지방공사가 건설하는 주택 중 전용면적 85m² 이하의 주택을 말한다.

민영주택은 국민주택의 지원을 받지 않고 민간 건설회사에서 짓는 주택 또는 국가, 지방단체, LH 한국토지주택공사 등 공공기관이 공급하는 전용면적 85m² 초과의 주택을 말한다.

청약에 당첨되었을 시 필요한 예치금액도 지역별로 상이한데, 전용면적 85m² 이하로만 예를 들자면 서울·부산은 300만 원, 기타 광역시는 250만 원, 그 외 지역은 200만 원이다. 도심, 즉 핵심 입지에 가까울수록 예치금액도 높아진다.

청약 제도는 단순히 청약 신청만 하는 용도가 아니라, 주택 자금 마련을 위한 저축도 함께 도와주는 주택 정책이다.

연 2.1% 이자율은 시중에 출시된 적금통장과 비교했을 때 큰 메리트는 없다. 최근 금리가 낮다는 이유로 해지를 고민하는 1주택자 및 2030 청포족(청약포기족)이 다수 속출하고 있다. 그러나 청약통장 해지는 신중하게 생각해야 한다.

청약이라는 목적성이 있으므로 금리에 민감할 필요가 없다. 청약의 기회는 한 번 놓치면 다시 돌아오기 쉽지 않아 꼭 유지해야 한다. 부동산 시장 분위기는 언제든 변할 수 있으니 쌓아놓은 가입 기간 동안 가점을 유지하는 등 다양한 선택지를 확보하는 것이 좋다.

구분(전용면적)	서울·부산	기타 광역시	그 외 지역
85m² 이하	300만 원	250만 원	200만 원
85~102m² 이하	600만 원	400만 원	300만 원
102~135m² 이하	1,000만 원	700만 원	400만 원
135m² 초과	1,500만 원	1,000만 원	500만 원

자료 : 금융감독원

　　목돈이 필요한 경우 청약 해지보다는 주택청약담보대출을 활용할 수도 있다. 현재 가입할 수 있는 '주택청약종합저축'은 가입자가 사망해 상속하는 경우가 아니면 명의 이전이 어렵지만 2015년 9월부터 중단된 옛 '청약 저축'과 2000년 3월 26일 이전에 가입한 '청약 부금'과 '청약 예금'은 명의를 변경할 수 있다. 부모가 15년 이상 가입한 청약 통장을 자녀에게 물려주면 가입 기간에 따른 가점이 최대 17점까지 쌓인다.

청약 전에 반드시
점검해야 할 사항들

청약 전에 점검해야 할 가장 중요한 사항은 자기자본을 확보하는 것이다. 당첨 후 계약금을 마련하지 못해서 당첨 기회를 날려 버리거나, 어렵사리 계약금을 구해서 계약했지만 개인신용 문

제가 생기거나, 규제 지역의 중도금 대출 규제로 대출 승인이 안
되는 경우도 있다.

이런 경우에는 중도금을 별도로 준비해야 하며, 대출을 활용
할 수 없어 매도도 쉽지 않을 수 있다. 그러므로 반드시 청약 전
에 계약금과 중도금 대출 가능 여부를 확인해봐야 한다.

또한 입지와 향후 호재도 점검해봐야 한다. 아파트 청약은
분양가격이 중요하며, 건물을 짓는 2~3년 동안 주변 환경이 변
화해 입주 시점에 가격이 오르거나 떨어지기도 한다.

단지 내 초등학교가 신설될 예정이었지만 취소되는 경우도
심심치 않게 볼 수 있다. 전철 개통과 도로 확충이 지연되면서
불편함이 가중될 수도 있다. 불편함이 가중되면 당연히 아파트
가격도 떨어지기 마련이다. 예정된 호재와 확정된 호재를 구분
해서 판단할 필요가 있다.

만일 청약 점수가 부족한 경우에는 가점이 많은 85m² 이하
면적보다는 85m² 초과 면적의 아파트에 도전하는 것도 좋다.
전략적으로 비인기 평면 타입을 선택하는 것이다.

당연하게도 인기 평면은 경쟁률이 높아 당첨될 확률이 낮다.
예를 들어 인기 평면 타입의 경쟁률이 50:1, 비인기 타입의 경쟁
률이 10:1이라 예상된다면 고민해볼 필요가 있다.

또한 A급 입지보다는 B급 입지를 선택하는 것도 요령이라면
요령이다. A급 입지는 입지 프리미엄이 있기 때문에 누구나 선호
하는 물건이다.

가령 같은 지역에 A급과 B급 입지가 있다고 가정해보자. A급이 100:1의 경쟁률을 보이고, B급이 10:1의 경쟁률을 보인다면 1%의 확률에 도전하는 것보다 10%의 확률에 도전하는 것이 나을 수 있다. 투자는 확률적 사고로 접근해야 한다.

또 다른 방법은 당첨일이 비슷한 아파트 단지 중 발표일이 늦은 물건을 선택하는 것이다. 접수일이 같아도 당첨자 발표일이 다르면 여러 곳에 청약이 가능하다.

만일 당첨자 발표일이 빠른 단지에 누군가 먼저 당첨되면 늦은 곳의 청약은 자동적으로 소멸된다. 즉 청약자가 분산되기 때문에 청약 당첨 확률도 올라가는 것이다. 반대로 청약 접수일이 다른데 당첨자 발표일이 같은 아파트에 청약하면 모두 무효 처리되니 유의해야 한다.

그리고 당첨되었음에도 개인 사정으로 계약하지 않거나 청약 자격 조건 불충분으로 당첨이 취소되는 세대도 발생한다. 이때 청약홈에서 '내집마련 신청'을 통해 잔여 세대를 계약할 수 있다. 인기가 많은 지역의 아파트가 매물로 나올 확률은 적지만 전부 떨어진 이들에게는 패자부활전이라 볼 수 있다.

그럼 청약통장 해지는 언제 해야 할까? 청약통장 해지는 반드시 계약 후 해지해야 한다. 당첨됐다고 기쁜 마음에 바로 해지하거나, 계약금이 부족하다고 해지했다가 만점 통장을 제대로 쓰지도 못하는 낭패를 볼 수 있다.

청약 신청 시 꼼꼼하게 체크한다고 하지만 청약 제도 개편 이후 더 복잡해진 자격 요건으로 인해 실수를 할 때가 있다. 그래서 실제로 당첨이 됐어도 계약서 작성 전에 오류가 확인되어 취소되는 일을 심심치 않게 볼 수 있다. 심지어 부적격 당첨 시 수도권은 1년, 지방은 6개월간 청약이 제한된다.

만일 계약 전에 청약통장을 해지하면 복구가 되지 않으므로 통장 보유로 얻은 점수가 사라지게 되고, 가점도 처음부터 다시 얻어야 하니 주의하자.

계약 이후에도 문제다. 투자 목적으로 아파트를 분양받아 단타로 분양권을 전매하는 경우가 있다. 이때 고민하는 부분은 고액의 양도세를 성실하게 납부할 것인지, 탈세를 할 것인지에 대한 여부다.

실제로 매도자가 양도세를 줄이기 위해 계약서를 조작해 부동산 거래액을 실제 거래액보다 낮은 금액으로 기재하는 계약서, 즉 다운계약서를 요구하는 경우가 많다. 하지만 금액이 허위로 기재되었다는 게 밝혀질 경우 과태료가 부과되고, 이익을 본 양도세, 취득세 등은 추징 대상이 된다.

매도인과 매수인은 취득세의 3배 이하의 과태료, 취득가액의 5% 이하 과태료를 물고, 40%의 가산세, 비과세 감면 규정에서 제외된다. 공인중개사는 취득세 3배 이하의 과태료와 업무정지 6개월 또는 자격정지의 행정처분을 받는다. 그러므로 반드시 합법적인 테두리 안에서 거래하도록 하자.

미분양도 잘 고르면
돈이 된다

2023년 6월 말 기준으로 전국 미분양 물건은 7만 호에 달한다. 준공 후에도 미분양으로 남는 경우를 '준공 후 미분양(악성 미분양)'이라고 부른다.

지방은 미분양 추이와 함께 이 악성 미분양의 증감 추이를 잘 살펴봐야 한다. 수도권은 악성 미분양이 꾸준하게 줄어들고 있는 반면 지방은 미분양이 7년 전 수준까지 쌓이고 있다.

악성 미분양의 증가는 건설 경기 침체의 시그널로 볼 수도 있다. 미분양 적체가 심화되면 이를 떠안은 시공사와 시행사를 시작으로 금융사까지 도산 위기에 처할 수 있기 때문이다.

최근에는 부동산개발 PF 대출 중단 사례가 곳곳에서 발생하고 있다. 이는 건설사 연쇄부도, 파생상품 위기, 금융업체 위기, 가계부채 부실화, 부동산 가격 하락으로 이어지는 고리가 될 수 있다.

2023년은 지방을 시작으로 수도권까지 일시적으로 미분양이 늘어났지만 신규 착공 물량이 줄어들어 2024년부터는 미분양 물건이 다시 감소할 것으로 보인다.

아파트를 짓기까지는 토지 매입, 인허가 신청, 설계, 착공, 시공, 준공, 입주 순으로 진행하는데, 관심 지역의 인허가와 착공 물량을 살펴보면 2~3년 후의 미분양 추이를 예측할 수 있다.

| 2023년 6월 기준 전국 미분양 주택 현황

(단위 : 호)

구분	'14.12	'15.12	'16.12	'17.12	'18.12	'19.12	'20.12	'21.12	'22.12	'23.06
전국	40,379	61,512	56,413	57,330	58,838	47,797	19,005	17,710	68,107	68,865
수도권	19,814	30,637	16,689	10,387	6,319	6,202	2,131	1,509	11,035	10,799
서울	1,356	494	274	45	27	151	49	54	953	1,144
인천	3,735	4,206	3,053	1,549	1,324	966	466	425	2,494	2,697
경기	14,723	25,937	13,362	8,793	4,968	5,085	1,616	1,030	7,588	6,958
지방	20,565	30,875	39,724	46,943	52,519	41,595	16,874	16,201	57,072	58,066
부산	2,060	1,290	1,171	1,920	4,153	2,115	973	949	2,640	2,892
대구	1,013	2,396	915	126	362	1,790	280	1,977	13,445	12,733
광주	247	735	554	707	58	148	31	27	291	556
대전	444	1,243	644	759	1,183	724	638	460	3,239	2,026
울산	258	437	481	855	997	1,269	468	397	3,570	4,077
강원	3,054	1,876	3,314	2,816	5,736	5,945	3,115	1,648	2,648	2,586
충북	931	3,655	3,989	4,980	4,560	1,672	273	304	3,225	4,088
충남	2,838	9,065	9,323	11,283	7,763	5,569	2,510	1,012	8,509	7,131
세종	433	16	–	–	–	–	–	30	6	114
전북	1,197	1,227	2,382	1,881	1,607	1,043	661	133	2,520	4,015
전남	2,981	1,608	1,245	627	1,663	1,857	1,059	2,163	3,029	3,021
경북	2,023	3,802	7,421	7,630	8,995	6,122	2,154	4,386	7,674	8,639
경남	2,962	3,411	8,014	12,088	14,147	12,269	3,617	1,879	4,600	4,227
제주	124	114	271	1,271	1,295	1,072	1,095	836	1,676	1,961

인허가 물량은 착공 물량을 예측할 수 있게 해주는 지표로, 입주 시점에 인구 유입과 수요에 따라 가격이 움직이게 된다.

국토교통부가 지난 5월을 기준으로 한 전국 주택 통계를 발표했다. 주택공급 3대 선행 지표인 인허가·착공·분양 실적 모두 감소했고 착공 실적이 2022년 동기 대비 약 50%, 2021년 동기 대비 약 70%가 줄었다.

(단위 : 호)

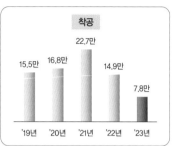

5월 누계 기준 전국 주택 인허가 실적은 전년 동기 대비 24.6% 감소했고 수도권 주택은 60,581호로 전년 동기 대비 17.3%, 지방은 96,953호로 전년 동기 대비 28.6% 줄었다. 전국 아파트도 전년 동기 대비 18.5%, 아파트 외 주택도 전년 동기 대비 49.1% 감소세를 보였다.

전국 주택 착공은 77,671호로 전년 동기 대비 47.9% 줄었다. 수도권과 지방 모두 절반 가까이 감소했다. 아파트와 아파트 외 주택 모두 전년 동기 대비 절반 가까이 줄었다.

5월별 착공 추이를 보면 5월 누계 기준 전국 주택 착공

┃ 월별 착공 추이

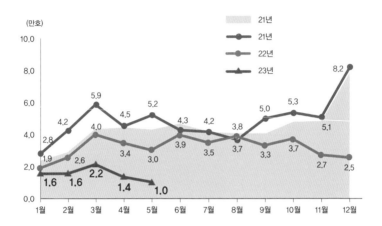

┃ 연간 5월 누계 착공 추이

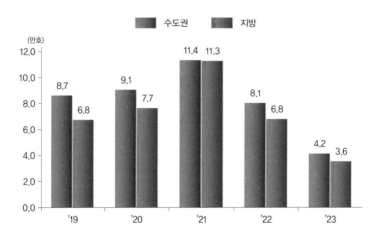

큰돈은 없지만 부동산 투자는 하고 싶은 월급쟁이에게

은 77,671호로 전년 동기(149,019호) 대비 47.9% 감소하였다. 2022년과 2023년에 착공한 아파트가 준공하는 2024년 이후에는 아파트 부족 대란이 발생할 가능성이 상당히 높다는 것이다.

미분양 아파트에 대한 부동산 투자자들의 시선이 나쁜 이유는 '분양되지 않는 데는 다 이유가 있다.'라는 지레짐작 때문이다. 그럼 정말 분양되지 않는 데는 다 이유가 있으니 기피해야 하는 걸까? 교통이 나쁘고, 악재가 산재하여 분양되지 않는 아파트도 있지만 그렇지 않은 경우도 있다.

필자의 사례를 이야기해보려고 한다. 2008년은 전국적으로 약 16만 호의 미분양 물건이 적체되어 있던 시기다. 필자는 그 시기 세종시 조치원 A아파트에 전세로 살다가 미분양 아파트를 매수해서 입주했다.

준공 후 입주 시기가 한참 지났지만 입주 저조로 인해 3년이 지나도록 70% 이상이 빈집으로 남아 있었던 물건으로, 결국 이 아파트는 2011년 20~40%의 할인 판매(분양)에 들어갔다. 그래서 전용 면적 85m²를 4,500만 원 할인된 가격으로 매수할 수 있었다.

필자는 이 아파트에서 실거주하다 새로 분양을 받아 매도한 뒤 이사했는데, 실거주 기간 동안 생활환경이 좋아지면서 가격이 상승해 원하는 가격에 매도할 수 있었다. 이처럼 미분양 아파트의 장점은 저평가된 물건을 싸게 매수할 수 있다는 점이다.

또 다른 사례도 있다. 2015년부터 줄곧 미분양 제로를 유지

┃ 전체 미분양 및 준공 후 미분양 물량 장기추이

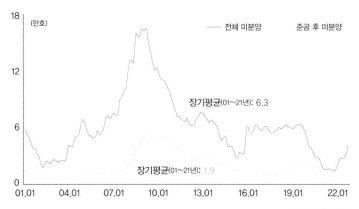

자료 : 국토교통부

┃ 수도권 및 지방 미분양 물량 장기추이

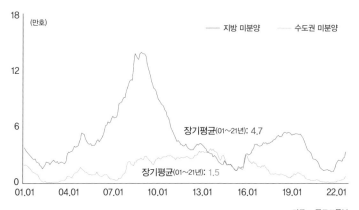

자료 : 국토교통부

큰돈은 없지만 부동산 투자는 하고 싶은 월급쟁이에게

할 만큼 부동산 불패 신화를 쓰던 세종시도 1천 세대의 미분양이 쌓였던 시기가 있었다.

바로 2014년도인데, 그해 7월 세종시 3-2생활권(보람동)에서 분양한 아파트가 미분양으로 남았다. 당시 세종시의 아파트 공급이 수요에 비해 과다했기 때문이었다.

필자는 바로 그 2014년 하반기에 선착순으로 미분양 아파트를 매수했다. 그때 매수한 아파트는 전용면적이 98m²로, 분양가격은 3억 2천만 원이었다.

중도금 무이자 혜택으로 입주 시까지 계약금 3,200만 원으로 투자할 수 있었고, 전세가율이 불과 50%도 되지 않아서 입주 직전에 분양권으로 매도했다.

물론 모든 지역의 미분양 아파트가 무조건 가격이 오르는 것은 아니다. 입지와 호재를 잘 고려하지 않으면 골칫덩어리로 남을 수도 있다. 할인가로 분양받더라도 그 시세보다 더 떨어질 수 있고, 가격이 회복되어도 그 이상의 가격 상승이 미미할 수도 있다.

그러므로 분양 당시의 가격이 높았는지, 인구 유입이 있는지, 일시적으로 분양 물량이 많았는지, 산업 기반이 견고해서 일자리가 많은지, 기반시설이 계획대로 들어서고 있는지 등을 잘 따져봐야 한다. 준공하는 시점 혹은 미흡한 인프라가 완성되는 시점에 가치가 크게 상승할 수 있기 때문이다.

아파트의 가치를
높이는 요소들

인간은 운동으로 체력을 유지하고, 책을 읽어 지식과 교양을 쌓아서 건강한 몸과 정신을 만든다. 아파트도 마찬가지다. 다양한 요소들이 모여 가치를 결정한다.

이해를 돕고자 중고차로 예를 들어보겠다. 구매자는 중고차를 고를 때 사고 유무, 침수 여부, 주행거리, 옵션, 타이어, 엔진 상태 등 여러 가지 요소를 꼼꼼하게 확인한다.

아파트도 그렇다. 신규 아파트 입주 전에 입주자는 사전점검을 통해 미흡한 부분은 없는지 확인한다. 오래된 아파트도 구입 전에 세대 내부를 꼼꼼하게 점검해야 낭패를 막을 수 있다.

부동산은 환불이 불가능하므로 꼼꼼히 살펴봐야 한다. 좋은 물건을 사야 오랫동안 소유할 수 있고, 소유하고 있는 동안에 마음고생할 일도 없다.

아파트의
내부 요소

그렇다면 아파트의 좋고 나쁨을 판단할 수 있는 내부 요소는 어떤 것들이 있을까?

건폐율, 용적률, 주차장 면적, 층고, 특화설계 여부, 커뮤니티 시설, 인테리어 및 옵션, 평면 타입, 조경, 그리고 아파트 스타일은 아파트 단지 내에서 찾을 수 있는 내부 요소들이다.

해당 요소들은 상황에 따라 가중치가 달라질 수 있다. 직접 살기 위한 목적인지, 시세차익 또는 월세 수익을 내기 위한 것인지에 따라서 요소별로 가중치가 달라지기 때문이다.

무엇보다 중요한 것은 이러한 요소들이 모여서 해당 아파트의 가치를 결정짓는다는 점이다. 차례대로 내부 요소들에 대해 살펴보자.

1. 건폐율과 용적률

건폐율은 대지면적에 대한 건축면적의 비율을 말한다. 건폐율이 높다는 것은 건물을 넓게 지을 수 있다는 의미다. 용적률은 대지면적에 대한 각층의 면적을 합계한 연면적을 말한다. 용적률이 높다는 건 건물을 높게 지을 수 있다는 뜻이다.

1970~1980년대 서울에서 건축된 저층 아파트를 재건축하는 게 가능한 이유는 용적률이 상향됐기 때문이다. 이전보다 더

높게 지을 수 있어 재건축이 허용되는 것이다.

최근에는 용적률의 한계와 재건축이 불가능한 단지에서 공동주택 리모델링 사업으로 변경 추진하는 아파트가 늘어나고 있다.

리모델링은 신축, 재건축과 달리 기존 건축물을 허물지 않고 보존하면서, 건축물의 노후화를 억제하거나 기능 향상 등을 위하여 대수선(보수·개수)하거나 건축물의 일부를 증축 또는 개축하는 행위를 말한다.

그간 공동주택 리모델링이 지속적인 규제 완화와 제도개선을 진행하고 있음에도 활성화되지 못한 가장 큰 이유는 경제성이었다.

그러나 지금은 재건축에 따른 자원 낭비 및 건축 폐기물 발생 억제 측면, 주차공간 등 부대·편의시설의 부족, 소득 및 주거 수준 향상 및 사회 트렌드 변화, 저출생, 고령화, 그리고 1~2인 가구 증가로 리모델링이 필요한 시점이다.

정부는 2020년 이후에는 정부에서 세제·정책적 지원과 정책금융 지원, 리모델링 범위 및 방법 확대를 검토 중에 있다. 공동주택 리모델링 사업은 애초 서울과 일산, 분당, 중동, 평촌, 산본 등 1기 신도시를 비롯한 경기 수도권 지역을 중심으로 시작했으나 대전, 창원을 비롯한 전국으로 퍼져나가면서 대규모 사업장도 많이 증가했다. 2023년 리모델링 추진 가구는 132개 단지 10만 5,765가구에 달한다.

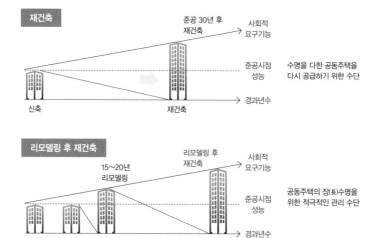

자료 : 리모델링협회

2007년까지 전국에서 준공한 아파트가 720만호인데 이왕 이면 투자 시 재건축이나 리모델링이 가능한 아파트를 선별하는 것이 좋다.

필자는 구축 아파트 투자 조건 중 1순위로 재건축 가능 여부를 따지고, 2순위로 리모델링 추진 시 사업성이 되는지 판단하고 있다. 이에 해당되지 않으면 아파트는 그저 재산을 깎아먹는 골칫덩어리가 될 수 있다.

2. 주차장 면적

전국 자동차 등록대수는 2010년 1,794만 대에서 2022년 2,500만 대로 꾸준하게 증가했다. 이에 반해 아파트의 주차대수는 변동이 없다. 그래서 출퇴근 시간에 주차장 확보로 인해 주민 사이의 마찰이 빈번하게 일어나고, 주차장 면적은 아파트의 가치를 판단하는 중요한 내부 요소가 됐다.

일반적으로 주차대수가 적은 아파트는 주차장 부족 문제로 이사를 꺼린다. 넉넉한 주차 공간을 확보한 아파트는 주거 만족도가 높을 수밖에 없다.

1996년 6월에 주택 건설 기준에 관한 규정이 개정되어 그 이후에 인·허가를 받은 아파트는 이전보다 주차 공간이 넓어졌다. 그때 만들어진 규정이 현재까지 이어져 주차대수를 산정하는 기준으로 사용되고 있다.

따라서 공사 기간을 고려했을 때 1999년 이후 준공된 아파트가 더 넓은 주차 공간을 가지고 있다. 이처럼 아파트의 전용면적과 준공 시기에 따라 주차대수가 달라지므로 꼼꼼히 살펴봐야 한다. 가까운 미래에는 주차장 면적이 아파트를 선정하는 중요한 요소로 자리 잡을 것이다.

3. 층고

개인마다 선호하는 층과 높이가 다르므로 층고 역시 분별해서 살펴봐야 할 요소다. 보통 집에 어린아이가 있거나 거동이 불편한 노약자가 있으면 1층을 선호하고, 개방감을 원하면 최상층을 선호한다. 채광을 선호한다면 중상층 이상을 선호한다.

최상층이 펜트하우스로 특화설계되어 로열층이 되는 경우도 있으나, 일반적으로 로얄층은 해당 동의 중간층부터 최상층을 제외한 아래층까지를 말한다.

예를 들어 최고 층수가 5층인 저층 아파트는 2층을 로열층으로 본다. 저층 아파트는 노후된 경우가 많아 엘리베이터가 없고, 최상층이 누수와 냉난방에 취약하기 때문이다. 1층은 채광이 안 좋고, 소음과 프라이버시에 취약하다. 반면 2층은 상대적으로 채광이 좋고, 계단 이용도 용이하다는 장점이 있다.

초고층 아파트의 경우 피난할 수 있는 대피공간인 피난층이 있다. 요즘은 피난층의 윗층과 아래층이 층간소음도 없고 안전하여 선호도가 높은 추세다. 수요층이 많아서 분양가 대비 가격 상승폭도 로열층 이상으로 높게 형성된다.

2021년 겨울, 필자는 천안아산역에 인접한 미분양 주거용 오피스텔 중 피난시설 위층과 로열층의 분양권을 각각 취득했다. 피난시설 위층은 계약 체결 후 2주일 만에 2천만 원의 시세 차익으로 매도했으나 로열층은 이에 못 미치는 가격에 매도했다.

4. 특화설계 여부

특화설계는 기존의 설계와는 다르게 새로운 기능을 추가해 차별성을 둔 설계를 말한다. 저층 테라스, 펜트하우스, 내진설계, 광폭 거실, 복층형 구조, 돌출형 발코니 등이 대표적인 특화설계 사례다.

실제로 특화설계된 아파트가 더 인기가 높고, 가격도 높게 오르는 경우가 많다. 충북 청주에 보유한 신축 아파트 중에서 저층 테라스형 평면타입이 있는데 입주 시점에 임대차 계획이 완료되어 한 노부부가 세입자로 살고 있다.

이 부부는 코로나19 확산으로 집에서 생활하기를 원했고 집 밖으로 나가지 않고도 야외 활동과 여가 생활을 즐길 수 있는 테라스형 타입을 원했다고 했다.

5. 커뮤니티(공동이용) 시설

단지 내 커뮤니티 시설은 단지 규모에 비례한다. 단지가 크면 그만큼 커뮤니티 시설이 많이 들어간다. 대표적으로 실내수영장, 조식서비스, 스카이라운지, 영화관, 가족캠핑장, 골프연습장, 사우나 등이 있다.

커뮤니티 시설이 크더라도 단지 규모가 크면 관리비가 줄어드는 효과가 있어 단지 규모가 클수록 유리하다. 적정 규모의 기준은 없으나 보통 단지 규모가 1,500세대 이상이 되어야 단지 내에서 자체적으로 해결할 수 있는 시설들이 갖춰진다.

특히 최근에는 단지 내에서 끼니를 해결할 수 있는 조식 서비스의 수요가 늘어나는 추세다. 안정된 수익이 보장된 게 아니기에 잘못 운영하면 수익성 악화될 수 있다는 단점으로 인하여 섣불리 제공하기 어려운 서비스지만, 1인 가구와 맞벌이 가구 입장에서는 편하게 이용할 수 있기 때문에 수요 자체는 나날이 증가하고 있다.

아파트에서 조식을 제공하면 입주민은 편한 옷차림으로 이용할 수 있고, 식사 뒤에 곧바로 출근할 수도 있어 편의성이 크다.

필자가 천안에 소유 중인 아파트도 입주민 전용 조식 서비스를 진행하고 있는데, 입주민의 만족도가 상당히 높고 아파트 가치에도 일조하고 있다.

6. 인테리어 및 옵션

인테리어 유무와 옵션 사양에 따라 아파트 가격은 수백만 원에서 수천만 원씩 차이가 발생한다. 인테리어는 분양 시 무상으로 해주는 옵션과 유상 옵션으로 구분할 수 있는데, 시스템 에어컨, 붙박이장, 빌트인 가전, 인덕션, 중문 등은 일반 분양 아파트에서는 대부분 유상 옵션으로 선택할 수 있게 되어 있다.

실거주 목적이라면 본인 취향에 맞는 옵션을 선택하고, 투자 목적이라면 발코니 확장과 시스템 에어컨만 선택하는 것이 유리하다.

옵션이 지나치게 많으면 매수 희망자가 적어 어려움을 겪을 수 있다. 신차 구매 시 마음은 풀 옵션을 사고 싶지만 가격이 부담스러워 일반 옵션 차량을 선택하는 심리와 같다고 보면 된다.

그중에서 빌트인 가전은 계약 시 선택한 가전들이 2~3년 뒤에 사용하는 셈이라 중고 제품을 구매하는 것과 다를 바 없으므로 추천하지 않는다.

중문은 현관과 내부를 분리시킴으로써 위생, 소음, 미관, 단열 성능을 발휘하여 유용하지만, 옵션으로 추가되는 중문은 미닫이 레일에서 잔고장이 많고 디자인에서도 제한적이라 피하는 것이 좋다. 중문은 공동구매 같은 사적인 경로를 통하여 설치하는 걸 권장한다.

7. 평면 타입

아파트 평면은 크게 비확장 구조와 확장 구조로 구분된다. 그 안에서 다시 2bay, 3bay, 4bay 등으로 구분된다.

비확장 구조는 발코니가 중간 공기층을 만들어 결로 발생이 적다. 오래된 아파트는 넓게 사용하기 위해서 인테리어 시 발코니를 확장하는 추세다.

섀시 및 확장 공사비용은 매도 시 양도소득세 공제가 가능한 품목이니 계약서와 영수증을 챙겨두는 게 좋다.

8. 조경

조경은 아파트 분위기를 좌우하는 요소다. 최근에는 단지 내 정원이 더욱 넓어져 광장으로 바뀌는 추세다. 건물 자체는 이전에 비해 크게 달라진 게 없지만 단지 안에 조성된 정원이 사람들의 눈길을 끌기도 한다.

단지에서 조경이 차지하는 면적의 비율이 높아지면 쾌적해 보인다. 조경은 아파트 단지의 부수적인 요소가 아니라 가장 중요하게 생각해야 할 핵심적인 부분이라는 걸 명심하자.

9. 아파트 스타일

아파트의 구조, 외관 등 아파트의 스타일은 형태에 따라 복도형, 계단형, 판상형, 타워형으로 구분된다.

복도형은 가격이 저렴하다는 것이 가장 큰 장점이다. 대신 복도로 내부를 볼 수 있어 사생활 침해의 우려가 높고 전용면적이 낮다.

복도형은 노후 아파트나 임대 아파트에 많으며, 세대당 주거면적이 작아 주차대수도 적은 편이다. 외복도형은 자연 통풍이 원활하지만 내복도형은 통풍이 어렵다는 단점이 있다.

계단형은 가장 많이 보편화된 형태다. 가격이 복도형보다 비싼 대신에 사생활 보호가 원활하고 전용면적이 높다. 통풍과 채광이 우수해 난방도 유리하다.

1~4호 라인 중에서 가장 선호하는 라인은 2, 3호 라인이다. 1, 4호 라인은 외벽이 접하고 있어서 안쪽 라인보다 겨울에는 춥고, 여름에는 덥다.

판상형(성냥갑형)은 일자형으로 배치된 형식을 말하는데, 통풍, 채광, 환기 기능이 우수하다는 것이 가장 큰 장점이다. 전 동의 남향 배치가 가능하지만 한쪽만 바라봐야 하기 때문에 뒤에 있는 동은 조망이 나쁘다.

또한 배치가 자유롭지 않아 단지가 단조롭고 녹지공원 확보가 어렵다는 단점이 있다. 분양가는 타워형과 비교하면 건축 난이도가 낮아서 저렴하다.

| 외복도형, 내복도형, 계단형 예시

1. 외복도형

1호	2호	3호	E/H	4호	5호
			복도		

2. 내복도형

1호	2호	3호	E/H	4호	5호
			복도		
6호	7호	8호	9호	10호	11호

3. 계단형

1호	E/H	2호	3호	E/H	4호

타워형은 용적률이 높은 고층이나 주상복합에서 주로 볼 수 있는 구조다. 상대적으로 화려하고 세련된 미관을 자랑하며, 동 수가 적어서 조망권이 우수하다. 동별 배치가 자유로워 사생활 보호에 유리하기도 하다.

반면 북향은 일조권이 안 좋으며 발코니 확장 면적도 적고, 맞통풍이 불가능해 환기 시스템을 사용해야 한다는 단점이 있다. 분양가는 판상형과 비교하면 건축 난이도가 높아서 상대적으로 비싸다.

큰돈은 없지만 부동산 투자는 하고 싶은 월급쟁이에게

아파트의
외부 요소

지금까지 아파트의 가치를 결정짓는 내부 요소들에 대해 알아보았다. 그럼 아파트의 가치를 높이는 외부 요소에는 어떤 것들이 있을까?

대중교통, 상권, 의료시설, 관공서, 학교, 조망권, 건설사 브랜드, 인구, 일자리 등은 아파트의 가치를 높이는 대표적인 외부 요소들이다. 아파트 가격 형성에도 큰 영향을 미친다. 차례대로 살펴보자.

1. 대중교통

교통은 사람이 이동하거나 짐을 옮기는 데 이용하는 수단을 말한다. 바쁜 현대인들에게 대중교통은 생계와 직결되는 중요한 요소이기도 하다. 도심지는 BRT와 지하철, 수도권은 광역버스와 GTX, 전국은 KTX와 SRT가 주요 대중교통 수단이다.

역세권의 범위에 대해서는 따로 정의된 것은 없으나, 통상 도보 기준으로 15분 이내의 거리를 역세권으로 보고 있다. 도보를 기준으로 하는 것은 역을 이용하는 사람들이 대부분 도보로 역사를 이용하기 때문이다. 자동차를 기준으로 삼을 시 위치와 시간에 따라 편차가 심해 도보를 기준으로 보는 것이 맞다.

분양 홍보관에서 역세권에 위치한 건물이라고 홍보하는 경

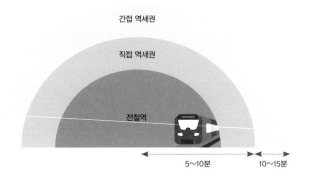

우를 보면, 자그마한 글씨로 '자동차로 10분 거리', '직선거리 2km' 등의 글씨를 적어둔 경우가 종종 있다. 이것은 '역세권'이라기보다 '역을 이용할 수 있는 거리'라고 표현하는 게 맞다.

역세권 중심으로 상권이 형성되고 그 배후에 주거 지역이 형성되는데, 역에 가까울수록 더 넓고 높은 건물을 지을 수 있다. 앞에서 이야기했지만 건폐율, 용적률과 연관이 있는 부분이다.

2. 상권

도시에서 상권은 '의식(衣食)'과 연관되어 있고, 삶의 만족도를 높이는 중요한 요소 중의 하나다. 상권은 역세권, 관공서, 오피스 등 교통수단이 좋고 인구밀도가 높은 지역에 형성된다. 백화점과 복합 쇼핑몰, 대형마트가 위치한 곳을 상권의 중심지로 보기도 한다.

3. 의료시설

통계청이 발표한 한국인의 평균 기대수명은 2023년 출생아 기준으로 84세라고 한다. 40년 전보다 약 17년이 늘어난 셈이다. 의학 기술의 발달로 100세 시대가 멀지 않았다.

병원은 수명 연장을 위해 가장 필요한 시설이다. 정기적이고 신속한 의료 서비스를 필요로 하는 노년층의 증가로 병원 접근성은 앞으로 더 중요해질 것이다.

병원 근무의 특성상 병원이 들어서면 근거리 지역의 임대 수요도 풍부해진다. 필자 역시 병세권에 10여 개의 도시형생활주택을 보유하고 있는데 대부분 병원 관계자가 임차인으로 거주하고 있다.

4. 관공서

관공서 밀집지역은 상권, 교통, 주거, 학군이 유기적으로 잘 형성되어 있다. 일례로 대전 둔산에 위치한 정부대전청사를 중심으로 살펴보면 관세청, 문화재청, 중소기업청, 산림청, 국가기록원, 조달청, 통계청, 병무청, 특허청 등을 포함한 11개 중앙 행정기관에 약 4천 명이 근무하고 있다.

그 외 시청, 교육청, 경찰청 등 주요 관공서가 밀집되어 있고, 그 주변으로 상권과 주거시설이 자리 잡고 있다. 대다수의 거주자가 안정적인 소득원을 가진 공무원이어서 집값이 경기 흐름에 크게 영향을 받지 않는다.

| 전국 사립대 의과대학 부속병원 현황

부속병원명	병상수	병원지역	의사 수	병원구분	학교명	지역
연세대 의과대학 신촌세브란스병원	2,615	서울	1,182	상급종합	연세대	서울
가톨릭대 서울성모병원	1,435	서울	847	상급종합	가톨릭대	서울
아주대병원	1,259	경기	681	상급종합	아주대	경기
고려대 의과대학부속구로병원	1,153	서울	542	상급종합	고려대	서울
학교법인 고려중앙학원 고려대의과대학 부속병원(안암병원)	1,120	서울	542	상급종합	고려대	서울
계명대동산병원	1,104	대구	423	상급종합	계명대	대구
동아대병원	1,086	부산	351	상급종합	동아대	부산
학교법인 울산공업학원 울산대병원	1,056	울산	356	종합병원	울산대	울산
영남대병원	1,029	대구	381	상급종합	영남대	경북
인하대의과대학부속병원	1,010	인천	419	상급종합	인하대	인천
고신대복음병원	1,004	부산	315	상급종합	고신대	부산
순천향대부속 부천병원	989	경기	363	상급종합	순천향대	충남
가톨릭대 인천성모병원	975	인천	326	상급종합	가톨릭대	서울
인제대 해운대백병원	969	부산	317	종합병원	인제대	경남
순천향대부속 천안병원	964	충남	336	상급종합	순천향대	충남
가톨릭대 성빈센트병원	956	경기	373	종합병원	가톨릭대	서울
대구가톨릭대병원	940	대구	345	상급종합	대구가톨릭대	경북
인제대 부산백병원	935	부산	375	상급종합	인제대	경남
연세대 원주세브란스기독병원	932	강원	436	상급종합	연세대	강원
학교법인 건양교육재단 건양대병원	929	대전	275	종합병원	건양대	대전
한양대병원	925	서울	415	상급종합	한양대	서울
한림대 성심병원	919	경기	396	상급종합	한림대	강원
조선대병원	910	광주	302	상급종합	조선대	광주
경희대병원	907	서울	465	상급종합	경희대	서울
건국대병원	905	서울	432	상급종합	건국대(의전원)	충북
연세대 의과대학 강남세브란스병원	899	경기	578	상급종합	연세대	강원
한림대 동탄성심병원	884	경기	264	종합병원	한림대	강원
단국대의과대학부속병원	880	충남	336	상급종합	단국대	충남
고려대의과대학부속안산병원	872	경기	364	상급종합	고려대	서울
원광대병원	867	전북	294	상급종합	원광대	전북
중앙대병원	861	서울	398	상급종합	중앙대	서울

큰돈은 없지만 부동산 투자는 하고 싶은 월급쟁이에게

학교법인성균관대 삼성창원병원	841	경남	287	종합병원	성균관대	경기
가톨릭대 은평성모병원	810	서울	248	종합병원	가톨릭대	서울
가톨릭대 의정부성모병원	806	경기	291	종합병원	가톨릭대	서울
순천향대 부속 서울병원	789	서울	354	종합병원	순천향대	충남
이화여대 의과대학부속목동병원	768	서울	392	종합병원	이화여대	서울
이화여대 의과대학부속서울병원	735	서울	182	종합병원	이화여대	서울
인제대일산백병원	731	경기	300	종합병원	인제대	경남
학교법인가톨릭학원 가톨릭대 대전성모병원	715	대전	210	종합병원	가톨릭대	서울
강동경희대 의대병원	710	서울	296	종합병원	경희대	서울
동국대 일산불교병원	706	경기	253	종합병원	동국대(의전원)	경북
가톨릭대 부천성모병원	703	경기	255	종합병원	가톨릭대	서울
학교법인 을지학원 대전을지대병원	682	대전	248	종합병원	을지대	대전
가톨릭관동대 국제성모병원	659	인천	188	종합병원	가톨릭관동대	강원
한림대 강남성심병원	647	서울	262	종합병원	한림대	강원
인제대 상계백병원	610	서울	308	종합병원	인제대	경남
한양대구리병원	597	경기	234	종합병원	한양대	서울
가톨릭대 여의도성모병원	579	서울	255	종합병원	가톨릭대	서울
연세대 의과대학 용인세브란스병원	536	서울	191	종합병원	연세대	강원
한림대부속 춘천성심병원	467	강원	157	종합병원	한림대	강원
동국대의과대학경주병원	422	경북	110	종합병원	동국대(의전원)	경북
순천향대 부속 구미병원	376	경북	78	종합병원	순천향대	충남
차의과학대 부속구미차병원	368	경북	72	종합병원	차의과대	경기
건국대 충주병원	339	충북	89	종합병원	건국대(의전원)	충북
인제대 서울백병원	238	서울	99	종합병원	인제대	경남
영남대 의과대학부속영천병원	229	경북	22	종합병원	영남대	경북
계명대 대구동산병원	226	대구	33	종합병원	계명대	대구
대구가톨릭대 칠곡가톨릭병원	184	대구	24	종합병원	대구가톨릭대	경북
한림대 한강성심병원	184	서울	23	종합병원	한림대	강원
학교법인건양학원 건양대부여병원	106	충남	9	병원	건양대	대전
계명대 의과대학부속경주동산병원	98	경북	9	병원	계명대	대구
가천대부속 동인천길병원	60	인천	1	병원	가천대	인천
연세대 치과대학 치과대학병원	9	서울	205	치과병원	연세대	강원

* 병상수 순

노후계획도시특별법이 개정되면서 1기 신도시 등 노후화된 계획도시를 '특별정비구역'으로 지정하고 이들 지역에 안전진단을 완화하고 용적률을 높이는 등 특례를 주는 상황도 주목할 만하다.

특별법 적용 대상은 택지조성사업 완료 이후 20년 이상 지난 100만m² 이상 택지로, 1기 신도시(분당·일산·산본·중동·평촌)와 함께 수도권 택지지구와 지방거점 신도시 등이 해당된다.

또한 적용 대상 범위를 통상 기준(330만m²)보다 넓히면서 부산 해운대, 대전 둔산, 광주 상무, 인천 연수지구 등이 혜택을 볼 수 있게 되었다.

필자도 둔산지구에 위치한 중형 아파트를 소유 중인데, 특별정비구역으로 재정되면서 관공서 밀집지역이라는 장점과의 시너지 효과를 기대하고 있다.

5. 학교

'초품아'라는 말을 들어보았을 것이다. 이는 '초등학교를 품은 아파트'의 줄임말로 자녀들의 안전한 통학이 가능한 아파트를 말한다. 자녀를 둔 학부모의 입장에서는 단지 내에 초등학교가 있다는 것은 큰 메리트다.

필자 역시 2021년 아파트에서 거주하다가 자녀들의 안전한 통학을 위해서 초등학교 앞 단독주택으로 이사했다. 학부모 입장에서 도심지의 초품아 단독주택은 명불허전이다.

하지만 단지 내에 초등학교가 있다고 해서 아이가 반드시 그곳으로 통학하게 되는 것은 아니다. 초등학교 통학 구역은 근거리 배정이 원칙이지만 바로 길 건너 초등학교를 두고 멀리 통학하게 되는 경우도 있다. 지도상 바로 코앞에 학교가 있다고 해서 그 학교로 배정되는 것이 아니기 때문이다.

이를 정확하게 확인하기 위해서는 교육청에 문의하거나 학구도안내서비스 홈페이지(schoolzone.edumac.kr)를 이용하면 된다.

6. 조망권

조망권이란 건물에서 자연경관과 역사유적, 문화유산 등 특별한 경관을 볼 수 있는 권리를 말하는데, 아파트에서는 창문이나 베란다 등을 통해 밖의 경관을 볼 수 있는 권리를 뜻한다. 경관 가치를 금액으로 환산하면 그것이 조망 프리미엄이 되는 것이다.

동일 단지 내에서 한강이 보이는 동과 보이지 않는 동이 수억 원씩 차이가 날 정도로 조망 프리미엄은 중요한 요소다. 외부 공간을 얼마나 조망할 수 있는가에 따라 주거 환경과 건물 가격 등이 달라질 수 있어 이와 관련된 분쟁도 자주 일어난다.

7. 건설사 브랜드

한국기업평판연구소는 빅데이터 30,167,090개를 분석하여 각 브랜드에 대한 긍부정 비율을 측정했다. 24개 아파트 브랜드에 대한 평판을 분석한 결과, 2023년 6월 기준으로 브랜드 평판 지수는 1위 힐스테이트, 2위 푸르지오, 3위 롯데캐슬 순으로 분석되었다.

이 데이터를 살펴보면 건설사의 브랜드 평판은 소비자에 의해서 결정된다는 것을 알 수 있다. 평판이 좋은 건설사 브랜드는 앞으로 더 인기를 끌 것이고, 아파트 가치와 가격을 올리는 결정적인 요소로 작용할 것이다.

대형 건설사에서 짓는 아파트가 분양가격이 높은 이유도 이 때문이다. 건설사 브랜드 프리미엄이라고 보면 된다. 똑같은 설계로 짓는다 해도 이윤배분을 어떻게 나눌 것인가에 따라 분양가는 달라질 수 있다. 같은 재료로 가방을 만들어도 제품 브랜드에 따라 가격 차이가 천차만별인 것처럼 말이다.

건설사는 시공능력에 따라 1군, 2군, 3군 등으로 구분하는데 1군인 상위 10대 건설사는 브랜드가 강해서 경쟁력이 높고 평판도 좋다. 지방은 지역에 따라서 선호하는 건설사 브랜드가 따로 있는 경우도 있고, 그 지역 건설사 브랜드를 선호하는 경우도 있다.

1군 건설사가 짓는 모든 아파트가 하자 없이 품질이 우수하다고 볼 수는 없지만, 입주자의 편의를 위한 사전조치와 후속조치가 2~3군보다 빠르다.

과거에 집이 부족했던 시기에는 부실공사로 하자가 있어도

큰돈은 없지만 부동산 투자는 하고 싶은 월급쟁이에게

| 아파트 브랜드 평판지수

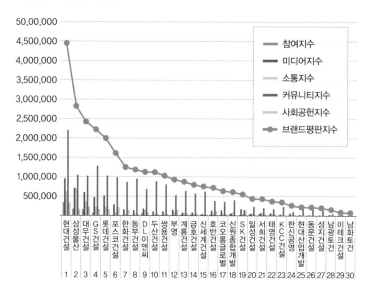

| 2022년 시공능력평가액(총액) 상위 10위 업체

순위	회사명	평가액(억 원)
1	삼성물산(주)	219,472
2	현대건설(주)	126,041
3	디엘이앤씨(주)	99,588
4	(주)포스코건설	96,123
5	지에스건설(주)	95,642
6	(주)대우건설	92,305
7	현대엔지니어링(주)	91,185
8	롯데건설(주)	72,954
9	SK에코플랜트(주)	53,560
10	HDC현대산업개발(주)	49,160

선택의 폭이 적어 아무 말도 못하고 사는 경우가 많았다. 하지만 주택보급률은 꾸준하게 증가해 2020년엔 103.6%까지 올랐다.

이제 집이 부족하지 않아 수요자들은 잠자기 위한 목적만 충족된다고 해서 만족하지 않는다. 살기 좋은 집, 즉 쾌적함이 중요해진 만큼 분양받는 입장에서는 돈을 조금 더 주더라도 믿을 수 있는 고급 브랜드를 선택한다.

8. 인구

행정안전부 주민등록 인구현황을 보면 우리나라의 총 인구수는 2023년 6월 기준으로 5,157만 8,187명으로 2017년 6월 (5,173만 6,224명) 대비 5년 만에 15만 8,046명이 줄었다.

통계청 자료에 의하면 대한민국의 총 인구는 2031년 5,296만 명까지 증가한 후 감소할 전망이었으나, 이미 2020년을 기점으로 감소하는 추세로 전환되었다. 반면, 아래 상위 10개 지역은 신도시 개발로 꾸준하게 인구가 증가했다.

합리적으로 추론해보자. 과연 아파트는 어디에 지어야 할까? 당연히 사람이 많이 밀집해 그 지역의 중심이 되는 도심에 지어야 한다.

그렇다면 어디에 투자해야 할까? 인구가 꾸준하게 늘어나 앞으로 더 성장할 가능성이 높은 도시에 투자해야 한다. 그렇다면 어떤 도시가 유망한지는 명백하다. 인구가 늘어나는 도시는 성장할 것이며, 반대로 인구가 줄어드는 도시는 기능을 잃고 쇠

▎ 5년간 인구 증가 상위 10개 지역

순위	지역		'17년 6월	'23년 6월	증가인구(명)
1	경기도	화성시	664,937	930,603	265,666
2	세종시		263,056	386,126	123,070
3	경기도	시흥시	406,470	518,437	111,967
4	경기도	평택시	476,353	586,145	109,792
5	경기도	김포시	377,536	485,721	108,185
6	경기도	하남시	221,688	327,589	105,901
7	인천시	서구	511,691	604,017	92,326
8	경기도	용인시	996,894	1,076,399	79,505
9	경기도	남양주시	664,044	734,460	70,416
10	경기도	파주시	432,594	496,946	64,352

※ 행정안전부 "주민등록 인구현황" 자료를 바탕으로 필자가 재구성

▎ 30만 명 이상 거주하는 도시

지역		2020년 1월		2021년 1월		2022년 1월		인구 증감	세대 증감
		총인구수	세대수	총인구수	세대수	총인구수	세대수	−59,453	804,947
서울시		9,733,509	4,334,918	9,657,969	4,421,022	9,505,926	4,430,541	−227,583	95,623
부산시		3,411,819	1,499,152	3,389,388	1,532,700	3,348,874	1,546,414	−62,945	47,262
대구시		2,436,488	1,032,478	2,415,813	1,058,117	2,383,858	1,064,438	−52,630	31,960
인천시		2,956,119	1,239,915	2,942,452	1,270,669	2,949,150	1,300,292	−6,969	60,377
광주시		1,456,688	617,379	1,449,115	634,859	1,441,636	646,429	−15,052	29,050
대전시		1,474,152	636,203	1,463,291	654,078	1,451,272	664,804	−22,880	28,601
울산시		1,147,037	469,007	1,135,370	478,531	1,121,100	482,917	−25,937	13,910
세종시		342,328	136,056	357,871	145,403	374,377	154,890	32,049	18,834
경기도	수원	1,193,894	499,238	1,185,741	507,734	1,184,404	518,742	−9,490	19,504
	성남	942,649	400,854	939,774	408,356	931,072	409,654	−11,577	8,800
	의정부	451,876	191,062	462,499	202,563	463,877	206,149	12,001	15,087
	안양	565,352	222,143	549,730	220,822	548,654	225,670	−16,698	3,527
	부천	828,947	340,274	817,449	344,798	804,990	346,968	−23,957	6,694
	평택	514,876	227,141	540,929	246,050	565,827	262,999	50,951	35,858

경기도	안산	650,559	277,629	655,733	286,979	652,036	292,081	1,477	14,452
	고양	1,068,641	435,238	1,081,175	450,030	1,078,924	457,337	10,283	22,099
	남양주	702,545	277,259	714,822	286,269	734,013	299,547	31,468	22,288
	시흥	475,396	195,728	504,935	213,080	512,092	220,757	36,696	25,029
	하남	273,587	116,659	295,122	129,540	321,043	139,037	47,456	22,378
	용인	1,061,440	408,194	1,075,045	421,487	1,076,830	429,587	15,390	21,393
	파주	453,961	191,780	466,539	200,969	484,729	212,684	30,768	20,904
	김포	437,789	175,008	477,332	194,667	486,651	201,009	48,862	26,001
	화성	818,760	329,346	857,550	353,616	887,910	373,758	69,150	44,412
	광주	373,274	157,357	382,578	164,602	387,563	167,924	14,289	10,567
강원	원주	350,202	155,260	354,664	160,623	358,127	165,282	7,925	10,022
충북	청주	840,047	361,221	845,710	377,306	848,797	387,653	8,750	26,432
충남	천안	652,845	282,073	658,488	291,922	658,150	298,394	5,305	16,321
	아산	314,238	135,376	316,740	140,087	325,412	146,473	11,174	11,097
전북	전주	654,963	274,378	657,661	285,227	656,766	293,320	1,803	18,942
경북	포항	506,494	220,526	502,736	226,057	503,404	232,261	−3,090	11,735
	구미	419,761	176,328	415,949	180,189	412,345	182,799	−7,416	6,471
경남	창원	1,044,579	432,336	1,036,203	442,962	1,031,948	452,443	−12,631	20,107
	진주	347,489	149,426	348,022	154,458	346,733	157,369	−756	7,943
	김해	542,713	217,591	542,296	223,712	537,601	226,203	−5,112	8,612
	양산	351,168	145,712	352,421	150,026	354,699	153,910	3,531	8,198
제주도		670,749	293,362	674,615	302,473	676,691	307,819	5,942	14,457

※ 행정안전부 "주민등록 인구 및 세대현황" 자료를 바탕으로 필자가 재구성

큰돈은 없지만 부동산 투자는 하고 싶은 월급쟁이에게

퇴할 것이다.

인구가 30만 명을 넘는 도시는 서울과 6대 광역시를 포함한 총 36개 지역이다. 이 지역은 2년 사이 6만 명이 줄었음에도 80만 세대가 늘어난 것을 확인할 수 있다.

즉 2년 동안 80만 세대의 주택이 공급되어야 한다는 의미다. 인구와 세대수가 함께 증가하고 소멸위험이 적은 지역에 관심을 가지길 바란다.

9. 일자리

일자리는 인구 유입과 도시의 자생능력을 결정짓는 중요한 외부 요소다. 지방 도시의 소멸과 밀접한 관계가 있어 산업단지의 유무와 종류가 굉장히 중요하다.

일례로 1990년대부터 2010년까지 국가 경제산업의 수장이었던 조선, 철강, 해운이 무너지고 말았다. 그 후유증으로 현재 그 일대는 손쓸 기회도 없이 부동산 폭락장을 맞이했다.

지방은 30만 명의 인구를 유지해야 자생능력이 생긴다고 한다. 지방 도시의 인구 감소는 일자리의 영향이 가장 큰데, 인구를 유지하기 위해서는 양질의 일자리가 보장되어야 한다.

일자리를 창출하는 대표적인 요소가 바로 산업단지다. 종류는 크게 국가산업단지, 일반산업단지, 도시첨단산업단지, 농공단지로 구분된다.

국가산업단지는 국가기간산업이나 첨단과학기술산업 등을

육성하기 위한 산업단지를 말하는데, 정부가 전략적 차원에서 조성하기 때문에 상대적으로 분양가가 싸다는 장점이 있다. 또한 연결 도로와 R&D 시설을 비롯한 각종 기관들을 유치하므로 일반산업단지보다 그 규모가 크고 종사자도 많다.

대표적으로 서울디지털산업단지, 광주첨단과학산업단지, 대덕연구개발특구, 파주출판문화정보산업단지 등이 있다.

지방은 일반산업단지보다는 국가산업단지의 배후도시가 성장할 가능성이 높다. 양질의 일자리가 풍부하기 때문이다. 제3차 산업을 주도하던 공업산업단지 이후 제4차 산업혁명을 이끌 신산업단지가 떠오르면서, 국가에서 기존의 산업단지를 신산업단지로 변경하거나 새로운 산업단지를 지정할 가능성이 높아졌다. 따라서 해당하는 지역이 어디인지 꾸준히 살펴볼 필요가 있다. 앞으로 20년 이상은 성장할 지역들이기 때문이다.

국내를 대표하는 기업은 삼성전자와 SK하이닉스, 현대자동차다. 반도체 분야는 중국과의 주도권 출혈 경쟁으로 미래가 불확실하지만, 아직까지는 국가 경제의 대표적인 산업이다. 그러므로 삼성전자와 SK하이닉스 등 대기업이 있는 지역에 투자하는 것이 안전하다.

대기업이 몰려 있는 지역은 오피스텔, 다가구 주택 등 1~2인 가구를 위한 주거시설이 유망하다. 서울은 종로구, 서초구, 강남구, 영등포구 등이 대기업이 많고 출퇴근이 용이한 지역이다. 그러므로 서초와 강남으로 출퇴근이 가능한 지역이 어디

| 삼성전자, SK하이닉스, 현대자동차 사업장 및 공장 위치

기업명	사업장 및 공장 위치
삼성전자	본사(수원), 수원 사업장, 구미 사업장, 구미2 사업장, 기흥 사업장, 화성 사업장, 온양 사업장, 광주 사업장, 평택 사업장, 서울 R&D 캠퍼스
SK하이닉스	이천 공장, 청주 공장
현대자동차	울산 공장, 아산 공장, 전주 공장

인지 잘 살펴보길 바란다. 종로와 중구로 출퇴근이 가능한 지역, 즉 직주근접성이 뛰어난 지역도 선별해보면 좋다.

당연한 이야기지만 서울 외곽보다는 GTX역, 전철역 인근이 낫다. 또한 수익성을 놓고 봤을 때 무조건 서울에 있는 부동산을 고집하기보다는 1시간 이내로 출퇴근이 가능한 지역이 더 나을 수도 있다.

중국과 교류가 활발해지면서 서해안 시대가 더 가까이 다가왔다. 서해안 시대에 선도적으로 대응하고 서남권의 활성화를 위해 장기적으로 인천과 가산, 삼성을 연계한 남부 광역급행철도(GTX)가 구축될 예정이다.

새롭게 설정된 광역 중심지인 가산 지역과 삼성 지역을 연계해 기존 2호선의 과부화를 해소하겠다는 계획으로, 동남권과 서남권의 시너지를 창출해 국제 업무와 첨단 산업의 활성화를 유도하겠다는 의도다.

GTX가 신설되면 가산이 연결점이 되어 송도국제도시와 서

울 삼성, 잠실 지역을 연결시켜 수도권 경쟁력 강화에 기여하게
될 것이다.

　지하철 호선을 중심으로 입지를 눈여겨보는 것도 중요하다.
1호선은 소득 수준이 가장 높은 종로를 중심으로 북동과 남서를
잇는 중요 전철 라인이고, 2호선과 3호선은 강남과 강북을 이어
인구 순환 기능을 담당하는 라인이다. 5호선은 여의도와 강북
도심을 지나는 중요한 라인으로, 강서, 양천, 영등포, 서대문, 종
로, 중구, 성동, 광진구, 송파, 강동을 잇는다. 서초와 강남을 제외
하고 소득 수준이 높은 대부분의 지역을 통과하는 것이다.

　이러한 지역들은 역세권으로 입지가 좋아 직장인에게 인기
가 많은 지역이다. 물론 역세권이라 해서 모두 같은 역세권은 아
니다. 1개 노선의 역세권보다는 2개 노선, 3개 노선 또는 그 이
상의 노선이 만나는 지역이 급성장할 지역이다.

　도심지로의 접근이 용이한 노선이라면 더욱 관심 있게 살펴
봐야 한다. 특정 지역의 소득 수준이 상승하면 부동산 역시 동반
상승할 가능성이 높다. 또한 이들 지역은 부동산 가격이 하락할
때도 입지가 안 좋은 지역보다 선방할 수 있다.

서울은 가용지 지역을
주목하라

서울은 장래 도시 발전을 위해 필요한 대규모 가용지가 부족한 실정이다. 서울의 대표적인 가용지는 용산 국제업무지구, 삼성동 한전부지 일대, 창동 차량기지 일대, 서초 롯데칠성부지 일대, 수색역 일대, 구로 차량기지 일대, 광운대역 주변 등이 있다.

이 지역들은 개발 압력이 매우 높아지고 있어서 장래 도시 발전과 지역 간 균형 발전을 위해 장기적인 안목으로 관심을 가질 필요가 있다. 여기서 유의해야 할 점은 단기적으로 수익을 얻기 위해 접근해서는 안 된다는 것이다.

용산 국제업무지구는 전국적인 네트워크를 가진 교통의 중심지이자 기존 도심의 기능을 보완하고 확장하는 중심지로 성장할 가능성이 있다. 다만 용산 국제업무지구는 아직까지 확정된 계획이 없는 상태이므로 장기적인 안목을 갖고 접근할 필요가 있다.

삼성동 한전부지 일대는 코엑스와 한전부지, 잠실운동장을 연계해 국제 업무 및 MICE 산업의 중심 거점으로 성장할 가능성이 크다. 기존 인프라와 상호 보완적인 관계를 가지면서 국제기구 및 국제 협회 등의 유치를 통해 중심지로 성장 발판을 마련할 전망이다.

창동 차량기지 일대는 도봉 면허시험장, 창동역 환승주차장,

체육시설 부지를 연계해 서울 동북권과 수도권 북부의 중심 기능을 담당하는 광역 중심으로 개발될 예정이다. 업무, 상업, 문화시설 중심의 자족도시 조성 및 광역 중심지로 성장할 수 있도록 개발될 예정이다.

강남권 마지막 노른자 땅으로 불리는 서초동 롯데 칠성부지 일대는 초고층 개발이 가능하도록 디자인혁신·친환경·관광숙박시설 용도의 건축물을 지으면 서울시가 용적률을 최대 1,130%까지 완화해주기로 했다.

그로 인해 개별 필지 단위 개발계획보다 종합적인 검토를 통한 공공성 있는 개발계획 수립을 목표로 하고 있다. 기업과 서울시 사이의 의견 조율에 귀추가 주목된다.

수색역 일대는 경의선과 직결되는 남북 교류의 거점이자 국제공항으로의 접근성이 용이한 지역이다. DMC 개발, 월드컵 경기장 건설, 석유비축기지의 활용 등을 계기로 서울의 21세기를 선도하는 미래형 거점으로 조성될 전망이다. 서북 생활권의 중심으로 성장할 가능성이 크다.

구로 차량기지 일대는 서울의 첨단산업 거점으로 성장할 여지가 있다. 차량기지 이전과 지하철역 신설에 따른 광명시와의 마찰이 어떻게 해결되느냐가 관건이다.

광운대 역세권 개발사업은 15만 6,492m² 규모인 광운대역 내 물류 부지를 업무·상업·주거시설이 어우러진 공간으로 복합 개발하는 것이다.

복합 용지엔 2,694세대 규모의 주상복합아파트 단지가 조성될 예정이고, 35~49층 아파트 11개 동의 저층부엔 공유오피스와 상가도 들어설 예정이다.

또한 추후 호텔과 업무·판매시설 등을 갖춘 최고 49층 높이의 랜드마크 건물이 지어질 예정이며 공사는 2024년 착공해 2028년 준공할 계획이다.

신규 국가산업단지를 주목하라

산업단지란 산업시설과 이와 관련된 교육·연구·업무·지원·정보처리·유통 시설의 기능 향상을 위하여 포괄적 계획에 따라 주거·문화·환경·공원녹지·의료·관광·체육·복지시설 등을 집단적으로 설치하고자 지정·개발되는 일단(一團)의 토지를 말한다.

종래의 공업단지는 공장용지를 중심으로 하여 최소한의 지원시설을 유치하는 데 비해 산업단지는 산·학·연의 유기적인 연계체제를 구축하여 산업의 질적인 향상을 도모하고 이들을 지원할 수 있는 주거·상업·유통·복지 등의 종합적 지원시설을 유치함으로써 단지 내에서 기본적인 경제활동 수요와 편익활동을 충족시켜 종업원과 기업 등의 불필요한 비용발생을 줄이고 효율적인 선진국형 생산구조로 전환하는 데 목적이 있다.

| 도시첨단산업단지 현황

(단위 : 개, 천 m², 명)

시도	시군	단지명	조성 상태	지정 면적	산업시설구역 전체면적	입주 업체	고용 현황
부산	강서구	부산에코델타시티	조성중	659	306	1	미공개
	해운대	회동, 석대	완료	229	127	117	2,440
	사상구	모라	조성중	11	6	217	1,452
	북구	금곡	조성중	46	17	–	–
대구	동구	대구신서혁신도시	완료	149	98	–	–
	동구	율하	미개발	167	99	–	–
인천	서구	IHP	완료	1,171	645	203	1,561
	남동구	남동	미개발	233	131	–	–
광주	남구	남구	조성중	467	221	5	60
대전	대덕구	한남대캠퍼스혁신파크	미개발	31	20	–	–
	유성구	대전장대	미개발	73	24	–	–
울산	중구	울산장현	미개발	317	133	–	–
세종	세종	4-2생활권	조성중	898	522	29	325
경기	화성시	동탄도시첨단	조성중	149	106	443	3,426
	용인시	용인기흥힉스	조성중	77	27	477	837
	양주시	회천	미개발	104	63	–	–
	용인시	용인기흥ICT밸리	조성중	42	17	259	1,731
	용인시	용인일양히포	미개발	66	26	–	–
	안양시	평촌스마트스퀘어	완료	255	111	28	3,752
	성남시	판교제2테크노밸리	조성중	366	129	207	2,794
경기	광명시	광명시흥첨단R&D	미개발	493	126	–	–
	안산시	한양대에리카캠퍼스혁신파크	미개발	79	49	–	–
	고양시	고양일산	미개발	100	70	–	–
	양주시	경기양주테크노밸리	미개발	218	103	–	–
강원	춘천시	춘천도시첨단문화	완료	187	47	30	421
	춘천시	춘천도시첨단정보	완료	25	14	1	미공개
	춘천시	삼성SDS춘천센터	완료	40	30	1	미공개
	춘천시	네이버도시첨단	완료	100	52	1	미공개
	춘천시	강원대캠퍼스혁신파크	미개발	67	28	–	–
	홍천군	홍천	미개발	46	24	–	–

충북	청주시	청주도시첨단문화	완료	49	43	64	404
	음성군	진천·음성혁신도시 도시첨단	완료	224	158	9	66
충남	태안군	태안도시첨단	완료	39	31	1	미공개
	홍성군	내포도시첨단	조성중	1,260	654	5	321
	천안시	천안직산	미개발	334	200	–	–
전북	전주시	전주도시첨단	완료	110	39	62	387
전남	순천시	순천	조성중	190	70	–	–
경남	창원시	창원덴소도시첨단	완료	145	82	1	미공개

자료 : 국토교통부, 산업입지정보시스템

산업단지는 단순한 공장 집적지가 아니라 지역의 혁신 성장을 선도하는 산업 생태계를 조성하는 역할을 한다. 과거 사업시행자가 획일적으로 사업계획을 수립했던 방식과는 다르게 정부와 지자체, 사업시행자가 종합적으로 계획을 세운다.

산업단지는 국가산업단지, 일반산업단지, 도시첨단산업단지, 농공단지로 구분할 수 있으며, 그중에서 도시첨단산업단지와 국가산업단지에 주목해야 한다.

도시첨단산업단지는 지식산업, 문화산업, 정보통신산업, IT산업 등 첨단산업 발전을 위해 도시 또는 그 근교에 지정하는 산업단지를 말한다.

보통 충분한 도시 서비스 입지를 위해 도시 내부 및 대규모 주거지 인근에 개발하며, 주변 공간과의 연계가 필수적이다. 또한 단순한 생산 공간을 넘어 도시의 핵심경제공간으로 자리 잡기 위해 주변과 분리되지 않도록 사람 위주의 보도 네트워크를 형성해야 한다.

| 도시첨단산업단지 흐름 변화

구분	추진배경	정책기조	산업구조
2010년대	·산업간 융복합 ·신산업 육성 및 확대	·과학과 ICT 융합을 통한 창조경제 실현 ·융복합·신성장동력·미래산업육성 ·4차 산업혁명 대응	·녹색기술산업 ·첨단융복합산업 ·고부가가치서비스산업
2020년대	·탄소중립 전환 ·산업구조 개편	·산업단지 내 탄소배출 감축 ·첨단산업 육성 ·산업간 융복합 촉진	·지식기반산업 ·첨단융복합산업 ·미래차·반도체·바이오산업 ·재생에너지·수소등탄소중립산업

도시첨단산업단지는 수도권을 비롯하여 각 지역 주요도시에 조성이 되었는데 2002년 청주도시첨단문화단지를 시작으로 2018년 27개에서 2019년 29개, 2020년 32개, 2021년 37개, 2022년 6월 기준 38개로 꾸준히 늘어나는 추세다.

도시첨단산업단지는 첨단산업에 필요한 고급 인력의 공급을 위해 수요에 맞춘 공간을 창출해야 하며, 단일기능을 탈피하여 주거·교육·문화시설 등 복합적인 공간의 개발이 필수적이므로 입지분석에 관심을 가져야 한다.

실제로 2017년 강원대학교 송태규 박사는 판교테크노밸리 종사자의 주거실태를 파악한 결과 거주지역은 배후도시인 경우가 25.6%로 낮은 수준이었고 나머지는 대부분 서울이나 다른 경기권에 거주하는 것으로 나타나 통근에 적잖은 시간이 소요됨을 알 수 있었다. 주거시설이 생길 시의 이주 의사는 긍정적인 반응이 과반수 이상으로 나타나 첨단산업단지 내 주거시설 활성화의 필요성이 대두되었다.

산업단지의 입지 정책을 보면 2000년대까지는 허허벌판에 조성했다면, 2000년 이후부터는 첨단산업 고급인력 확보를 위해 도심지에 조성하는 방향으로 기조가 바뀌고 있다.

도시첨단산업단지 조성의 성공적인 사례로는 미국의 실리콘밸리, 대만의 신주과학단지, 스웨덴의 시스타 사이언스 파크, 프랑스의 소피아 앙티폴리스 등이 있다.

기존의 제조업 중심 산업단지로는 산업구조 조정과 생산성 향상에 한계가 있기 때문에 이들은 도시가 생활환경, 생산, 연구개발, 생활환경, 문화적 요소 등을 창출할 수 있도록 유도하고 있다. 그만큼 도시첨단산업단지는 도시경쟁력을 높이고 경제발전을 지속시키는 혁신인자의 역할이 부각되고 있다.

다음으로 국가산업단지에 대해 알아보자. 2017년 7월, 문재인 정권의 '국정운영 5개년 계획'을 살펴보면 경제 분야에서는 '제4차 산업혁명'이 중점적으로 언급됐다. 앞으로 제4차 산업혁명을 핵심 국가전략으로 추진하겠다는 의지를 국정운영 계획에 반영한 것이다.

이미 전 세계 주요 국가들과 기업들이 제4차 산업 분야에서 치열하게 경쟁을 이어가고 있는 만큼 국가적 차원에서 이를 주도하겠다는 뜻이다. 그리고 2018년 8월, 7개 국가산업단지를 새롭게 발표했다. 이들 신규 국가산업단지들을 제4차 산업혁명에 선제적 대응을 할 수 있는 신산업의 중심지로 키우겠다는 포

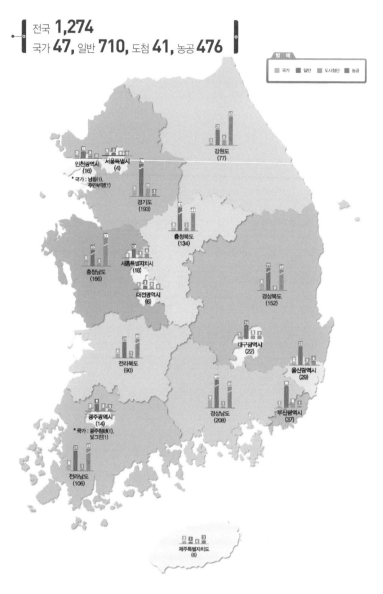

전국 **1,274**
국가 **47**, 일반 **710**, 도첨 **41**, 농공 **476**

범례
국가 | 일반 | 도시첨단 | 농공

강원도
(77)

인천광역시
(16)   서울특별시
        (4)
* 국가 : 남동(1),
  주안부평(1)

경기도
(193)

충청북도
(134)

충청남도
(166)

세종특별자치시
(18)

대전광역시
(6)

경상북도
(152)

전라북도
(90)

대구광역시
(22)

울산광역시
(29)

광주광역시
(14)
* 국가 : 광주첨단(1),
  빛그린(1)

경상남도
(208)

부산광역시
(37)

전라남도
(106)

제주특별자치도
(6)

※ 괄호 안의 숫자는 단지 수를 의미함.
※ 2개 지역에 걸친 산업단지 : 한국수출(서울, 인천), 빛그린(광주, 정남), 아산(경기, 충남), 명지녹산(부산, 경남)

자료 : 한국산업단지공단 산업입지연구소

큰돈은 없지만 부동산 투자는 하고 싶은 월급쟁이에게

부도 함께 내비쳤다.

선정된 7개 지역은 강원 원주, 충북 충주, 경북 영주, 충북 청주, 세종, 충남 논산, 전남 나주이며, 산업 측면에서는 바이오 2곳, 의료기기 2곳, 정밀기계 1곳, 에너지 1곳, 부품·소재 1곳, 국방산업 1곳으로 구성되어 있다.

참고로 이들 7개 지역은 후보지를 확정한 것이지 최종 지정된 것은 아니다. 후보지는 앞으로 세부 사업계획이 수립되고, KDI 한국개발연구원의 예비타당성 조사와 환경영향평가, 용지 확보를 위한 토지 이용 협의 등 관계 부처 협의 등을 거친 뒤에 최종적으로 결정될 것이다.

입지 측면에서 원주·나주 혁신도시 인근에 선정된 산업단지는 혁신도시의 완성도를 높이기 위한 의도라고 판단된다.

도로와 용수 등 인프라 정비에도 첨단기술이 접목되어 자율주행 셔틀, 대중교통 정보 제공 서비스 등 스마트교통과 공공 지역 안전감시 등을 위한 스마트안전, 에너지 모니터링, 스마트가로 등, 스마트에너지가 대거 도입될 전망이다.

2023년 3월에는 '국가첨단산업벨트 추진계획'이 발표되었는데 경기권에서는 용인에 인근 반도체 기반과 연계한 메가 클러스터를 구축하고 충청권에는 대전, 천안, 청주, 홍성 등 4곳을 선정하여 미래차·나노·반도체·철도 등 모빌리티 중심으로 육성할 예정이다.

호남권은 광주, 고흥, 익산, 완주 등 4곳을 선정하여 미래차·

우주·푸드테크 등 지역 미래산업 기지로 조성하고 경남권에는 창원에 방산·원자력 등 주력산업 활성할 예정이다.

대구·경북권에는 대구, 안동, 경주, 울진 등 4곳을 선정하여 로봇·원자력·바이오 산업의 신성장 활로를 개척할 계획이다.

강원도 강릉에는 청정자원을 활용하여 제약, 화장품 등 천연물 바이오 특화기지를 조성계획을 가지고 있다.

그러나 산업단지는 지정 후 토지 보상, 부지 조성, 분양 및 입주까지 고려했을 때 5~10년이 걸리는 장기 사업이므로 섣부른 투자는 금물이다. 사업계획이 구체화되기 시작하면 진행 과정을 지켜보면서 투자 타이밍을 잡아야 한다.

농공단지는 1984년 처음 조성된 이후 농어촌 산업발전의 핵심 인프라 역할을 했으나 노후단지 증가와 농어촌 인구 유출 등으로 어려움을 겪고 있다. 정부의 정책지원에서 소외되면서 적극적인 환경개선사업을 실시하기도 어려운 상황이고 소득도 꾸준하게 감소 중이다.

충남에서는 인구소멸지수가 낮은 당진시, 아산시, 천안시에 국가산업단지와 일반산업단지가 집중되어 있는 반면에 인구소멸지수가 높은 공주시, 논산시, 예산군 등에서는 농공단지 분포가 높은 것을 알 수 있다. 이처럼 농공단지는 소멸도시에 위치하였기 때문에 투자성이 떨어진다.

일반산업단지는 2008년에 산업단지 인·허가 절차 간소화 특례법이 제정되면서 농촌지역에 농공단지보다 훨씬 더 많이 개발되었다. 보통 산업단지가 들어서면 인구 유입이 늘어나야 하지만 실제 농촌지역은 큰 효과를 누리지 못했다는 분석 결과가 있다.

2000년부터 2022년까지 경기도와 충청도의 읍·면·동 인구 증가율 추이를 살펴보면 산업단지 조성과 인구 증가의 관련성을 찾기 어려웠다. 즉 산업단지가 들어서도 농촌지역은 인구 증가의 효과를 누리지 못했다는 뜻이다.

모든 산업단지가 일자리를 창출하는 게 아니라는 것을 명심하자. 기획부동산에서는 국가산업단지 주변의 쓸모없는 토지를 값싸게 매수한 다음, 여러 호재를 조작하여 비싸게 분양하는 사례가 많다. 이러한 피해를 방지하려면 스스로 자료를 찾아보고 확인하는 습관을 길러야 한다.

결국 관건은
공실률이다

필자도 수익형 부동산, 즉 월세를 받고 있는 아파트가 몇 채 있다. 2023년 최악의 역전세 대란시기에도 공실이 길어져서 고생한 기억은 없다. 공실이 생겨도 기간이 1~2개월 이내로 상당히 짧았다.

공실이 발생하면 매달 받았던 임대료를 받지 못해 고정 수익이 줄어드는데, 결과적으로 금전적 손해가 발생하는 것이다. 새로운 임차인을 구하지 못하는 경우에는 그 기간 동안 관리비와 임대료, 대출 이자를 부담해야 해서 심리적 압박감이 증가한다. 조급해진 마음에 급매로 처분하는 경우도 있다.

그래서 가급적이면 공실이 생기지 않도록 사전에 예방하는 것이 가장 좋다. 상가의 경우에는 장사가 잘 되어야 월세를 꾸준히 받을 수 있다.

그러므로 상가 주인은 임차인이 장사를 잘 할 수 있도록 도와줘야 한다. 임대료를 받는 임대인과 임대료를 지불하는 임차인은 상생의 관계라는 걸 명심하자. '갑을(甲乙)' 관계라 생각하면 오산이다. 임대료의 균형이 깨지면 임대인과 임차인 둘 다 피해를 보기 때문에 많은 분쟁이 발생하곤 한다.

주변 시세만큼 받는 것이 가장 공평하고 분쟁을 줄이는 방법이다. 욕심을 내서 과도한 임대료 인상을 요구하면 임차인 입장에서는 수입 악화로 이어질 수 있고, 악감정이 쌓이면 계약 연장을 거부할 수도 있다.

모든 시설물은 시간이 흐르면서 하자가 발생하기 마련이다. 상가뿐만 아니라 아파트, 빌라, 다가구 주택 등 주거시설도 마찬가지다. 주거시설은 사람이 사는 공간이므로 소모품이 많다. 그래서 사전에 임대차 계약서에 특약사항을 넣어둬야 분쟁을 줄일 수 있다.

보일러, 환풍기 등 기계적인 부품은 주인이 교체하고, 전등 같은 소모품은 임차인이 교체 및 수리해 사용하도록 하는 게 좋다. 임차인의 의견을 들을 때는 차분하고 친절하게 응대하고, 무언가 수리해줄 필요가 있다면 불편함 없이 바로 처리하는 게 좋다.

솔직히 말해서 임차인에게 수리 및 교체를 요구받으면 돈 나갈 걱정에 회피하고 싶을 때도 많다. 하지만 입장을 바꿔놓고 생각하면 가장 귀찮고 스트레스 받는 사람은 시설물을 사용하다가 고장으로 불편을 겪고 있는 임차인이다.

공실이 생기는 원인은 여러 요인이 있지만 임대인의 역할이 가장 큰 부분을 차지한다는 것을 기억하자. 건물은 시간이 지나면 당연히 하자가 발생하며, 누군가는 반드시 수리를 해야 하는 부분이다.

임차인의 잘못이라면 수리한 후에 청구하는 방법이 있고, 과실이 불분명한 경우에는 절반씩 부담하는 것으로 유도할 수도 있다.

어떤 문제가 발생하든 공실을 미연에 방지하겠다는 자세로 접근해야 하며, 여유자금이 없는 상태에서 계약 만기로 공실이 생길 경우에는 건물의 청결 상태를 유지하도록 하자. 무엇보다 중요한 건 주변 시세에 맞춰서 임대료를 합리적으로 책정하는 것이다.

공실이 없는 아파트를 만드는 노하우

부동산 하락장에서는 계약 만기가 몇 개월 앞으로 다가오면 세입자는 보증금을 돌려받지 못할까 불안해지고, 집주인은 새로운 세입자를 구하지 못할까 불안해진다. 이는 입장의 차이일 뿐, 불안한 마음은 서로 같다.

필자는 임대인의 입장에서 이에 대한 대처방법을 이야기해

보려고 한다. 공실을 막기 위해서는 사전에 전략을 세워야 한다. 관리사무실에 방문해 입주율을 확인하고, 인근 부동산에 연락해 매물 현황은 물론 호가와 실거래 시세를 알아봐야 한다.

시세가 올라 높은 금액으로 임대차 계약을 연장하거나 다른 세입자를 구하면 걱정이 없겠지만 보증금을 돌려줘야 하는 상황이라면 사전 대책을 세워야 한다.

먼저 비수기를 최대한 피해서 계약하고, 계약 시 임대 종료일을 성수기로 지정한다. 보통 전세는 2년 기준으로 계약하는데, 입주일이 2019년 3월 10일이라면 종료는 2021년 3월 9일이다. 이 경우 종료일을 2021년 2월로 한 달 앞당기는 것이다.

2월까지는 전세 수요가 있는 시기이고, 3월부터는 새 학기가 시작되어 이사 수요가 멈추는 비수기다. 성수기에 계약이 종료되면 더 높은 가격으로 연장 계약을 할 수도 있다.

계약 연장을 조건으로 보증금을 유지하거나 이사비용을 세입자에게 주는 방법도 있다. 월세인 경우 1~2개월 무상 임대 조건을 거는 것도 좋다. 보증금 또는 월세를 인하하는 것보다 그 비용만큼 무료로 혜택을 주는 것이 효과적이다. 월세가 낮아지면 수익률도 떨어지고, 좋은 가격에 매도할 수 없기 때문이다.

보일러 고장 등 수리가 필요한 경우에는 즉각적으로 대응해야 한다. 보일러를 예로 든 것은 가장 비일비재한 분쟁 사례이기 때문이다. 보일러는 수리비가 비싸 고장 시 집주인이 전화를 피하거나 세입자에게 책임을 떠넘기는 일이 잦다.

그러나 보일러는 주인이 고쳐주거나 교체해주는 게 맞다. 보일러 교체비용은 양도소득세 계산 시 필요 경비로 인정받을 수 있어서 금전적 손해가 큰 것은 아니다.

만일 15년 이상 구축 아파트라면 대대적인 인테리어 공사 후에 새로운 임차인과 계약하는 걸 권장한다. 리모델링 비용은 업체에 따라 천차만별이나 통상 59m²(24평)은 2,500~3,000만 원, 85m²(34평)은 3,500~4,000만 원 선이 임대용으로 가성비가 가장 좋다.

그리고 공실 시 청결을 유지해야 하는 이유는 더럽거나 지저분한 집을 좋아할 사람은 아무도 없기 때문이다. 집을 보여주기 전에 짐을 최소화해 공간을 넓게 보이도록 하고, 방향제를 비치하고 전등을 새로 교체해 밝은 상태의 집을 보여주는 것이 좋다. 화장실, 베란다 등 습기가 많은 곳에 곰팡이가 있다면 곰팡이 제거제 또는 락스로 미리 제거하고 제습제도 가져다 놓자.

이를 위해 임대차 계약서에는 특약사항으로 '① 임대 만기 시점에 집 보여주기에 적극 협조한다. ② 청소 및 청결 상태를 유지한다.'를 기입한다. 새로운 임차인을 구하기 위해서는 기존 임차인의 협조가 절실한데, 집을 볼 수 없거나 집상태가 좋지 않아 계약이 안 되는 경우가 상당히 많다.

마지막으로 중개 보수는 공인중개사법 제32조 제4항에 따라 시·도의 조례로 정하는 요율한도 이내에서 정하는데 요율의 범위에서 벗어나 더 받으면 위법이다.

과다하게 보수료를 요구한다면 시·군·구청에 신고 가능하며 공인중개사는 6개월의 자격정지를 받을 수 있다. 반대로 한두 번 거래할 목적이 아니고 공인중개사의 노력으로 이익을 얻었다면 중개보수료를 조금 더 지불하는 것도 좋다.

어디까지나 가장 중요한 것은 처음부터 세입자와 원만한 관계를 유지하는 것이다. 임대인과 임차인은 갑을 관계가 아닌 비즈니스로 만난 상생 관계다. 세입자의 무리한 요구와 정당한 요구를 구분해서 임대인이 해야 할 의무를 다한다면 공실을 최소화할 수 있다.

셀프인테리어로
공실을 줄이자

공실 위험에서 벗어나고 최소한의 비용 투자로 임대료를 더 받을 수 있는 방법이 있다. 바로 셀프인테리어다. 화려하게 꾸미는 게 아니라 깔끔하게 꾸미는 것이 인테리어의 포인트다.

필자는 매년 3채 정도의 아파트를 매수했는데, 20평대의 소형 평형은 직접 수리한 후 임대했다. 학창 시절 건축을 전공했기 때문이기도 하지만 물건을 꾸미고 고치는 걸 좋아하는 성격 덕분이다.

처음부터 인테리어에 관심이 많아 학창 시절에는 독학으로

인테리어 자격증을 취득했고, 직접 부동산 투자를 하면서부터는 실무에 적용하기도 했다. 신규 아파트와 전체적으로 수리된 아파트를 제외하고 직접 매수한 노후된 소형 아파트는 모두 셀프 인테리어를 진행했다.

이 과정에서 셀프인테리어를 통해 소소한 행복감과 성취감을 맛보기도 했다. 무엇보다 최소한의 비용으로 임대 수익을 극대화할 수 있었다.

내부 수리는 전문 인테리어업체를 선정해서 진행하는 경우가 많은데 중형 면적 이상은 셀프 수리가 힘들지만 소형 면적은 시간과 노력을 투자하면 가능하다.

초보자도 쉽게 셀프로 진행 가능한 부분은 페인트칠, 도배, 문고리 교체, 전등 및 스위치 교체, 타일 교체, 수도꼭지 교체 등

큰돈은 없지만 부동산 투자는 하고 싶은 월급쟁이에게

이 있다. 그 외 항목은 장비와 숙련도가 필요한 작업이므로 셀프로 해결하기보다는 전문가의 손을 빌리는 것이 훨씬 합리적이다.

전문 업체와 셀프인테리어는 비용과 기간, 디자인, 품질에서 차이가 나며, 어느 항목에 비중을 둘지에 따라 전문 업체에 맡길지 직접 해결할지 정하면 된다.

셀프인테리어는 소형 면적이라면 초보자도 충분히 진행이 가능하다는 점과 월세 수익을 높일 수 있다는 점이 장점이다. 또한 본인이 원하는 스타일의 인테리어를 할 수 있다는 점도 매력적이다.

전문 업체에 맡기는 것보다 금액이 적게 들고, 소소한 것을 직접 수리함으로써 임차인에게 세심히 신경 쓰고 있다는 인상을 심어줄 수도 있다.

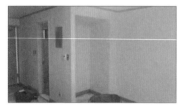

단점은 아무래도 전문 기술이 부족해 마감이 미흡할 수 있다는 점이다. 아무리 페인트칠을 꼼꼼히 해도 얼룩이 생기는 부분이 나올 수 있고, 도배를 잘 해도 주름이 생길 수 있다. 파벽돌을 붙일 때 수직이나 수평이 맞지 않는 경우도 생길 수 있다. 웬만큼 숙련도가 있지 않는 이상 전문가의 솜씨보다 뛰어날 수는 없다.

또한 시간이 많이 소요되고, 색상과 마감재 재질에 따라서 인테리어의 부조화가 생길 수도 있다. 비용 절감을 위해서 셀프로 진행했으나, 성능이 좋은 장비를 구입하게 됨으로써 배보다 배꼽이 더 커지는 일도 발생한다.

반드시 비용, 일정, 품질을 고려해서 어떤 방법으로 진행할 것인지 신중히 판단하는 게 중요하다. 간단한 것은 셀프로 진행하고 전문 기술이 필요한 부분은 업체에 의뢰하거나 인부를 고용하는 방법을 고려해봐야 한다.

수리 및 교체할 위치와 부위, 범위에 따라 비용과 시간, 사용 도구가 달라진다. 공사를 진행하면서 진행 순서가 뒤바뀌면 원점으로 돌아가야 하는 일이 발생하기도 한다. 공사의 꼬임을 방지하기 위해 사전에 공사계획을 수립하고 진행하는 것이 좋다.

공사계획을 표로 나타낸 것을 공사예정공정표라고 하는데, 보통 좌측에 공사 항목을 기입하고 우측에 일정과 기간을 기입한다. 작업은 위에서 아래인 천장, 벽, 바닥 순으로 진행하는 것이 좋고, 현관에서 먼 순으로 진행해야 작업 순서가 꼬이지 않는다.

셀프로 진행할 수 있는 공종은 많지만 그중 초보자도 쉽게 할 수 있는 페인트칠, 도배, 문고리 교체, 전등 및 스위치 교체에 대해 알아보겠다.

1. 페인트칠

페인트 종류에는 유성과 수성이 있다. 선택의 기준은 작업 부위, 내구성, 작업 난이도, 냄새, 건조 속도, 유해물질, 가격 등에 따라 다르다.

유성은 내구성이 필요한 외부 방수 공사나 철, 플라스틱 등에 많이 사용한다. 전용 시너 또는 기타 다른 물질과 섞어서 사용해야 하기 때문에 환기가 어려운 내부에 쓰기엔 적합하지 않다.

수성은 내구성이 약하고 가격이 비싸지만 작업하기 쉽고, 냄새가 거의 안 나며, 건조 속도가 매우 빠르고, 다양한 색상을 조합할 수 있다는 장점이 있다.

필자가 셀프인테리어에 입문했던 초보자 시절, 인테리어를 해주는 조건으로 임차인과 월세 계약을 맺었던 적이 있다. 그때 페인트칠을 해야 했는데, 냄새가 강하고 작업 난이도가 높아서 시간이 오래 걸리지만 내구성이 좋은 유성을 사용하기로 결정했다.

그런데 작업하는 동안 시너 냄새가 너무 심해 머리가 계속 아팠으며, 페인트에 시너를 섞어 사용했기에 화재의 위험도 있었고 칠하는 시간도 오래 걸렸다.

일주일 뒤에 세입자가 이사를 왔는데, 바로 다음 날 세입자로부터 항의 전화가 왔다. 냄새가 심해 방을 빼겠으니 보증금과 중개수수료를 환불해달라는 것이었다.

결국 방을 빼주고 한 달 동안 환기를 시킨 뒤에야 새로운 세입자와 계약할 수 있었다. 내부는 수성 페인트로 칠하는 것이 좋다는 걸 몸소 깨달은 순간이었다.

광택은 조명을 받으면 눈부심이 있으니 TV 벽면과 조명 아래는 무광택, 반무광택으로 선택하는 게 좋다. 작업 부위 중 습기가 많은 베란다, 발코니, 창고는 방습이 강한 방수 페인트를 사용해야 하며, 곰팡이가 있는 경우에는 락스로 곰팡이를 제거한 후 칠해야 재발생을 방지할 수 있다.

그리고 사전에 커버링테이프로 바닥을 보호하는 게 좋다. 간혹 비용을 아끼고자 신문지, 박스를 깔고 하는 경우도 있는데 장판에 페인트가 묻어 닦아내다가 바닥장판을 교체할 수 있으니 소액을 투자해서 깔끔하게 마무리하는 게 현명하다.

페인트는 여유 있게 주문해서 부족함이 없어야 하며, 색상은 칠하기 전에 미리 잘 어울리는지 테스트해본 후 사용해야 한다. 페인트는 1차 도장 후 완전 건조된 상태에서 2차 도장을 한다.

철재, 시트지, 비철금속, 코팅된 목재는 접착력이 약해서 페인트가 쉽게 떼어질 수 있으니 젯소(페인트의 접착력을 높여주고 색을 일정하게 표현해주는 용액)를 초벌로 바른 후 페인트칠을 진행한다.

2. 도배

도배는 숙련도에 따라서 품질 차이가 크고, 벽보다는 천장의 난이도가 높은 작업이다. 시간을 단축하고 좋은 품질을 유지하기 위해서는 인터넷으로 '풀 바른 벽지'를 사는 것이 효율적이다. 시공은 면 정리와 초배, 정벌, 건조 및 청소 순으로 진행된다.

초배지는 벽지를 바르기 전에 흰 종이를 발라서 면을 고르게 하는 과정인데, 저렴한 아파트에서는 생략하고 정벌인 마감 벽지를 바로 바르기도 한다.

건조 시 과도하게 난방을 하거나 환기를 할 때 급격한 온도차로 벽지가 마르면서 찢어지기도 하니 조심해야 한다. 또 한 가지 주의해야 할 점은 벽면에 곰팡이가 있는 경우에는 반드시 제거한 뒤 충분히 말리고 작업해야 한다는 것이다.

제일 먼저 해야 하는 작업은 벽지를 재단하는 것이다. 도배할 치수를 줄자로 확인한 후 재단한다. 천장 높이를 확인한 후 길이를 약 5cm 더 여유 있게 재단한다.

초보자라면 가급적 무늬가 없는 벽지를 선택하는 게 좋다. 무늬가 있는 벽지를 선택했다면 무늬가 잘리지 않도록 피해서 자른다.

그다음 풀칠을 해야 하는데, 풀은 온라인과 인테리어 상점에서 구입할 수 있다. 벽지 종류에 따라 접착하는 풀의 농도가 다를 수 있으므로 안내서에서 추천하는 종류를 선택하는 게 좋다.

모서리 부분은 풀칠을 많이 해야 벽지의 들뜸을 방지할 수 있다. 벽지에 풀을 바른 뒤에는 풀이 충분하게 스며들도록 반으로 접어 10분 동안 놔둔다. 최근에는 풀 바른 벽지를 쉽게 구할 수 있어 이 작업은 생략할 수 있다.

풀을 다 발랐다면 본격적으로 도배를 시작한다. 벽지는 넓은 면에서 좁은 면으로, 위에서 아래로 순차적으로 붙인다. 벽지는 약 3~5cm 겹치게 붙이고, 벽지를 위에서부터 아래로 펼치면서 부드러운 솔이나 수건 등으로 중앙에서 좌우, 아래 방향으로 쓸어내듯이 문지른다.

기포와 주름이 생기지 않도록 주의해서 바르고, 다음 장은 무늬가 어긋나지 않도록 붙여야 한다.

천장지는 혼자서는 작업이 불가능하다. 모서리 부분부터 바르기 시작해서 2인이 함께 진행해야 하는데, 1명은 붙이고 다른 1명은 빗자루로 벽지가 떨어지지 않도록 보조자 역할을 한다.

벽지를 곧게(직선으로) 바르기 위해서는 사전에 천장에 벽지 폭만큼의 길이를 시작, 중간, 마지막에 표시한다. 그 점을 따라서 중앙에서 바깥으로 펼치면서 문지르면 된다.

3. 문고리 교체

문고리는 철물점, 인테리어 상점, 온라인에서 1~2만 원대로 구매할 수 있다. 전동 드라이버와 송곳, 새 문고리 세트만 있으면 쉽게 교체할 수 있다.

우선 낡은 손잡이를 교체해야 하는데, 잠금 버튼이 있는 쪽에서 손잡이 부분을 당기면서 손잡이와 문을 연결하는 원형 기둥의 홈을 송곳으로 누르면 쉽게 빠진다. 원형 덮개를 시계 반대 방향으로 돌려서 빼내고, 나사못을 풀어 고정판도 떼어낸다.

방 바깥(잠금 버튼이 없는 쪽)에서 안쪽으로 기둥과 손잡이를 끼운다. 미리 끼워둔 걸쇠와 기둥의 걸쇠가 정확히 맞물리도록 방향을 맞춘다.

그리고 반대쪽을 고정하고 손잡이를 끼운다. 나사못 구멍에 맞게 고정판을 덮고 나사못으로 고정한다. 원형 덮개를 시계 방향으로 돌려서 씌운 다음 잠금 버튼이 있는 손잡이를 시계 방향으로 돌려 끼우면 끝이다.

방에 있는 방향에서 잠글 수 있게 교체해야 하는데 간혹 실수로 손잡이의 안쪽과 바깥쪽을 반대로 설치하는 경우도 있다. 이 상태에서 잠금 버튼을 누르고 방문을 닫아 안에 갇히는 일이 발생할 수도 있으니 유의해야 한다. 잠금 버튼이 방 위치에 있는지 반드시 확인하기 바란다.

부끄럽지만 필자도 이런 실수를 저질러 화장실에 갇힌 적이 있다. 15여 년 전에 셀프인테리어를 진행했었는데, 마지막으로 남은 작업이 손잡이 교체 작업이었다.

무심코 손잡이를 반대로 설치한 것이 화근이었다. 잘 설치되었는지 확인한답시고 잠금 버튼을 누르고 화장실 문을 닫았는데, 그대로 갇혀버린 것이다. 핸드폰과 드라이버는 거실에 있어서 결국 문을 발로 부수고 나올 수밖에 없었다.

4. 전등 및 스위치 교체

LED전등의 장점은 수명이 길고, 눈에 가해지는 피로가 적으며, 전기요금을 절약할 수 있다는 것이다. 그러나 비용이 저렴한 LED전등은 큰 의미가 없다. 전등은 플리커 현상(조명의 미세한 떨림으로 화면이 흔들리는 현상)이 있는지 반드시 확인해야 한다.

플리커 현상은 형광등, TV, 컴퓨터 모니터 등 빛을 내는 제품들 모두에서 나타날 수 있다. 모니터를 많이 보면 시력이 저하되고, 두통 등이 생겨 건강에 안 좋다고 하는데, 보통은 플리커 현상이 원인이다.

플리커 현상이 있는지 손쉽게 확인하는 방법은 핸드폰 카메라로 전등을 찍었을 때, 규칙적인 검은 줄이 나타나는지 살펴보는 것이다. 검은 줄이 나타나면 플리커 현상이 있는 것이다.

만일 전등에 플리커 현상이 있다면 건강을 위해서 바꾸길 권장한다. 전등은 저렴한 제품보다는 비싸더라도 정품을 선택하는 것이 현명하다.

버튼식 스위치가 설치된 천장등은 스위치로 전기를 통제하기 때문에 스위치를 껐다면 누전차단기까지 끌 필요는 없다. 하지만 안전을 위해 반드시 누전차단기를 끄고 교체해야 한다.

최근에는 리모컨으로 밝기를 조절하고 타이머 기능까지 있는 제품이 많이 나왔는데, 편의성을 추구한다면 리모컨 전등을 추천한다. 제품마다 자세한 교체방법이 적힌 설명서가 있으니 여기에서는 생략하도록 하겠다.

스위치 교체의 경우, 내부를 열어보면 복잡해서 어렵다고 생각할 수 있지만 원리만 알면 쉽다. 선은 2개만 있는 경우와 3~4개가 있는 경우가 있다.

전선 옆에 흰색 부분을 누르면서 선을 잡아당기면 빠지는데, 그 선을 새 스위치의 같은 부위에 끼워 넣는다. 2개인 경우에는

하나는 위에, 다른 하나는 아래에 끼워 넣고, 3개 이상인 경우에는 각각의 구멍에 끼워 넣는다. 끼워 넣을 때 "딱!" 하는 소리가 나야 결속이 잘 된 것이다.

가정용 전기는 교류방식으로 선의 위아래 위치가 바뀌어도 전혀 문제가 없다. 그래도 불안하다면 교체 전에 미리 사진을 찍어두고 동일한 위치에 끼우는 것도 한 방법이다.

전등과 마찬가지로 스위치와 콘센트 교체 작업은 감전의 위험이 있으니 반드시 누전차단기를 끄고 작업하도록 하자. 콘센트 역시 작업 방식은 스위치와 동일하다.

지금까지 페인트칠, 도배, 문고리 교체, 전등 및 스위치 교체에 대해 알아보았다. 셀프인테리어를 통해 100만 원이면 화려하지는 않아도 멋진 집을 연출할 수 있다.

인테리어는 그 지역의 소득 수준을 고려해 진행하는 게 좋다. 셀프 인테리어는 어디까지나 최소한의 비용으로 만족스러운 효과를 만들어내는 것이 목표라는 점을 유의하도록 하자.

혼자 하기 어렵다면
전문가에게 맡겨라

전문가에게도 힘든 일을 초보자가 한다는 건 말이 안 된다. 보수가 필요한 부분이 많고 고품질을 원한다면 인테리어 업체에 의뢰하는 것이 현명하다.

하지만 수많은 업체 중에서 어느 업체가 건실하고 일을 잘하는지 확인하기란 쉬운 일이 아니다. 한국소비자원에 따르면 인테리어 부실시공 및 하자 문제 등으로 인한 소비자 상담이 연간 4천 건 이상 접수됐다고 한다.

그래서 2017년 6월 국토교통부는 간단한 인테리어부터 누수 보수, 신축 등 원하는 공사에 적합한 건설업체를 쉽게 찾을 수 있게 도와주는 '건설업체 파인더' 애플리케이션을 개발했다.

이 애플리케이션의 장점은 등록말소, 영업 정지, 과징금 처분 등의 이력이 있는 업체를 가려낼 수 있다는 점이다. 부실시공 및 하자 발생 등으로 인한 피해가 지속적으로 제기된 업체를 사전에 확인할 수 있어 편리하다. 또한 과거에 불법행위 등이 있었는지도 확인할 수 있다.

공사 수행 능력이 없거나, 영업 정지, 과징금 처분을 받은 업체에 당신의 돈 수천만 원을 맡기고 싶지 않다면 꼭 애플리케이션을 통해 확인하도록 하자. 얼굴에 사기꾼이라고 적혀 있는 사람은 없다. 오히려 사람 좋은 얼굴로 천사의 모습을 하고 있을지

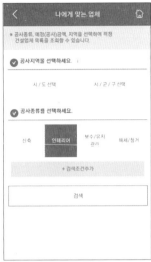

건설업체 파인더 애플리케이션

도 모른다.

사기를 방지하기 위해서는 계약금은 10%로 제한하고 공사
진행에 따라 1차 30%, 2차 30%, 잔금 30%로 분할 입금해야 한
다. 최근 자재값 상승과 주택 가격의 하락으로 인한 공사중단으
로 분쟁이 빈번하게 발생하고 있다.

공사중단은 사기죄로 고소할 수 있으나 형사소송에서 사기
를 입증하고, 민사소송으로 돈을 돌려받아야 한다는 점에서 여
러모로 감정을 소모한다. 인테리어 중개 플랫폼을 이용할 때는
더욱 주의해야 한다.

견적서를 보는 팁을 하나 주자면 공사 내용과 필요한 수량이
두루뭉술하면 안 된다는 것이다. 일부러 애매하게 작성한 후 공

사를 진행하면서 추가 비용을 요구하거나 저품질 자재를 쓰는 경우가 많다.

이해를 돕고자 간단한 인테리어 견적서 샘플을 준비했다. 초보자라면 견적서에 어떤 문제가 있는지 모를 것이다. 주방 싱크대의 상판은 인조대리석, 스테인리스, 나무 등 종류가 많으며, 마감재 종류에 따라 가격도 천차만별임에도 불구하고 정확히 명시되어 있지 않다. 상부장 등의 포함 여부도 알 수 없다.

마루 공사도 장판의 자재명과 장판지 두께, 공사의 범위 등이 견적서에 포함되어 있어야 하는데 그런 내용이 전혀 없다.

화장실 타일은 싱크대 교체, 장판 교체와 동일한 부분이 빠져 있으며, 철거 후 재시공할 것인지, 자재는 국산인지 등도 빠져 있다.

마지막으로 인건비와 재료비가 구분되어 있지 않다. 공사 중간에 재료를 변경할 경우 인건비가 구분이 안 되어 있으면 업자가 가격을 마음대로 올릴 수도 있다. 그러므로 이런 점들을 빼놓지 말고 반드시 견적서에 포함시켜야 한다.

인테리어 업체의 두루뭉술한 견적서에 속아 추가 비용을 내거나, 저품질의 값싼 재료로 시공되어 피해를 보는 경우가 많다. LED전등도 정품 여부와 성능에 따라서 가격이 천지차이다.

업자 입장에서는 개수와 금액만 기입하면 저품질 가품으로 설치할 수 있어 유리하다. 의뢰인이 정품을 요구하면 추가 금액을 요구할 수도 있다. 결국 견적서가 명확하지 않으면 업자에게

| 인테리어 견적서의 안 좋은 예시

공사명	수량	공사 내용	금액
주방 싱크대 공사	1식	싱크대 교체	1,500,000원
마루 공사	1식	장판 교체	900,000원
화장실 타일 공사	1식	화장실 바닥, 벽 타일 공사	800,000원

유리하고, 상세하면 의뢰자에게 유리한 것이다.

본인이 샘플 견적서를 만들어 공사명과 공사 내용, 위치, 수량, 범위, 브랜드, 기타 정보를 기입해 여러 업체에 동일한 기준으로 의뢰하는 걸 권장한다. 그렇게 견적 금액을 비교하면 합리적인 업체를 선정할 수 있다.

견적서에 기입된 내용으로만 작업이 이뤄지면 추가 금액이 없고, 설령 발생한다고 해도 어느 부분에서 발생하는지 명확하게 구분할 수 있다.

저렴한 가격으로 해주겠다는 말만 믿지 말고 견적서를 충실하게 쓴 업체를 선별해 일을 맡기도록 하자. 견적서를 꼼꼼하게 작성하는 업체가 일도 꼼꼼하게 잘한다.

소홀히 하면
손해 보는 임장

부동산은 지역성과 부동성이라는 특징을 가지고 있다. 그렇기 때문에 투자 여부를 판단하기 위해서 반드시 현장을 방문해봐야 한다.

부동산 투자에서 매물을 실제로 구매하기 전에 직접 눈으로 확인하기 위해 현장답사를 하는데, 이를 임장이라고 한다. 아무리 투자 철학이 올바르고, 투자 전략이 완벽하고, 투자 지식이 풍부해도 임장을 소홀히 하면 손해를 볼 수밖에 없다.

임장이 부동산 매수 시 가장 중요한 이유는 눈으로 보기 전에는 해당 물건의 가치를 완벽하게 파악할 수 없기 때문이다. 임장을 가면 탁상에서 확인하지 못한 정보를 얻을 수 있다. 그래서 부동산 투자자들 사이에서 "현장에 답이 있다."라는 이야기가 도는 것이다.

핸드폰과 나침반, 지적도, 지도, 줄자, 삼각 축척자, 필기도구, 물통, 등산복장 등 준비물도 간단해 누구나 쉽게 임장을 할 수 있다.

임장의 관건은 관심 지역의 전문가가 되겠다는 자세로 임하는 것이다. 전국구 아마추어보다는 관심 지역의 전문가가 되는 게 유리하다. 시간이 한정된 월급쟁이라면 더더욱 그렇다.

가령 집이 성남이라면 다른 지역은 몰라도 성남의 전문가가 되어야 한다. 인천에 직장이 있다면 인천의 전문가가 되어야 한다. 투자를 위해서는 그 지역의 인구, 행정 구역, 재정 규모, 교육, 기업체, 경제 동향, 건축 허가 및 준공, 재개발·재건축 현황 등 공부해야 할 내용이 많다.

이렇게 살펴봐야 할 사항들이 많은데 어떻게 전국을 다 공부할 수 있겠는가? 자신의 투자에 대해 확신이 없고 불안한 이유는 투자처에 대한 정보를 잘 숙지하지 못했기 때문이다.

관심 지역의
전문가가 되자

필자는 절대 투자하지 않는 지역에 대한 기준이 있다. 첫 번째, 아무리 호재가 많아도 잘 알지 못하는 지역은 손대지 않는다. 두 번째, 거주지에서 2시간 이상 걸리는 거리의 지역은 쳐다보지

큰돈은 없지만 부동산 투자는 하고 싶은 월급쟁이에게

않는다. 세 번째, 인구 유입이 적고 소멸위험지수가 높은 지역도 투자처로 고려하지 않는다. 네 번째, 정부에서 부동산 정책에 대한 언급이 없는 지역도 제외한다. 마지막으로 다섯 번째, 국가산업단지가 없는 지역 역시 절대로 투자하지 않는다.

이 다섯 가지 요건에 해당하는 지역은 관심 지역에서 과감하게 제외한다. 그러면 몇 개의 지역만 간단히 추릴 수 있는데, 바로 이렇게 선별한 지역에 대해서 전문가 수준이 되도록 공부하는 것이다.

투자 지역을 선택할 때는 위의 다섯 가지 기준으로 투자 가치가 높은 지역을 선택해야 한다. 굳이 시간을 들여 전국을 대상으로 투자 물건을 찾을 필요가 없다. 전국을 대상으로 투자 물건을 찾을 필요가 없기 때문에 시간도 단축할 수 있다. 자신이 잘 아는 지역이나 투자로 적합하다고 판단되는 지역에만 초점을 맞추면 되기 때문이다.

해당 지역에서 가장 높은 수익을 낼 수 있는 매물을 고르고, 임장을 통해 체크해주면 된다. 아파트가 될 수도 있고, 토지가 될 수도 있으며, 상가가 될 수도 있다.

가장 확실한 방법은 투자 가치가 높은 지역으로 이사하는 것이다. 또는 주소를 옮겨 지역 우선 공급으로 아파트 당첨 기회를 높이는 것도 좋다.

필자 역시 아무 연고도 없는 세종시(옛 연기군)에 터를 잡고 산 지 17년이 넘었고, 지금은 이 지역에서 최고의 부동산 전문가라고 자부할 수 있다.

축구 경기도 원정보다는 홈에서 이길 확률이 높듯이 투자도 홈그라운드에서 이뤄지는 게 가장 좋다. 그래야 불필요한 체력 소모도 줄고, 확신을 갖고 투자할 수 있다. 홈그라운드에서 실력을 쌓고 자신감을 갖춘 다음 다른 지역으로 눈을 넓혀도 늦지 않다.

임장도
방법이 있다

임장 활동에서는 탁상에서 확인하지 못한 많은 정보를 얻을 수 있으므로 투자할지 말지 확신이 서지 않을 때 가장 유용하다. 투자 여부를 판단할 때 큰 도움을 얻을 수 있기 때문이다.

어떤 방법(공인중개사를 통한 거래, 경매, 공매 등)으로 매수할 것인가에 따라서 체크할 사항은 조금씩 다르겠지만, 공통적으로 봐야 할 부분은 실내와 외관이다.

실내와 외관을 단순히 눈으로만 보는 것이 아니라 임장노트를 만들어 기록하는 게 좋다. 천부적인 기억력을 갖고 있다면 몰라도 그게 아니라면 일일이 메모하는 습관을 들여야 한다.

임장노트에 기록해야 할 사항은 크게 기본 정보(세대수, 준공일, 용적률, 건설사, 주차대수, 평면 타입, 학군 등), 최근 실거래가(매매

큰돈은 없지만 부동산 투자는 하고 싶은 월급쟁이에게

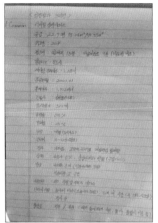

임장노트

가, 전·월세가, 호가 비교 등), 주변 환경(편의시설 및 유해시설 등), 매수 물건 간 내부 상태 및 장단점 비교, 계약 조건(매도자의 재정 상태 및 매도 조건) 등이 있다.

한 가지 팁을 더 주자면 눈에 보이는 매매가가 늘 진실인 것은 아니다. 실거래가가 현저하게 낮거나 터무니없이 높으면 정상가격이라고 보면 안 된다.

낮은 것은 부모-자식 또는 법인-대표 간의 직거래로 증여세와 상속세를 회피하기 위함이며, 높은 것은 가격을 끌어올리기 위해 높은 가격으로 신고한 뒤 계약을 취소하는 등의 사유 때문이다.

가격을 높여 계약한 뒤 취소를 하면 등기를 하지 않아도 실거래가가 유지되기 때문에 종종 쓰이고 있는 편법이다. 이는 세 수 감소와 부동산 시세를 왜곡하여 시장 불안감을 초래하는 행위다.

실내와 외관의 컨디션을 체크하는 것은 너무나 중요해서 누구나 다 아는 부분이다. 이제 소홀하게 생각하고 놓치기 쉬운 결로와 누수에 대해 이야기하도록 하겠다.

노후 주택 최대의 적은 결로와 누수다. 아파트와 다세대·다가구 주택은 누수 여부와 결로, 곰팡이 여부를 꼼꼼하게 확인해야 한다.

누수는 외부의 물이 실내로 유입되는 현상을 말하는데, 이 누수를 막는 것을 방수라고 한다.

건물이 노후되면 건물을 지탱하는 구조체에 지속적인 하중이 가해지면서 균열이 생기고, 이때 방수층이 함께 찢어지거나 기능이 떨어진다.

물론 균열이 생긴다고 해서 무조건 방수층이 함께 상실되는 것은 아니다. 방수층은 신축성이 뛰어나기 때문에 상황에 따라서 멀쩡하게 유지되기도 한다.

그러나 균열이 없다고 해서 방수층이 반드시 멀쩡한 것도 아니다. 방수 시공을 부실하게 했다면 방수층의 기능은 빨리 상실된다.

특히 노후 주택이라면 비 내리는 날에 가서 누수 여부를 확인하는 것이 좋다. 균열이 발생해 틈새로 빗물 누수가 생기는지, 곰팡이가 생겼는지 등은 비 오는 날 바로 확인이 가능하다.

일부러 비 오는 날 시간을 맞춰 임장을 가는 이유는 누수 여부에 따라 물건을 제외하거나 가격을 더 흥정할 수 있기 때문이다.

누수는 병으로 비유하면 암이다. 고치기도 어렵고 설령 고친다 해도 엄청난 스트레스와 비용이 따라온다.

6개월 정도 하자담보책임 기간이 있지만 악성 누수가 있다 해도 전 소유자가 벽지를 새로 바르고 매도하면 속아 넘어갈 수밖에 없다.

특히 노후 주택은 하자를 숨기고 매도하는 경우가 허다하니 주의해야 한다. 거래 시 계약서에 특약사항을 넣지 않는 이상 매수자는 매도자에게 이의를 제기해 보상을 받기가 어렵다.

그렇다면 어떻게 확인할 수 있을까? 앞서 설명했듯이 육안으로는 확인이 불가능하다. 일반인은 누수탐지기가 없기 때문에 장비를 활용한 확인 또한 불가능하다.

일반적으로 골조 공사 후에는 내벽 또는 외벽에 모두 방수 처리를 해서 내부로의 빗물 유입을 막아준다. 방수 공사는 마감 공사에서 가장 쉽지만 한편으로는 까다로운 공종에 해당된다.

정석대로 심혈을 기울여 공사하면 누수가 발생할 일이 없지만 양심이 없는 건축업자가 지은 집은 하자가 생기기 마련이다. 방수처리는 3회를 하는 것이 정석이지만 비용을 줄이기 위해 1~2회만 하는 경우도 많다.

그럴 경우 당장은 누수가 없더라도 몇 년이 지나면 문제가 생긴다. 수리를 위해서 더 많은 추가 비용이 발생하기도 한다.

누수로 인한 스트레스는 말로 표현할 수 없을 정도로 심하다. 또한 정도에는 차이가 있겠지만 엄청난 비용을 지불하면서도 원인을 찾지 못하는 경우가 종종 발생한다. 그래서 필요한 것이 임장이다.

최상층과 지하층이 가장 저렴한 이유는 누수 피해를 볼 가능성이 높기 때문이다. 그만큼 매수 결정에 신중해야 한다. 최상층이 1천만 원 더 저렴하다고 해서 확인하지 않고 덥석 매수했다가는 낭패를 볼 수 있다.

최상층인 경우 천장을 중심으로 누수 여부를 확인해야 하고, 지하층은 바닥과 접한 벽을 중심으로 누수의 흔적, 즉 곰팡이가 있는지 살펴보도록 하자.

추가로 베란다와 창문 모서리, 옷장의 뒷면도 꼼꼼히 살펴야 한다. 창문과 베란다를 유심히 보는 이유는 균열이 많이 발생하는 부위이기 때문이다.

큰돈은 없지만 부동산 투자는 하고 싶은 월급쟁이에게

최상층은 외벽뿐만 아니라 천장에서 물이 유입될 수도 있기 때문에 아무래도 매수 시 리스크가 크다. 외벽에서 가장 약한 부분은 층과 층이 구분되는 층의 틈새다.

지하층은 빗물이 지면으로 유입되어 방수 기능이 약한 부분에 침투할 수 있고, 땅에 있는 지표수가 실내로 유입되는 경우도 있다. 특히 최상층의 누수와 달리 지하의 누수는 완전한 수리가 어렵다.

결국 해결방법은 비 내리는 날 방문하는 것이다. 그래야 누수 여부를 확인할 수 있다. 또한 누수와 결로에 대한 내용은 계약서 특약사항에 반드시 추가하도록 하자.

노후 주택뿐만 아니라 날림공사로 비가 새는 신축 빌라, 다세대·다가구 주택도 많으니 늘 꼼꼼하게 확인하는 습관이 필요하다.

부동산 전문가들은 노후 주택의 경우 옥상의 방수 상태를 확인하라고 조언한다. 그러나 구체적인 확인 방법은 제시하지 못한다.

보통 방수층을 보호층이 보호하고 있어 방수 상태를 확인하기가 어렵다. 물은 아주 미세한 틈새만 있어도 내부로 유입되는데 육안으로는 그 틈을 볼 수가 없다. 벽체에 곰팡이가 있다고 해서 바로 그 벽체가 원인이라 단정 지을 수도 없다.

필자는 얼마 전에 한 임차인으로부터 윗집에 누수가 생겨 벽지가 오염되었다는 연락을 받았다. 그래서 바로 윗집에 통보하

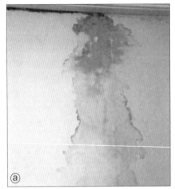

a. 누수로 벽체가 오염되었다.
b. 바닥을 철거한 결과, 원인은 다른 곳에 있다는 걸 알게 되었다.

여 설비업체 사장님을 불러 예상되는 누수 부위를 누수탐지기로 찾아내고 바닥을 철거하였다.

그러나 윗집 어디에서도 누수 부위를 찾을 수 없어서 작은 소동이 일어났다. 알고 보니 윗집이 아니라 대각선 윗집의 보일러실에서 보일러 배관이 빠져 벽을 타고 누수가 된 것이었다.

또 다른 사례는 2006년 주공아파트에 살던 때 이야기다. 오랜만에 휴식을 즐기던 휴일 아침, 갑자기 초인종이 울려 나가보니 아랫집 주인이 천장에서 물이 샌다며 찾아 왔다.

황급히 아랫집에 내려가 누수의 정도를 확인해 보니 천장에 세계지도를 그린 흔적이 있었다. 바로 관리사무실에 연락 후 소개받은 누수탐지업체를 불렀다. 방과 연결된 보일러 배관이 터져 아랫집 천장과 벽에 물이 스며든 것이 원인이었다.

40만 원 정도를 지불해서 난방 배관을 수리했고, 아랫집 주

a. 누수로 천정이 오염되었다.
b. 바닥을 철거해서 난방배관의 균열을 확인했다.

인에게 죄송하다는 인사와 함께 천장 도배를 새로 해주는 걸로
마무리했다.

필자는 이렇게 완만하게 해결했지만, 만약 누수의 원인이 윗
집으로 확인됐음에도 불구하고 책임을 회피하는 경우에는 어떻
게 해야 할까?

대화로 해결하는 게 우선이지만, 막무가내로 책임을 회피하
고 손해배상을 거부할 때는 일단 사진과 동영상으로 피해증거
를 확보해야 한다. 그리고 내용증명서를 통해서 민사소송을 제
기하겠다고 말한다.

이럴 경우 십중팔구 꼬리를 내리고 손해배상을 해준다. 그러
나 만일 불가피하게 소송을 진행할 경우는 현장검증·변호사비
용 등 지출이 생기고 협상·소장접수·조정절차·재판까지 꽤 많
은 시간이 소요된다.

a. 벽지와 석고보드를 뜯어낸 상태
b. 창 틈새가 훤히 벌어진 상태

그래도 승소 시에는 보수비용뿐만 아니라 소송비용, 손해배상까지 청구할 수 있으니 지나치게 스트레스 받지 말도록 하자.

반대로 자신이 원인을 제공했으나, 아랫집이 견적을 부풀려 과도한 요구를 한다면 거부해도 된다. 민법 제393조(손해배상의 범위)에 따르면 손해배상 범위는 '통상의 손해'를 그 한도로 한다고 명시되어 있다.

겨울철 내·외부의 온도차로 창틀 주변에 물방울이 맺히는 경우를 종종 볼 수 있다. 이럴 경우 시간이 지나면서 곰팡이가 생긴다. 이를 '결로'라고 하는데, 신축 아파트도 예외는 아니다. 이런 경우 창문을 열어 놓으면 된다고 하지만 근본적인 원인을 찾아서 해결해야 한다.

다음은 필자가 실제로 경험한 사례다. 초가을에 분양받아서 입주한 신축 아파트가 하나 있었다. 겨울이 되자 코가 시릴 만큼 웃풍이 있는 것을 알게 되었다. 적외선카메라로 측정해보니 창문 주변의 온도가 많이 내려간 것을 알 수 있었다.

단열재 마감이 부실하다 판단하고 직접 마감재를 제거했다. 창문 주변은 단열재 충진이 충분하지 않았고, 단열재 이음부는 조잡하며 틈새가 텅텅 비어 있었다.

바로 아파트 입주지원센터에 연락 후 2개월 동안 내용증명서를 보내며 갑론을박한 끝에 건설사가 백기를 들었다. 그렇게 필자는 방과 거실을 비롯한 모든 방의 창문 주변을 철거 후 재시공할 수 있었다.

건설사는 금융기관에 총공사비의 3%를 하자보수보증금으로 예치하는데, 준공 후 품질하자가 발생하면 그 비용을 써서 보수한다.

다시 말해 분양가격의 3%를 보수하는 데 맡겨둔 셈이니 하자가 있다면 적극적으로 요구할 필요가 있다.

마감공사에 해당되는 미장, 수장, 도장, 도배, 타일, 석공사(건물내부 공사), 옥내가구, 주방기구와 가전제품은 하자담보책임기간 2년이며, 설비, 목재, 창호, 단열, 잡공사는 3년이니 참고하길 바란다.

토지는 다르게
접근해야 한다

토지는 아파트나 주택과는 다르게 확인해야 할 부분이 많아 까다로운 것이 사실이다. 토지를 접하는 방법으로는 토지전문 현지중개인을 통하는 방법과 부동산 스터디 회원들과 동행하는 방법, 부동산컨설팅 담당자와 동행하는 방법, 경매 사이트에 올라온 물건을 확인하는 방법 등이 있다.

토지 임장 경험이 없는 초보자는 가급적 전문가와 동행하는 것을 추천하지만 좋은 물건이라는 얘기에 덥석 계약하는 것은 금물이다.

중개업자는 계약을 성사시키기 위해서 토지의 단점은 숨기고 장점만 이야기하거나, 장점을 부풀려 말하는 경우가 많다. 투자자의 판단을 흐리게 만들기 위해 교묘한 수법을 쓰기도 한다.

대형 필지를 소형 필지로 분할해 분양하는 기획부동산도 거짓 정보를 진짜 정보처럼 둔갑시켜 계약을 유도한다. "갖고만 있으면 몇 배씩 시세차익을 낼 수 있다.", "건물을 지을 수 있다.", "소액으로 가능하다.", "대출을 많이 해준다." 등의 감언이설을 가장 경계해야 한다. 이때 토지 임장 방법을 숙지하지 않으면 과장된 이야기를 신뢰하게 되어 계약을 하게 될 수도 있다.

토지 임장 전문가라고 해서 대단한 사람을 말하는 것은 아니다. 아는 전문가가 없다면 일단 토지 스터디 모임에 가입해 거기서 인맥을 쌓는 게 좋다. 함께 임장을 다니는 게 가장 안전한 방법이다.

주변에 토지를 소개해주는 지인(친구·친인척)이 있을 수도 있으나, 이럴 때일수록 더 냉정해져야 한다. 지인은 정에 호소해서 계약을 유도하기 때문이다.

임야는 묘지가 있는지부터 확인해야 한다. 아무리 좋은 땅이라고 해도 묘지가 있다면 마음대로 사용하지 못할 수 있다. 임야를 전(밭)으로 지목 변경을 한 경우 그 자리에 집을 짓다가 무연고 묘지가 나오기도 한다.

산에 있는 무연고 묘지는 겨울에도 확인하기가 쉽지 않다. 매수하고 싶은 토지에 묘지가 있다면 계약 또는 잔금 시까지 묘지 이장을 해결해줄 것을 특약사항에 넣어야 한다.

아파트 임장에서는 비 내리는 날에 누수 여부를 판단할 수 있듯이, 토지 임장도 비가 오는 날에 토질과 배수 상태, 침수 여부, 토사 붕괴 여부 등을 확인할 수 있다. 비가 오는 날이 맑은 날보다 토양의 질을 판단하기 좋으며, 계절은 겨울이나 봄이 땅의 진면목을 쉽게 알 수 있어 가장 좋다.

부동산 책이나 인터넷을 보면 '겨울에 땅을 봐야 하는 이유' 등의 글을 쉽게 볼 수 있다. 토지 임장에 조금이라도 관심이 있는 독자라면 이 글을 다 읽기도 전에 "그래, 땅은 무조건 겨울에 확인해야지."라고 말했을 것이다.

땅을 겨울에 봐야 하는 이유는 무엇일까? 토질은 민낯을 봐야 제대로 알 수 있기 때문이다. 여름에는 흔히 말하는 화장발(우거진 풀) 때문에 토질을 제대로 파악하기 어렵다.

민낯을 봐야 토질을 알 수 있고, 경사도도 살필 수 있고, 토지의 경계나 주변 지형지물을 파악할 수 있고, 묘지가 있는지도 볼 수 있다. 풍성한 자연이 주는 아름다움 때문에 보는 이로 하여금 좋은 토지라는 착시를 유발할 수도 있다.

하지만 겨울에는 주변의 축사나 공해 등 냄새를 감지하기 어렵다. 겨울에는 축사의 냄새가 잘 발생하지도 않고 냄새가 난다고 해도 악취의 강도가 다른 계절에 비해 상당히 약하다.

전원주택을 지을 땅을 찾으러 겨울에 임장을 갔다고 해보자. 가축 분뇨 냄새가 코를 찌를 정도로 난다는 것을 확실히 알 수 있었을까? 겨울에 전원주택지를 매수했다면 훗날 집을 짓고 큰 낭패를 볼 수도 있었을 것이다.

또한 겨울은 물길이 얼어서 수량을 가늠하기 어렵고, 혹여 생길 수 있는 수해를 예측하기도 어렵다. 딛고 있는 땅이 봄이 되면 가라앉는 물렁물렁한 땅(눈가림으로 임시 성토한 땅)인지도 알 수 없다. 지반이 약한 곳은 겨울이 지난 해빙기에 옹벽 등 지지대가 무너지기도 한다.

토지의 단점을 숨기기 위해 일부러 겨울에만 내놓을 수도 있다는 점을 유의해야 한다. 그래서 토지는 반드시 겨울에 사야 하는 게 정석인 것처럼 이야기하는 건 위험하다. 항상 변수는 존재하기 때문이다.

겨울에 땅을 보는 게 절대적인 진리라는 식의 글을 누구나 맹목적으로 믿는 것 같아 안타깝다. 특수성과 변수를 항상 염두에 둬야 한다.

하천 인근의 지대가 낮은 전답은 장마철 또는 태풍이 오는 시기인 여름에 봐야 하며, 경사면의 주택지는 얼었던 땅이 녹는 3월에 봐야 한다.

임야는 낙엽이 지고 눈이 쌓인 날에 보라고 하지만 눈이 없는 날도 봐야 한다. 눈이 쌓인 날엔 토지 경계조차 분간이 어렵다. 토지는 결국 사용 목적에 따라 구입 시기가 결정되는 것이다. 반드시 겨울에 사야 한다는 고정관념은 지양하도록 하자.

공동주택 리모델링은 블루오션이다

1970년대부터 빠른 경제성장과 소득의 증가로 인해 서울 강남을 시작으로 아파트 건립이 본격화되었고, 2000년대까지 도시의 외연확산과 신도시 개발이 주를 이루다가 2020년까지는 도심지 재건축, 저밀도 주거지 재개발이 활성화되었다.

2020년 이후에는 수직증축 허용(3개층), 세대수 증가(15%), 증축면적 증가(30~40%), 허용연한 단축(15년) 등 리모델링 관련 법령을 완화하면서 재건축보다는 리모델링으로 전환·추진하는

| 공동주택 리모델링 관련 법령 및 제도 개정 연혁

연도	관련 법령	주요내용
2001.9	· 리모델링 용어 정의 · 건축가준 적용완화, 적용범위 규정	▶ 리노베이션, 리뉴얼 등 용어 정의 필요 ▶ 리모델링 사업 주택시장에 등장
2002.3	· 행위허가 기준 신설 · 준공 후 20년 경과 시 증축 허용	▶ 연한 규정 제한으로 제도 정착화 ▶ 건설사의 사업 참여 효과
2003.7	· 리모델링 주택조합제도 도입 · 동별 리모델링, 전체 리모델링 인정 · 리모델링 동의를 80%로 개정	▶ 관련법 분산 적용으로 규정 혼란 야기 ▶ 정비사업과 동일한 법적기준 도입 효과 ▶ 리모델링 제도의 세부규정 확립 계기
2003.11	· 리모델링 시 부가가치세 면제	▶ 국민주택규모 이하로 제한
2005.5	· 주거전용 면적의 3/10 이내 · 필로티 구조 허용과 최상층 1개 층 수직증축 허용	▶ 평형대별 증축면적 형평성 문제 ▶ 1개 층 수직증축 허용 한계 ▶ 수직증축의 필요성 대두
2006.5	· 국민주택규모 부가가치세 면제 · 조합설립 동의율 4/5→2/3 완화	▶ 리모델링 세제 혜택 도입 필요 ▶ 조합설립 요건 완화로 규제완화 효과
2007.2	· 증축허용 연한 완화(20년→15년)	▶ 리모델링 대상 아파트 확대 효과
2012.1	· 10% 범위 세대수 증가 허용(수평증축 또는 별도의 동 증축 또는 세대분할의 경우에 한정)	▶ 일반분양 허용으로 사업성 개선과 주택공급 효과 기대 ▶ 수직증축 불허로 인한 실질적 효과 미비
2013.6	· 3층까지 수직증축 허용 · 세대수 증가범위 확대(10→15%) · 리모델링 기본계획 수립	▶ 사업성 대폭 개선, 도시과밀화 문제 ▶ 리모델링 기본계획으로 리모델링 수요 예측과 일시적 집중 해서
2019.3	· 수직증축 시 세대간 내력벽 철거허용 (검증결과를 토대로 재검토)	▶ 수직증축 시 내력벽 철거 불허로 효과 미비 ▶ 검증결과 재검토 무산 한계

자료 : 국토교통부, "리모델링 기본계획 수립 지침"

단지가 늘어났다.

최근 시공 15~30년차 아파트 단지를 중심으로 리모델링 열풍이 거세게 불고 있다. 리모델링은 기준이 까다로운 재건축보다 사업승인 가능성이 높다는 것이 가장 큰 이유다.

재건축은 준공 후 최소 30년이 지나고, 안전진단에서 D등급 또는 E등급을 받아야 하지만 리모델링은 준공 후 15년 이후와 안전진단 B등급 이상이면 사업을 진행할 수 있다.

건축 시 사용되는 자원의 낭비를 최소화하므로 재건축에 비해 통상 80~90%의 비용이 발생된다. 게다가 재건축은 소요기간이 최소 10년 이상이지만 리모델링은 6~7년으로 금융비용이 줄고, 최대 15% 이내의 세대수 증가로 교통 등 기반시설에 대한 리스크가 적다.

2022년 9월을 기준으로 경기도에서만 43개 단지 42,358세대에서 리모델링을 추진 중이다. 지방에서도 리모델링 사업에 관심을 갖는 추세다.

지방 최초 리모델링 추진 단지인 대구시 수성구 범어우방청솔맨션은 2021년 5월 조합설립인가 통보를 받았다. 부산시 남구 용호동 LG메트로시티를 시작으로 진구 양정현대, 연제구 거제홈타운 등 대단지 아파트들이 리모델링 사업을 추진하고 있다. 대전시 서구 황실타운아파트(17개 동 1,950세대)는 추진위원회를 출범하였고, 창원시 성원토월아파트(42개 동 6,252세대)는 시공사를 선정했다.

한국리모델링협회에 따르면 2022년 9월 기준으로 전국 리모델링 추진 단지는 전년도 85개 단지(6만 4,340가구) 대비 55.29% 증가한 132개 단지(10만 5,765가구)로, 시장 규모는 2020년 1조 3,436억 원, 2021년 9조 원, 2022년 19조 원으로 성장 속도가 증가하고 있다.

▎ 경기도 내 공동주택 리모델링 추진단지 현황(2022.9.30. 기준)

지역	단지명	세대 수 (호)	준공 연도	조합설립 인가	안전진단 완료(1차)	건축심의 완료	행위허가 사업승인	착공
고양시	문촌마을16단지 뉴삼익	956	1994	'22.05.19				
	강선마을14단지 두산	792	1994	'22.05.19.				
광명시	철산한신아파트	1,568	1992	'20.07.31.	'21.11.23.			
군포시	개나리아파트	1,778	1995	'21.07.06.	'22.08.07.			
	무궁화 주공1단지	1,329	1992	'21.12.24.				
	율곡아파트	2,042	1994	'20.12.31.	'22.04.15.			
	주공7단지 우륵아파트	1,312	1994	'20.11.20.	'22.02.25.			
	8단지 설악아파트	1,471	1996	'22.05.13.				
성남시	느티마을 3단지	770	1995	'14.12.19.	'15.11.28.	'17.11.22.	'22.04.22.	
	느티마을 4단지	1,006	1995	'14.12.19.	'15.12.17.	'17.11.22.	'22.04.22.	
	매화마을 1단지	562	1995	'11.01.12.	'15.12.07.	'20.09.23.	'22.05.09.	
	매화마을 2단지	1,185	1995	'21.05.07.	'22.06.07.			
	무지개마을 4단지	563	1995	'15.09.25.	'16.08.18.	'17.11.22.	'21.04.27.	
	한솔마을 5단지	1,156	1994	'10.09.01.	'15.06.29.	'17.08.23.	'21.02.23.	
수원시	두성우산한신아파트	1,842	1997	'21.12.29.				
	매탄동남아파트	892	1989	'21.08.18.	'22.05.23.			
	삼성태영아파트	832	1997	'21.03.05.	'22.05.12.			
	삼천리권선2차아파트	546	1997	'21.07.15.	'22.06.24.			
	신나무실주공5단지	1,504	1997	'21.05.24.	'22.07.22.			
	신명동보아파트	836	1997	'21.07.07.	'22.05.06.			
	신성신안쌍용진흥아파트	1,616	1997	'20.12.11 .	'22.04.20.			
	벽적골주공8단지아파트	1,548	1997	'22.05.03.				
안양시	목련2단지아파트	994	1992	'08.07.16.	'16.07.15.	'20.08.26.		
	목련3단지아파트	902	1992	09.04.02.	'16.06.29.	'20.09.24.		
	초원세경아파트	709	1996	'21.10.15.				
	한가람신라아파트	1,068	1992	'22.01.24.				
	초원한양아파트	870	1990	'22.03.21.				
	향촌롯데아파트	530	1991	'22.04.19.				
	향촌현대4차아파트	552	1993	'22.04.29.				
	초원2단지대림아파트	1,035	1993	'22.09.14.				
용인시	광교상현마을현대아파트	498	2001	'21.04.08.	'22.02.09.			
	성복역리버파크아파트	702	1998	'20.12.30.	'21.09.07.			
	수지동부아파트	612	1995	'21.03.15.	'21.12.15.			
	수지뜨리에체아파트	430	1999	'21.02.05.	'21.12.27.			
	수지보원아파트	619	1994	'20.02.18.	'20.02.02.			

	수지삼성1차아파트	576	1994	'22.02.23.				
	수지풍산아파트	438	1997	'22.02.22.				
	수지현대아파트	1,168	1994	'21.01.12.	'22.01.10.			
	신정마을9단지아파트	812	2000	'20.08.20.	'21.06.23.			
용인시	초입마을(삼익,풍림,동아)	1,620	1994	'19.09.16.	'20.11.16.			
	한국아파트	416	1995	'20.09.25.	'21.10.20.			
	현대성우8단지아파트	1,239	1994	'20.08.06.	'21.05.30.			
	서원마을현대홈타운	462	2001	'22.06.08.				

자료 : 경기도 도시재생과

　　이중에서 리모델링을 통해 수명연장 가능한 단지를 선별한다면 투자처가 될 수 있다. 또한 리모델링 이슈는 큰 수익성을 노린 투자의 개념보단 입지 좋은 곳에 새 아파트를 마련할 수 있다는 차원에서 접근하면 좋은 결과를 기대할 수 있다.

4장

실전
토지 투자
노하우

토지에
저축하라

필자는 2007년 청주, 천안, 아산 등 충청도를 중심으로 아파트 갭투자를 시작했다. 이 지역들은 2012년 이전까지는 아파트 분양 물량이 상당히 적은 곳이었다.

아파트 가격이 급격하게 상승하자 건설사들은 2013년부터 물량을 대량으로 쏟아내기 시작했는데, 이러한 밀어내기식 아파트 분양으로 2015년부터 입주 대란이 예고되어 있었다. 그래서 필자는 2015년을 1년 앞둔 2014년, 불안함을 느끼고 충청도에 있는 아파트를 대부분 매도했다.

앞에서 공급 물량이 가격에 미치는 영향에 대해 잠깐 언급했다. 매도를 결심한 건 공급이 증가하면 가격이 떨어진다는 기본 원칙대로 판단해 내린 결정이었다.

실제로 당시 충청도에 위치한 아파트를 매도하지 않았다면 투자금과 기회비용, 5년이라는 투자 기간을 모두 날릴 수도 있었다. 물론 운도 따라주었지만 앞으로 하락할 것이라는 예측의 결과가 맞았던 부분도 있다. 명확한 투자 기준 덕분에 화를 피한 것이다.

투자의 다변화가 필요한 시기라는 생각에 새로운 투자처를 찾기 시작했고, 아파트에만 투자하는 것은 리스크 대비가 부족하다고 판단하여 토지로 눈을 돌리기 시작했다. 그렇게 아파트 매도로 회수한 돈을 세종시와 충청도 토지 매수에 사용했다.

토지 중에서 농지를 매수하면 농사를 짓고, 산지를 매수하면 목축업과 벌목업이 가능하고, 나대지를 사면 집을 지을 수 있다. 이렇게 돈을 토지에 묻어두면 사기를 당하지 않는 이상 도망가지는 않는다. 원금 보장이 되는 가장 안전한 투자처가 토지인 셈이다.

철저히 준비해
불확실성을 줄여라

농업인이 되면 정부에서 주는 혜택들이 많아 원금 보장을 넘어 추가 수익도 기대할 수 있다. 개발 호재가 발생하면 매도 시 시세차익을 실현시킬 수도 있다. 부자가 목표라면 맹목적인 아파트 투자에서 벗어나야 한다. 토지는 아파트와 비교가 안 될 정도로 큰 수익을 가져다주는 투자처다.

사람들은 막연하게 토지 투자가 위험하다고 자식에게 물려줄 생각으로 장기투자하라고 말한다. 이는 아마도 아무 준비 없이 섣불리 남의 말만 믿고 투자했다가 실패했던 경험담 때문일 것이다.

투자는 본인이 스스로 주도해서 시작해야 한다. 남에게 의지하는 투자는 운 좋게 몇 번 성공할 수 있을지 몰라도 끝에 가서는 잃을 수밖에 없다. 아무런 준비 없이 도전하는 사업이 실패하는 것과 같은 이치다.

철저한 준비로 다양한 정보를 취합하여 분석할 수 있는 능력을 만들어야 성공할 수 있다. 필자는 입시와 취업에 쏟았던 열정으로 토지를 공부하면 충분히 성공적인 미래를 맞이할 수 있다고 본다.

준비는 혼자서도 할 수 있고, 같은 생각으로 모인 동호회나 부동산 전문 강사를 통해 배움을 얻을 수도 있다. 필자 역시 더 많은 배움을 얻기 위해 부동산 박사과정에 진학했다. 성실하게 공부한다면 불확실성은 줄어들고 투자 기준은 더욱 공고해질 것이다.

부동산 관련 정보는 누구나 쉽게 얻을 수 있다. 국가기관에서 국토개발계획, 도시기본계획, 도시개발계획, 광역도시계획, 광역교통계획 등 다양한 최신 자료를 국민들에게 공개하기 때문이다. 그러므로 투자의 성패는 얼마나 많은 최신 자료를 자신

의 것으로 만드느냐에 달려 있다.

알짜 정보는 누가 전달해줘야만 얻을 수 있는 것도 아니고, 고위 관료에게만 공유되는 것도 아니다. 모르는 정보가 있더라도 정보공개포털 홈페이지(www.open.go.kr)에서 정보공개요청을 통해 얻을 수 있다.

결국 부동산 투자는 공개된 자료에서 얼마나 많은 정보를 얻고, 얼마나 정확한 분석과 예측을 하는가에 따라 성패가 좌우된다. 모든 투자자에게 수익을 낼 수 있는 똑같은 기회가 주어지는 것이다.

처음에는 당연히 모를 수밖에 없다. 필자도 토지에 대해 전혀 몰랐지만 공부를 하면서 스스로 투자 기준을 만들었다. 다시금 고백하지만 소액 토지 투자에서 아직까지도 수익을 내지 못한 물건도 있다.

그러나 후회하거나 잘못된 투자라고 생각하지는 않는다. 소액으로 자투리 토지에 투자했던 경험들이 모여 단단한 실전 투자 실력으로 거듭났기 때문이다. 소액 투자로 큰 수익을 내지는 못했지만 스스로를 믿고 투자했기 때문에 이를 타산지석 삼아 발전할 수 있었다.

필자가 주변 지인들에게 토지에 투자한다고 말했을 때 대부분 손사래를 치며 말렸다. 그들의 주장은 "죽어서도 못 팔아먹는 게 토지다!"라는 맥락이었다. 그런 당부 때문에 더 오기가 생겼다.

신경 안 쓰고 오랫동안 묻어둘 수 있다는 장점 때문에 더 토지를 사고 싶었을지도 모른다. 투자자는 팔랑귀가 되어서는 안 된다. 설령 실패하더라도 본인의 경험으로 만든 투자 기준을 믿어야 한다. 실패하면 남을 탓하기 전에 스스로 반성하며, 잘못된 점을 찾고 고쳐야 성장할 수 있다.

지인이 알려준 투자처로 몇 번은 투자에 성공할 수 있다. 만일 한두 번 투자하고 접는다는 마인드라면 남의 도움을 받는 것이 편하다. 하지만 부자가 되려면 지속적으로 수익을 내는 투자를 해야 하는데, 그럴 때마다 남의 말에 운명을 맡길 수 없는 노릇이다.

투자는 확률적 승률로 접근해야 한다. 본인이 성공에 대한 확신을 가지고 투자에 임한다고 해도 매도 시점의 실제 수익은 마이너스가 될 수 있다. 또한 수익이 난다고 해도 얼마가 날지 미리 아는 건 불가능하다. 그래서 수익을 낼 수 있는 확률, 즉 얼마의 수익이 예상되는지 분석하는 식으로 접근해야 한다.

가령 승률이 50%인 게임이 있다고 가정해보자. 1번 이길 확률은 50%, 2번 연속으로 이길 확률은 25%, 3번 연속은 12.5%다. 연속으로 투자해서 성공할 확률은 갈수록 급격하게 떨어진다.

똑같은 투자처에서 계속 수익을 낼 수 있다는 생각은 버려야 한다. 투자처를 다변화하고 남보다 빨리 새로운 투자처를 찾는 것도 중요하다. 아파트 투자로 수익을 냈다면 때로는 쉬기도 해야 한다.

토지 투자로
미래를 대비하자

토지는 필지별로 시세가 천차만별이라서 적정 가격을 판단하기 쉽지 않다. 좋은 토지의 가격은 토지주가 정하고, 평범한 토지의 가격은 중개인이 정하며, 안 좋은 토지의 가격은 매수인이 정한다.

토지 투자가 아파트 투자보다 상대적으로 어려운 이유는 가격의 기준이 명확하지 않기 때문이다. 그만큼 리스크가 많다는 뜻인데, 사전에 준비만 잘하면 그 리스크를 줄일 수 있다.

필자는 아파트 투자에서 수익을 내면 대부분 땅에 저축했다. 많은 투자자들이 아파트 갭투자에 열광할 때, 토지 투자가 노후를 대비하기 위한 최적의 투자처라 판단했기 때문이다.

앞에서도 이야기했지만 사회초년생 때는 종잣돈을 모으기 위해 지독할 정도로 은행에 저축을 많이 했다. 월급이 수입의 전부였을 때는 절약과 저축으로 종잣돈을 모았다.

지금은 그 단계를 벗어나 토지로부터 종잣돈을 모은다. 저축 이자보다 토지에서 얻는 수익률이 몇 배나 높기 때문이다.

연금보험이나 저축 등으로는 부유해지기는커녕 노후를 준비하는 것도 어렵다. 빌라, 아파트, 상가 건축물에 투자해서 부자가 되는 것 또한 쉽지 않다. 주식과 비트코인에 투자하는 건 너무 위험하다.

이 투자처들은 여유롭게 살 수 있는 기회를 줄 수는 있지만 당신을 부자로 만들어 주지는 않는다. 땅에 차곡차곡 저축하는 것이 최선의 방어이자 공격이다.

소액으로도 충분히
투자할 수 있다

흔히 토지 투자라고 하면 수억 원에서 수십억 원의 종잣돈을 떠올린다. 물론 가치가 높거나 광활한 면적의 토지는 매입 시 자금이 많이 필요하다. 그래서 사람들은 토지 투자를 부자들에게나 가능한 영역이라고 생각한다.

정말 그럴까? 박봉인 월급쟁이에게 토지 투자는 불가능한 걸까? 사실 토지 역시 부동산의 한 영역이므로 '3장. 실전 부동산 투자 노하우'에서 충분히 다룰 수 있는 부분이었다. 이렇게 지면을 따로 할애한 이유는 일반인들의 잘못된 편견을 바로잡아주고 싶어서다.

필자 역시 수억 원을 들여 매수한 토지가 있지만 월급 수준인 몇 백만 원만으로 매수한 토지도 있다. 이렇게 적은 돈으로 토지를 샀다고 하면 오지에 투자했거나 지분등기를 했을 거라

큰돈은 없지만 부동산 투자는 하고 싶은 월급쟁이에게

지레짐작하는 경우도 많다. 그러나 매수한 토지는 전부 단독명의로 등기했고, 개인의 기준에 따라 다르겠지만 충분히 가치 있는 물건들이다.

참고로 토지 투자에서 가장 멀리해야 하는 투자법이 여러 사람과 공동으로 투자하는 지분등기다. 지분등기의 위험성은 뒤에서 더 자세히 다루겠지만, 일단 지분등기의 가장 큰 매력은 보유 자금이 적어 어려움을 겪을 때 여러 명이 공동으로 매수할 수 있다는 점이다. 미래 가치가 높은 토지에 투자하고 싶은데 종잣돈이 없을 때 유효한 방법이기도 하다.

하지만 어디까지나 이론에서만 통하는 이야기다. 현실에서는 그 장점으로 혜택을 보는 일이 거의 없다. 돈이 부족해서 가족, 친인척, 친구, 동료와 함께 땅을 사는 경우가 종종 있는데, 처음에야 좋은 뜻에서 선뜻 투자하겠지만 매도 시점이 되면 서로 이견이 생길 수밖에 없다.

누군가는 가격이 언제 떨어질지 몰라 불안하고, 또 누군가는 더 오를 수 있다는 확신 때문에 팔지 않으려 한다. 지인의 토지만 경매로 넘어가 소유권이 제3자로 바뀌는 난처한 상황이 벌어질 수도 있다.

본인이 매수한 토지에 대해 완전한 권리를 주장할 수 없다면 그만큼 가치와 가격이 떨어진다고 봐야 한다. 피치 못하게 공동투자를 하더라도 필지 분할하여 개별등기를 설정하길 권한다.

종잣돈이 부족하거나 토지 매매 경험이 없다면 처음에는 소액으로 접근하는 것이 좋다. 설사 재정적으로 부유한 상태라고 해도 처음부터 거액을 들여 넓은 땅을 사는 건 지양해야 한다.

소액으로 투자가 가능한 자투리 토지는 일반 매매에서 찾기 어렵고, 경매와 공매를 통해서 낙찰 받아서 소유할 수 있다. 간혹 매도인이 부동산 중개사무실에 의뢰를 하는 경우도 있으니, 평소에 공인중개사와 친분을 쌓아두는 것도 좋은 방법이다.

물론 소액 투자 시 조심해야 할 부분도 있다. 소액으로 투자하는 만큼 원하는 물건을 고르지 못할 공산이 크다. 선택의 폭이 적기 때문에 단순히 시세차익을 위해서 매수한다면 낭패를 볼 수 있다.

매수한 금액보다 더 높은 금액으로 매도해야 시세차익을 낼 수 있는데, 자투리 토지일수록 찾는 사람이 적어서 매도가 쉽지 않다. 단순히 시세보다 저렴하게 매수하는 게 아니라 그 토지에 언제, 무엇을 할 것인지 사전에 정해둬야 한다. 또는 누구에게 언제, 어떻게 매도할 것인지를 생각한 후에 매수해야 한다.

농지, 산지이거나 맹지, 구거, 급경사지 등으로 건축행위가 까다롭다면 계약 전에 토목측량설계사무소에 연락해 개발행위 허가를 받을 수 있는지 확인하도록 하자. 나대지의 건축허가 여부만을 따로 확인하고 싶다면 시·군·구청 건축과에 해당 지번으로 문의하면 된다.

자투리 토지에
투자하라

자투리 토지 투자는 고수익을 바라보고 하는 것이 아니라 훗날 '알짜 토지'를 다루기 위한 연습의 일환이다. 운동선수가 큰 대회에 출전하기 전에 작은 대회에 출전해 실전처럼 임하듯이 말이다. 연습은 좋은 성적을 내는 데 도움이 된다.

500만 원짜리 토지가 있다고 가정해보자. 5년 후 이 토지가 5배 상승했다면 2,500만 원이 된다. 5배가 상승해도 수익이 2천만 원밖에 되지 않는 것이다.

만일 5억 원의 토지였다면 25억 원이 되어 20억 원의 수익을 냈을 것이다. 이처럼 자투리 토지는 몇 배씩 가치가 오르더라도 파이 자체가 작아 큰 수익을 내기는 어렵다.

그러나 소액으로 투자한 경험 자체가 토지 공부에 도움이 되고, 더 좋은 토지를 보는 안목을 길러준다. 소액으로 투자한 토지는 큰 수익을 주지는 않지만 알짜 토지를 매수하는 교두보 역할을 한다.

필자는 공매로 낙찰 받은 자투리 토지가 몇 필지 있는데, 사실 부동산 투자와 마찬가지로 자투리 토지도 성공과 실패를 반복했다. 그만큼 섣불리 투자하면 손해를 보는 것이 토지 투자다.

자투리 토지의 장점은 소액으로 투자가 가능하다는 점이지만, 유의할 점은 그만큼 활용도가 떨어지는 필지가 많다는 것이다. 그래서 많은 공부와 조사가 필요하다.

토지의 가치는 쉽게 말해서 '건물을 지을 수 있는가, 없는 가?'로 결정된다. 그리고 짓는다면 얼마나 넓고(건폐율) 높게(용적률) 지을 수 있는지에 따라 가격이 결정된다고 보면 된다.

건폐율은 2차원적인 평면적 개념이고, 용적률은 3차원적인 입체적 개념이다. '토지면적>건물면적'과 '토지면적<건물면적' 중에서 동일 면적에 넓은 면적으로 지을 수 있다면 토지의 가치는 뛰며 건물면적/토지면적(즉 용적률)이 클수록 토지의 가치는 더 올라간다. 이런 원리가 현재 모든 재건축에서 이루어지는 경제적 본질의 핵심이다.

즉 모든 재건축에서 경제적 본질의 핵심은 '해당 토지의 현재 용적률이 얼마가 될 것인가?'이다. 용적률 100%(토지면적=건물연면적)인 주택이 나중에 용적률 200%가 되면, 토지가치는 거의 2배가 되며 이것은 주식에서 ROE(Return On Equity)에 A/E(Asset/Equity) 레버리지가 작동된 것과 비슷한 효과를 가진다.

전체 토지가격을 결정짓는 장기적이고도 가장 큰 성분은 경제성장으로 인한 사용을 위한 지불가격의 상승이다. 즉 위치를 점유하고 이용하는 데 들어가는 지불가격이 경제성장으로 올라가기 때문이다. 이처럼 경제성장은 토지 이용료를 경제 성장률 이상으로 끌어 올린다.

다음으로는 세금 사용량이다. 세금은 전국에 골고루 균등하게 사용되지 않는다. 개발 명목으로 특정 지역의 인프라 사업에

큰돈은 없지만 부동산 투자는 하고 싶은 월급쟁이에게

막대한 세금을 사용하는데, 당연히 그 지역의 토지 가치는 올라간다.

결론적으로 '토지활용도, 경제성장률, 인프라 구축을 위한 세금사용량' 세 가지가 토지의 가치와 가격을 결정짓는 큰 요소다.

그 외에는 용도 지역, 지목, 형태, 도로 접합 여부, 방향, 주변 조건, 접근성 등의 요소도 땅의 가치에 영향을 준다. 아직도 발품만 열심히 판다면 소액으로 매입할 수 있는 토지가 주변에 널려 있다.

경험상 토지를 매수하는 방법은 개인 간 직거래, 공인중개사를 통한 거래, 부동산 컨설팅 회사를 통한 대리거래, 법원 경매, 온비드 공매가 있다.

토지는 신뢰할 수 있는 공인중개사를 통해 매수하는 것이 가장 안전하며, 권리분석에 능숙하다면 경매와 공매를 통해 시세보다 저렴하게 농지를 매수하는 게 좋다.

경매와 공매로 주거시설을 낙찰 받을 시 주거시설은 명도를 통해 주택에 거주하는 임차인 또는 세입자를 내보내야 할 때가 생기지만, 농지는 주거시설과는 달리 명도할 필요가 없다.

그리고 종잣돈이 부족하면 토지 대출을 통해 투자금을 최소화하는 게 가능하다는 장점이 있다. 최근 몇 년 동안 서울과 수도권을 중심으로 아파트 가격이 급등해 가계대출 규제가 강화되었지만 토지 대출은 규제에서 벗어나 있다.

가장 안전한
수익처는 토지다

2017년과 2021년에는 쌀 가격 폭등이 있었다. 2010년 벼의 재배면적은 89.2만ha였는데 2023년 들어서는 70.8만ha로 크게 감소했다.

이러한 지속적인 벼 재배면적 감소와 중장기적인 쌀 가격 상승은 농지 가격을 끌어올리는 역할을 한다. 상가가 잘 되어 임대료가 상승하면 부동산 가격이 올라가듯이 쌀 가격이 올라가면 농지 또한 가치가 상승한다.

1인당 쌀 소비량이 감소하니 벼 재배면적이 감소하는 것도 당연하다고 생각할 수 있다. 하지만 이는 벼 재배면적의 감소 속도가 1인당 쌀 소비량 감소 속도보다 빠르다는 걸 간과한 것이다. 무엇보다 우리나라는 정부의 정책으로 쌀 자급률을 90% 이상으로 유지하고 있는 중이다.

쌀 생산량을 유인하는 또 다른 정책은 '쌀 소득보전 직불제'다. 쌀을 생산하는 논을 유지하고 있으면 소득을 보장해주는 고정직불금과 쌀값 하락에 따른 리스크를 대신 감수하고 지원해주는 변동직불금이 있다. 농사로 큰 수익을 낼 수 있는 것은 아니지만 적어도 쌀 가격 폭락으로 큰 손해를 볼 일은 없는 것이다.

2023년 농림축산식품부가 발표한 '농업직불제 확대·개편 계획'을 보면 2023년부터는 기본직불 지급대상을 확대하고, 식

연도별 경지 면적

(단위 : 천 ha)

구분	2013	2014	2015	2016	2017	2018	2019	2020	2021	2022
계	1,711	1,691	1,679	1,644	1,621	1,596	1,581	1,565	1,547	1,528
논	964	934	908	896	865	844	830	824	780	776
밭	748	757	771	748	756	751	751	741	766	753

시도별 표준지 공시지가 변동률

(단위 : %)

연도	전국	서울	부산	대구	인천	광주	대전	울산	세종
2019	9.42	13.87	10.26	8.55	4.37	10.71	4.52	5.40	7.32
2020	6.33	7.89	6.20	6.80	4.27	7.60	5.33	1.76	5.05
2021	10.35	11.35	11.10	10.96	8.83	11.40	10.48	7.51	12.40
2022	10.16	11.21	10.4	10.56	7.44	9.78	9.26	7.76	10.76

연도	경기	강원	충북	충남	전북	전남	경북	경남	제주
2019	5.91	5.79	4.75	3.79	4.45	6.28	6.84	4.76	9.74
2020	5.79	4.39	3.78	2.88	4.06	5.49	4.84	2.38	4.44
2021	9.74	9.30	8.25	7.25	8.69	9.67	8.44	7.73	8.33
2022	9.85	8.75	8.20	8.17	7.98	8.53	7.85	7.83	9.85

량자급률 제고 및 쌀 공급과잉 해소를 위해 전략작물직불 도입하기로 했으며, 농업직불제 관련 예산을 5조 원 수준으로 단계적 확대한다.

설령 손해를 보더라도 정부에서 지원금을 통해 보존해주니 이보다 더 확실하고 안전한 투자처가 따로 있을까? 앞으로도 농지의 가치는 꾸준하게 상승할 확률이 높다.

2022년 공시가격 현실화율은 토지(표준지)가 71.6%(지난해 68.6%), 단독주택(표준)이 57.9%(지난해 55.9%), 공동주택은 71.5%(지난해 70.2%) 수준이다. 토지는 2028년까지 공시가격 현실화율(시세 대비 공시가격 비율)을 90%로 끌어올리는 것을 목표로 안정적인 상승을 유지해 왔다.

2022년 전국 표준지 공시지가는 10.16%를 달성해 2009년 이후 연속 상승세를 유지했다. 입지가 우수하고 인구 밀도가 높은 서울이 가장 높은 상승률을 보이지만 부산, 대구, 세종, 제주도 등 지방 주요도시에서도 높은 상승률을 보이고 있어 개발 호재가 많은 지역을 중심으로 관심있게 봐야 한다.

이것은 토지의 가격 상승률이 현재 만들어진 입지에 따라 움직이는 것이 아니라 개발 호재의 진척에 의해 움직인다는 걸 뜻한다. 즉 가치가 상승할 지역을 선별하는 능력을 키워야 한다. 기본적인 투자 원칙을 잘 지키고, 눈에 보이는 호재만 잘 따라가도 손해를 보지 않는 토지 투자가 가능하다. 물론 지역마다 다른 양상을 보이고 있으므로 100% 성공을 보장하지는 않는다.

하지만 투자는 종목에 상관없이 모두 리스크가 따르는 법이다. 어떤 투자처든 100% 성공이란 있을 수 없다. 다만 통계에서 알 수 있듯이 리스크에 대한 지나친 우려 때문에 토지 투자를 망설일 필요는 없다.

토지 투자,
사전지식이 중요하다

사실 부동산 투자자라면 토지를 거래해보지 않은 사람은 있어도 공동주택나 단독주택을 다뤄보지 않은 사람은 거의 없을 것이다. 매매가 아니라 전·월세 계약이라 할지라도 말이다.

주거시설은 의·식·주 중 하나이므로 익숙하지만 토지 거래는 익숙하지 않다. 따라서 토지에 투자해본 경험이 없다면 사전에 관련 지식을 충분히 공부한 뒤에 투자하는 것이 좋다.

그렇다면 토지 투자 시 반드시 확인해야 할 사항은 무엇일까? 바로 입지다. 입지를 선별하는 안목을 길러야 한다.

최근에는 도시를 벗어나 시골에 전원주택을 짓는 경우가 많은데, 건축 행위가 목적이라면 방향(주택 용지이므로 배산임수와 남향), 건물을 배치했을 때의 조망권 확보 유무, 대지의 높이는 도로보다 높은지 낮은지, 토지의 경사도는 가파른지 등을 확인해

야 한다. 특히 경사도가 너무 가파르면 건축 허가가 안 나올 수
도 있으니 반드시 계약 전에 체크해야 한다.

이 외에도 사전에 건축법을 숙지해야 한다. 도로가 얼만큼
접해 있는지, 접해 있다면 폭의 넓이는 얼마나 되는지, 사도인지
국도인지, 도로가 없는 맹지라면 도로를 개설할 수 있는지, 인근
에 주택이나 전봇대가 200m 이내에 설치되어 있는지 등을 확
인한다.

전봇대의 위치가 200m 이내에 있으면 이설비용이 없지만
그 이상이면 전기·통신설비 이설비용이 1m당 4만 3천 원 발생
한다. 또한 우수·오수 관로가 지하에 매설되어 있는지도 확인해
야 한다.

토지이용규제정보서비스 홈페이지(www.eum.go.kr)에서 '토
지이용계획확인원'을 통해 해당 토지의 용도와 규제사항, 건폐
율, 용적률 등을 확인할 수 있다.

이처럼 고려해야 할 부분들이 많기 때문에 건축법을 잘 알아야 한다. 모든 사항을 일일이 챙기기 어렵다면 관할 지역에 있는 건축설계 사무실이나, 관할 지자체 담당 부서 등에 문의하면 건축 행위가 가능한지 바로 확인할 수 있다.

토지 투자 시
검토해야 할 것들

토지 매수 전에 손품으로 각종 서류를 꼼꼼하게 챙겨볼 수도 있지만 최종적으로는 발품을 팔아 직접 확인하고 매수해야 한다.

발품을 팔 때는 해당 토지만 살펴보지 말고 주변에 유해시설은 없는지 체크할 필요가 있다. 유해시설의 예로는 쓰레기 매립장, 군 사격장, 송전탑, 축사 등이 있다.

경치 좋은 시골 땅을 샀는데 인근에 쓰레기 매립장과 축사가 있어 악취가 심한 경우가 생기기도 하고, 군 사격장이라도 있다면 소음 피해를 받을 수 있다. 고압이 흐르는 송전탑 아래에 집을 짓고 살면 건강을 해치기도 한다.

하천 제방보다 지대가 낮아서 장마철마다 침수 피해를 입거나, 계곡을 낀 토지였는데 계약 후에 가보니 낭떠러지 땅이었을 수도 있다. 또는 멋지게 보였던 뒷산이 석면 광산일 수도 있다.

토지는 온라인 쇼핑을 하듯 손품을 믿고 매수했다가는 돌이

킬 수 없는 낭패를 볼 수 있어 유의해야 한다.

토지 투자 시 가장 먼저 확인해야 할 사항은 정확한 주소를 알아내고, 해당 주소지에 있는 토지의 성격, 용도, 모양, 주변 현황 및 인프라를 파악하는 것이다.

손품으로 간단히 확인할 수 있는 방법은 토지이음(www.eum.go.kr), 땅야(www.ddangya.com), 네이버 지도(map.naver.com) 등을 활용하는 것이다. 지도에 있는 로드뷰, 스카이뷰, 지적편집도 기능을 사용하면 주소지에 방문하지 않고도 유용한 정보를 얻을 수 있고, 거래 협상 전에 유리한 전략을 세울 수 있다.

지번을 알고 있다면 토지이용계획확인원에서 지목, 건축 가능 여부 등을 검토한다. 이후 등기부등본에서 근저당을 확인할 수 있는데, 반드시 꼼꼼하게 채권 분석을 해보기 바란다.

토지 담보가치 대비 대출 상한선이 높다면 토지주가 돈이 부족해 매도하는 경우다. 이때는 가격을 더 조율할 필요가 있다.

하지만 부동산 중개사무실에서는 아무에게나 물건 지번을 알려주지 않는다. 신뢰가 가는 손님이거나, 안면이 있는 손님이 아니면 쉽게 알려주지 않는다. 부동산 중개인은 좋은 물건이 나오면 한 번 팔고 끝낼 게 아니라 몇 년 후 다시 팔 때의 경우도 고려하기 때문이다.

보통 친분이 있는 손님에게 우선적으로 물건을 소개한다. 그러면 해당 손님은 훗날 그 물건을 되팔 때 같은 중개사무실을 이용하여 중개수수료를 지불한다. 뜨내기 손님에게는 실속 없는 물

건을 소개하는 경우가 많다.

밸류맵 애플리케이션으로 2006년부터 최근까지 거래된 모든 부동산의 실거래가를 확인하는 방법도 있다. 주변에서 실거래가 이뤄진 지번에 대한 정보를 바로 확인할 수 있어서 유용하게 사용할 수 있고, 가격 협상 시 전략적 우위를 얻을 수도 있다.

간혹 증여와 상속은 공시지가로 거래해 낮은 가격을 보이니 실거래가 검색 시 참고하길 바란다. 부동산 중개인이 급매물이라고 추천하지만 주변 가격보다 훨씬 높은 호가를 부르는 경우도 있다. 매수 결정 전 주변 실거래가를 반드시 확인해야 하는 이유다.

결국 토지 투자 시 수익을 낼 수 있는 가장 좋은 방법은 건물을 짓는 일이다. 건축이 불가능한 토지는 쓸모가 없거나 가치가 현저하게 떨어져 가격도 저렴하다. 반대로 건축이 불가능한 토지를 건축이 가능하도록 만들면 가치가 상승하고 높은 가격에 거래할 수 있다.

필자는 아파트현장에서 근무했을 당시 현장에서 멀리 떨어지지 않은 지역에 있는 도로에 접한 농지(답)를 주변 시세보다 저렴하게 매수했다. 도로에 접해 있었으나 도로 레벨보다 1미터 정도 낮은 게 저렴한 가격의 이유였다.

그러니 이 농지를 매수해서 흙을 채우면 돈이 될 거라 생각했다. 농지 매수 후 지하 터파기하면서 나오는 흙으로 논을 메우고, 몇 년 동안 밭으로 사용하다 좋은 가격에 매도했다.

건축 가능 유무는 부동산 중개인의 말만 믿지 말고 토지이용계획확인원을 확인하는 게 좋다. 여의치 않다면 관할 기관의 허가과, 건축과 등에 건축 가능 여부를 물어봐야 한다. 경사가 높거나 도로 폭 부족, 관로 미설치 등의 이유로 건축이 불가능한 경우도 허다하다.

건축 가능 유무를 확실하게 확인했다면 예산에 대한 부분을 체크해야 한다. 건축을 위한 목적이라면 토지 매입비, 설계비, 건축비뿐만 아니라 조경비, 인프라 비용, 농지 및 산지 전용부담금 등을 예산 계획에 포함해야 한다.

10년후
840% 오른 농지

필자는 2009년에 아내와 함께 나들이 겸 행정중심복합도시 홍보관을 방문한 적이 있다. 홍보관에서 세종시의 2030년 미래의 모습을 담은 모형과 홍보 영상을 함께 살펴볼 수 있었는데, 미래 도시의 전경은 가히 충격적이었다.

20년 후인 2030년에 50만 명이 거주하게 될 성숙한 도시의 모습을 상상하니 기대가 벅차올랐다. 그날 이후 세종시(행복도시) 관련 각종 개발계획 자료와 기사를 수집하면서 달달 외우고 다닐 정도였다.

그 뒤로 2년이 지나 토지 투자에 대한 확신이 서자 실천에 옮기로 마음먹었다. 2달 동안 50필지가 넘는 땅을 봤는데, 1억 원으로 살 수 있는 토지가 많지 않아서 부동산 중개인이 고생을 많이 했다.

마음에 드는 토지가 없어서 투자를 포기하려던 찰나 입지, 금액, 계약 조건이 좋은 농지를 소개받을 수 있었다. 가끔 입지보다 시세가 저렴한 눈먼 땅이 나오는데 필자가 산 농지가 그런 케이스였다.

세종시가 계획대로 성장할 것이라는 확신이 있었기에 그동안 느긋한 마음으로 거주하면서 직접 농사를 지었다. 지금은 해당 필지 주변 지역에 상전벽해가 이뤄지고 있다. 세종시의 공사

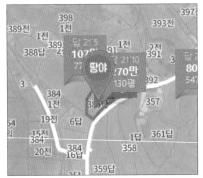

가 계획대로 진행되면서 도시는 날로 팽창하고, 주변 지역의 개발 압력은 더 커지고 있다.

부동산 투자에서 "가장 저렴한 때가 언제인가요?"에 대한 대답 중에 "지금이 가장 싸다."라는 말이 있다. 돌이켜보면 2011년이 필자에게는 세종시의 저평가된 농지를 가장 좋은 조건으로 살 수 있는 시기였다.

토지 투자로 수익을 내기 위해선 '남에게 팔기 싫은 땅'을 자신의 것으로 만들어야 하는데, 이 농지가 바로 그런 땅이었다.

2011년에 평당 32만 원으로 348평을 매수했는데 2021년에 그 중 일부인 130평(우측)을 840% 오른 가격인 평당 270만 원으로 분할 매도했다. 남은 토지는 218평인데 정사각형 모양이라 이전보다 쓰임새가 좋아졌다.

그래서일까? 요즘 들어 부쩍 그 농지를 매도하라는 연락이 자주 온다. 부동산 중개사무실에 내놓은 적도 없는데 말이다. 매수자들이 접근해오는 경로는 정말 다양하다.

해당 등기부등본을 보면 소유자의 주소를 확인할 수 있기 때문에 주소지로 찾아오는 경우도 있고, 매도 의사를 묻는 우편을 보내거나, 담보 대출이 있는 은행에 문의해 연락처를 받기도 한다. 심지어 마을 이장에게 접촉하는 등 여러 방법으로 매도 의향을 묻는다.

서울과 주요 도시의 아파트 가격은 급상승해 아파트 담보대출 시 신DTI, DSR을 적용받는다. 그만큼 가계대출이 까다로운 상황이다.

그에 비해 토지 담보대출은 영농자금 대출 명목으로 빌릴 수 있기 때문에 비교적 자유롭다. 또한 토지 중에서 농지는 자경으로 8년 이상 농사를 지으면 양도소득세 면제 또는 감면 혜택을 받을 수 있다. 여러모로 이점이 많은 것이다. 참고로 양도소득세 혜택은 연봉 등 기타 수익이 연 3,800만 원 이하일 때 받을 수 있다.

토지는 단기로 투자하는 사람과 장기로 투자하는 사람으로 나뉘는데, 세금 혜택과 개발 호재 실현 등을 고려했을 때 최소 10년은 보유하고 있어야 원하는 수익을 낼 수 있다.

10년은 짧으면 짧고 길다면 긴 시간이다. 산업단지 조성, 고속도로 신설 등에 소요되는 시간이 대략 10년이기 때문에 장기적인 안목으로 접근해야 한다.

환경영향 평가, 타당성 조사, 기획, 설계, 시공 기간 등 호재가 반영되기를 기대하려면 적어도 10년은 필요하다. 15년간 장기 보유 시 세금감면 혜택도 30%나 받을 수 있으니 시야를 넓게 갖고 멀리 보기 바란다.

지분 투자는
신중하게 접근하자

지분경매 입찰은 불완전한 소유권 때문에 문제가 생길 여지가 많으므로 일반 물건과는 다르게 취급해야 한다. 여러 사람의 이름으로 소유권 이전 등기된 필지를 공유자 1명이 사용 또는 처분하기란 쉽지 않다.

소유를 했으나 완전한 권리를 주장할 수는 없기 때문에 일반 입찰자들은 지분경매를 기피하고는 한다. 또한 지분 투자로 매수한 땅에 집을 짓고 싶어도 지을 수 없는 경우가 많다.

토지의 경우 투기 방지를 위해 지자체가 분할을 제한하고 있다. 그래서 용도 지역이 녹지 지역, 관리 지역, 농림 지역, 자연환경보전 지역 안에서 너비 5m 이하로 분할하는 건 제한될 수 있다.

분할허가를 받으려면 관할 지자체에 구체적인 분할 목적을 담은 서류를 제출해 심사를 받아야 하는데 실수요가 아닌 투자 목적이 의심되면 반려된다.

토지 지분을 취득해 현물 분할을 하고자 한다면 관계 법규에 따른 제한사항을 잘 살펴봐야 한다. 분할이 가능한지부터 확인하고 투자해야 하는 것이다.

참고로 컨설팅에 의해 여러 명이 공동으로 투자하는 경우 가분할도를 만들어 매수하는데, 반드시 특약으로 명확히 구분해야 한다. 다른 공유자와의 분쟁이 생길 수 있기 때문이다.

그러나 이것도 어디까지나 이론적인 이야기에 가깝다. 아무리 특약을 명확하게 기입해서 구분한다 해도 토지를 분할하면 보통은 쓸모없는 땅이 된다.

당연한 이야기지만 자금 여력은 지분에 참여한 투자자마다 다르다. 합의서 같은 안전장치를 만든다고 해도 공동 투자자 중 한 명이라도 돈이 궁해져 중간에 투자금을 회수하면 지분자가 변경되어 매도는 더 어려워진다. 싸게 사서 정상가에 팔려다가 헐값에도 못 파는 상황이 올 수도 있는 것이다.

지분 투자는 신도시 개발 지역, 국가산업단지 등 국가 주도 개발 지역 주변에서 성행하는데, 주로 기획부동산 컨설팅을 통해서 이뤄진다. 부동산 컨설팅 회사는 큰 필지의 임야를 저렴하게 매입해 작은 필지로 쪼개고(분할하고), 한 필지를 여러 사람에게 공동 명의로 매도한다.

미공개 개발정보를 가지고 있다고 홍보하고 홍보와 달리 모집한 이들을 상대로 개발 가능성이 거의 없는 토지를 다단계식으로 권유하고, 확보한 투자금을 가지고 폐업하는 경우가 많으니 조심해야 한다.

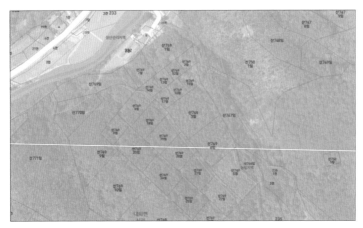

강원도 평창군 대화면

　평창 동계 올림픽이 열렸던 평창군 소재의 한 지역을 살펴보면, 임야가 여러 필지로 쪼개진 것을 볼 수 있다. 아마도 평창에 전원주택을 짓고 노후를 보낼 계획으로 투자한 사람이 많을 것이다.

　토지이용계획확인원을 통한 건축 행위 가능 여부부터 따져봐야겠지만 집을 짓기 위해서 가장 중요한 요소는 무엇일까? 바로 도로다. 그런데 도로가 보이지 않는다. 기본적인 지식만 있다면 투자를 해야 할 토지인지 해서는 안 될 토지인지 쉽게 구분할 수 있다.

　예를 들어 아무 쓸모가 없는 땅임에도 불구하고 평당 2만 원이라고 하면 굉장히 싸게 느껴진다. 하지만 공시지가 기준으로 평당 2천 원인 토지라면 무려 10배나 비싼 것이다. 이런 정보를

큰돈은 없지만 부동산 투자는 하고 싶은 월급쟁이에게

충남 국가산업단지 인근 지역

알고 투자하는 것과 모르고 투자하는 건 이만큼 차이가 크다.

지분 투자 시에는 불완전한 소유권 문제로 인해 당연히 시세보다 훨씬 싼 게 맞다. 그저 무지함 때문에 비싸게 사는 게 문제인 것이다.

지분 투자의 다른 사례를 살펴보면 충남의 국가산업단지 인근 지역이 있다. 어김없이 여러 필지로 분할된 것을 볼 수 있다. 기획부동산 컨설팅 회사에서 큰 평수의 필지를 매수해 여러 필지로 쪼갠 것으로 보인다.

놀라운 사실은 필지마다 최소 1명 이상의 소유자가 있다는 것이다. 즉 매도가 어렵고, 토지에 농사를 짓거나 건축 행위를 하는 데 제약이 많다는 걸 의미한다. 한마디로 향후 가치가 커질 확률이 굉장히 적은 땅이다.

여러 경매 관련 책과 강의에서 지분경매 성공담을 얘기하지만 어디까지나 이론적인 이야기에 불과하다. 지분경매 또는 지분 투자로 성공한 사례는 1%도 안 된다고 본다.

필자는 17여 년 동안 부동산에 투자하면서 실제로 지분경매로 수익을 냈다고 자랑하는 투자자는 만나본 적이 없다. 만일 지분 투자를 고려하고 있다면 반드시 신중하게 고민해보기 바란다. 지분 투자에 발을 들였다가 다단계 피해자가 될 수 있음을 반드시 기억하자.

큰돈은 없지만 부동산 투자는 하고 싶은 월급쟁이에게

농지 투자,
어떻게 해야 할까?

앞서 농지가 정부의 지원을 받을 수 있어 굉장히 안전하고 유망한 투자처라 소개한 바 있다.

농지를 매수하는 방법은 다른 토지와 마찬가지로 개인 간 직거래, 부동산 중개인을 통한 거래, 컨설팅 회사를 통한 거래, 법원 경매, 온비드 공매가 있다. 가장 안전한 방법은 신뢰할 만한 공인중개사를 통해서 매수하는 것이다.

하지만 권리분석을 통해 경매와 공매로 시세보다 저렴하게 농지를 매수할 수 있다. 게다가 농지를 보유하고 농업경영체에 등록하면 다양한 혜택을 볼 수 있다.

토지 중에서도 농지는 특히 매수 목적이 뚜렷해야 한다. 농사를 지을 것인지, 호재 지역 투자가 목적인지, 농지 은행에 맡겨서 농지 연금을 받을 것인지 등 목적을 명확히 해야 한다.

농지대장(농지원부)의 대표적인 혜택 9가지

1. 토지 소재지 및 연접 지역에 2년간 거주 시 이전등기 때 취 · 등록세를 50% 감면해준다.

2. 대출 시 등록세, 채권을 면제해준다.

3. 농지원부를 보유하고 8년 이상 재촌, 자경이 입증되면 과세 기간별로 2억 원 한도 내에서 양도소득세를 100% 감면해준다.

4. 농지대장을 보유하고 3년 이상 재촌, 자경 후 양도하고 1년 이내에 대체 농지를 구입할 경우, 당해 농지에 대한 양도세를 100% 감면해준다.

5. 대출 시 저렴한 금리 혜택을 누릴 수 있다.

6. 농지 전용 시 부담금이 면제된다.

7. 농기계 구매 시 보조금을 지원받을 수 있고, 농기계용 면세유를 지급받을 수 있다.

8. 농촌 출신 자녀 대학장학금 우선지원 대상자가 되며 대입 시 특별전형 응시가 가능하다.

9. 국민연금 및 건강보험료를 50% 감면해준다.

농지대장이 있으면 농업조합원 자격 신청도 가능하다. 지역마다 혜택이 다르지만 출자한 금액에 대한 배당을 주는데 시중은행 이자보다 상당히 높다.

자녀에게 장학금도 지원해주고, 명절에는 선물도 준다. 농협에서 농사에 필요한 비료를 저렴하게 구입할 수도 있다.

농지대장은 소유한 농지에 대한 정보를 파악해 효율성 있게 관리하고 이용하기 위해 작성하는 장부의 일종으로, 필요로 하는 농업인이 직접 신청해서 만들 수 있다.

신청 방법은 시·구·읍·면의 농지관리부서에 가서 농업인의 주소지와 농지 등기부등본, 토지대장등본, 주민등록등본을 가지고 신청하는 것과 농지 소재지에서 자격증명을 받아 같은 방법으로 신청하는 것 2가지가 있다.

담당 공무원이 실사를 통해 농사 여부를 확인하고 발급해준다. 농지대장 신청 시 해당 지역 이장의 도장이 있어야 하니 이장과의 친분도 필요하다.

농지연금이 목적이라면 시세 대비 공시지가가 높은 지역이 유리하다. 농지연금의 기준은 공시지가로 산정되기 때문이다. 농지는 농지취득자격증명서 발급이 가능한 토지인지 확인한 후 매수해야 한다.

농지취득자격증명서는 면사무소에서 발급해주는데 토지 상황에 따라 발급이 안 될 수도 있다. 이 경우에는 소유권 이전이 어려울 수 있으니 주의해야 한다.

농지 투자가
증가하고 있는 이유

주 52시간 근무제가 자리 잡으면서 주말농장 용도로 농지를 매수하는 경우가 늘고 있다. 최근에는 귀농인도 꾸준히 증가하고 있다.

2021년 귀농귀촌 인구는 515,434명으로 전년 대비 4.2% 증가했으며, 2020년에 이어 2년 연속 증가하였다. 귀농귀촌 가구는 377,744가구로 전년 대비 5.6% 증가하여 귀농귀촌 통계조사 이래 최대치를 기록했다.

귀농귀촌 인구 증가는 코로나19 장기화로 인한 사회·경제적 여파, 농촌에 대한 관심 증가, 치솟는 도시주택 가격 등이 복합적으로 작용한 결과로 볼 수 있다.

증가세가 유지된 것은 농촌으로의 이주 흐름이 견고해지고 있다고 풀이된다. 특히 30대 이하와 60대를 주축으로 귀농이 증가했는데 30대 이하 증가는 청년들의 농촌에 대한 인식 변화와 함께 영농정착지원사업(3년간 월 최대 1백만 원)의 정책성과 등이 반영된 것으로 보이며, 60대의 귀농 증가는 베이비붐 세대의 은퇴가 영향을 준 것으로 추정된다.

그러나 새로운 곳에 정착하기 위해서는 철저한 사전조사와 준비가 필요하다. 이 준비 단계에 해당되는 것이 농지를 구매하는 일이다.

▎ 귀농귀촌 인구 및 가구 현황

(단위 : 명, 가구)

구분	2016	2017	2018	2019	2020	2021
귀농귀촌 인구 (귀농귀촌 가구)	496,048 (335,383)	516,817 (346,759)	490,330 (340,304)	460,645 (329,082)	494,569 (357,694)	515,434 (377,744)
귀농 인구 (귀농 가구)	20,559 (12,875)	19,630 (12,630)	17,856 (11,961)	16,181 (11,422)	17,447 (12,489)	19,776 (14,347)
귀촌 인구 (귀촌 가구)	475,489 (322,508)	497,187 (334,129)	472,474 (328,343)	444,464 (317,660)	477,122 (345,205)	495,658 (363,397)

자료 : 농림축산식품부

이 추세라면 앞으로도 귀농에 대한 수요는 꾸준할 것이므로 농지 투자도 좋은 선택지가 될 수 있다. 농지는 매수자가 많지 않아 협상만 잘 하면 공시지가보다 저렴하게 매수할 수 있다는 장점이 있다.

전업 귀농이든, 겸업 귀농이든, 농지연금이 목적이든 결국 농지를 저렴하게 매수하는 일이 가장 중요하다. 가능하다면 공시지가보다 더 낮은 금액으로 말이다.

방법은 경매나 공매가 가장 좋으며, 매수 후 부족한 자금은 경락잔금대출(경매나 공매로 낙찰 받은 부동산에 대해 부족한 잔금을 대출해주는 제도)을 이용하면 된다. 경락잔금대출을 이용하면 적은 금액으로도 농지를 구입할 수 있다. 그로 인한 이자는 농사 수익금이나 임차인에게 받은 지료로 상쇄시키면 된다.

농지연금으로
노후를 준비하라

농지를 소유하고 있지만 소득이 줄어 생활자금이 부족한 경우, 농지를 담보로 매월 일정액의 자금을 연금처럼 받을 수 있는 농지연금이라는 제도가 있다.

농림축산식품부와 한국농어촌공사가 운영하는 농지연금은 소유한 농지를 매개로 매월 일정액을 연금으로 받는 제도로, 2011년부터 시행 중에 있다. 농지연금 누적 가입자 수는 연평균 13%씩 꾸준히 늘어 2022년 기준으로 21,708명에 달한다.

농지연금은 농지가격이 6억 원 이하인 경우 「지방세특례제한법」에 따라 재산세가 면제돼 절세 효과도 있다. 여기에서 핵심은 소유권을 유지해준다는 것이다.

농사를 짓는 농민을 위한 상품이기 때문에 가입자는 사망할 때까지 본인의 농지를 소유하면서 지속적으로 농사를 짓거나 제3자에게 임대를 줄 수 있다.

가입 대상은 만 65세 이상, 영농 경력 5년 이상, 현재 실제 영농에 이용 중인 공부상 전답, 과수원의 소유자여야만 한다. 농업인만 가능하다는 뜻으로 판단 기준은 농지원부 소유 여부다. 농지가격의 30%까지 담보가 설정되어 있는 경우에도 가입이 가능하다.

농지연금의 장점

1. 부부 모두 보장

농지연금은 승계조건으로 가입하여 가입자와 배우자 모두 종신까지 보장받을 수 있도록 설계되어 있다.

2. 담보농지 자경 또는 임대 가능

수급자는 연금을 수령하면서 담보농지를 직접 경작하거나 임대할 수 있어 추가 소득을 얻을 수 있다.

3. 공적 안정성 확보

정부예산으로 직접 시행하기 때문에 안정적으로 연금을 지급받을 수 있다.

4. 농지연금채권 행사범위 제한

농지연금채권은 담보농지에 대해서만 행사하는 것이 원칙이다. 따라서 담보권 실행으로 연금채무를 회수할 경우, 농지 처분가액이 연금채무액보다 작더라도 잔여 채무를 다른 농지나 재산에서 청구하지 않는다.

5. 재산세 감면

2024년까지 농지가격 6억 원까지 재산세를 감면 받을 수 있다(지방세특례제한법 제35조의2).

6. 연금 압류 방지

'농지연금지킴이통장'으로 월 185만 원까지 압류 위험으로부터 보호 받을 수 있다.

7. 중도 해지 가능

가입자가 중도에 계약 해지를 원하면 언제든지 가능하다. 단 계약 뒤에 받았던 연금을 변제한 이후 해지할 수 있다.

8. 농지 가격 상승분 보장

상환 시점 시 농지 처분 가액이 채무보다 많으면 처분가액에서 채무를 제외하고 유족에게 반환된다.

9. 중복 수령 가능

농지연금은 주택연금처럼 부채의 일종으로 분류되어 국민연금 · 기초연금 등 다른 연금과 중복으로 수령할 수도 있다.

| 농지연금의 종류

종류	설명
종신정액형	사망시점까지 매월 일정한 금액을 지급받는 유형
전후후박형	가입 초기 10년 동안은 정액형보다 더 많이 받고 11년째부터 더 적게 받는 유형
수시인출형	총대출한도액의 30% 이내에서 필요금액을 수시로 인출 가능하며 나머지 70%는 매월 정액으로 지급받는 유형(2022년 개정)
기간정액형	가입자가 선택한 일정 기간 동안 매월 일정한 금액을 지급받는 유형
경영이양형	지급기간 종료 시, 공사에 소유권 이전을 전제로 더 많은 연금을 받는 유형

농지연금 수령액은 월 지급액, 농지 가격, 가입 연령, 지급 방식 등에 따라 결정되고, 다섯 가지 종류 중 가계 상황에 맞게 선택하여 가입하면 된다.

물론 단점도 있다. 정부에서 농지연금이라는 거창한 말로 포장하기는 했지만, 결국 농지연금은 자신의 땅을 금융회사에 맡겨 대출을 받는 개념이다.

하지만 담보로 하는 농지의 감정을 공시지가 수준으로 측정하거나 감정평가의 90%로 측정할 수 있으며, 실수령 금액이 낮다. 2021년 가입자 평균 지급액은 114만 원, 2022년 가입자 평균 지급액은 123만 원이다.

국가에서 진정으로 농업인의 노후를 위해 실시하는 제도라면 시세 기준으로 산정하는 게 맞다. 결국 국가에서 농지 담보대출로 돈을 빌려다가 가입자에게 지불하는 개념으로 볼 수 있다. 부대비용을 뺀 금액을 연금으로 가입자에게 주다 보니 받는 금액이 적은 것이다.

농지연금 액수를 조금이라도 늘리고 싶다면 시세 대비 공시지가가 높은 지역을 매수하는 게 유리하다. 농지연금의 기준은 공시지가로 산정되기 때문이다. 국유지를 임대하는 방법도 있다.

한국자산관리공사에서는 금융기관의 부실채권 정리, 압류재산 공매, 부동산 개발 외에도 국유재산을 관리하는 역할을 한다. 한국자산관리공사에서 운영하는 온비드 홈페이지를 통해 토지를 저렴하게 임대(대부)할 수 있다.

또한 농지은행을 통해서도 임대가 가능하다. 농지은행은 영농의 규모 확대를 지원하기 위해 농지의 신탁, 임대, 매매, 관리를 담당하는 기관이다. 농지은행 홈페이지(www.fbo.or.kr)에서 손쉽게 관련 업무를 처리할 수 있다.

답답한 도시 생활을 접고 농사를 지을 계획이라면 퇴직금 전부를 들여 농지를 매수하기보다 국유지를 임대하는 것이 나을 수 있다.

아직까지 농지연금의 가입자가 저조하고 인기가 적은 이유는 보통 자녀들의 반대가 커서 그렇다. 농지연금에 가입하면 소유권이 넘어가서 상속을 받지 못한다고 생각하기 때문이다.

하지만 농지연금에 가입하더라도 소유권은 그대로 유지된다. 그러므로 생활자금이 부족하거나, 농사를 짓기 어려운 경우에는 농지연금으로 노후를 보내는 것도 좋은 대안이 될 수 있다.

우리는 불안한 노후를 위해 안전장치를 2중, 3중으로 만들어야 한다. 농지 투자도 안정장치를 만드는 일환 중 하나임을 기억하자.

젊은 나이에 농지에 투자하면 20년 후에 농지연금을 받거나 개발 등으로 시세차익을 볼 수 있다. 개발 여부에 대해 낙관적인 건 금물이지만 너무 부정적일 필요도 없다.

서울시도 처음에는 논두렁, 과수원이 태반이었다. 전답을 메워 1천만 명이 거주하는 대도시가 만들어졌고, 수도권 1~2기 신도시와 지방 혁신도시도 농지 위에 만들어졌다.

1960년대까지만 해도 전체 인구 대비 도시 지역 거주민은 50% 이하였다. 도시 인구는 1970년대부터 본격적으로 증가하기 시작해 1990년대에 이르러서야 80%를 넘어선 것이다.

필자는 아직도 2006년을 생생히 기억한다. 당시 세종시는 전형적인 농촌이었다. 그러다가 2007년에 세종정부청사 자리에 살고 있던 주민들이 하나둘씩 이주를 시작했고, 2012년부터 순차적으로 국무총리실청사와 1단계, 2단계, 3단계 청사 건물

순으로 완공됐다. 그 주변에는 아파트와 상가 건물이 들어섰다.

정부청사를 짓기 전의 세종시는 농지와 임야가 전부였지만, 그 농지 위에 정부청사와 아파트가 지어지고 장남평야에는 국내에서 가장 큰 인공호수가 만들어졌다. 복숭아밭이 불과 몇 년 만에 1만 5천 명의 공무원이 근무하는 정부청사가 된 것이다.

필자는 돈이 생길 때마다 세종시의 토지와 아파트를 조금씩 매수했다. 2011년에 매수한 세종시 아파트는 2배, 단독주택지는 3배 상승했지만 농지는 12년 동안 9배 넘게 상승했다. 그러니 막연한 두려움 때문에 매력적인 농지 투자를 망설이지 말자.

기획부동산에
당하지 않는 법

기획부동산에 대한 우려는 앞서 '소홀히 하면 손해 보는 임장' 파트에서 다뤘지만, 대체로 토지 투자자들이 피해를 보는 경우가 많으니 다시 한 번 간단히 다뤄보겠다.

기획부동산은 보통 다단계 조직의 영업 방식으로 진행된다. 우선 부동산 업체를 설립하고 비싼 시급으로 직원을 모집한다. 회사는 사전에 매입한 토지에 대한 투자 가치를 직원들에게 설명하고 투자를 강요한다.

직원 본인이 직접 나서거나 지인을 통해 토지를 매수하지 않으면, 즉 실적이 없으면 바로 해고한다. 투자 실적에 따라 성과급 명목으로 수당을 지급하고 승진을 시켜 경쟁을 유도한다.

따라서 기획부동산 관계자뿐만 아니라 지인에게 토지 투자를 권유받았을 때, 해당 지인이 기획부동산에 속아서 가져온 매물인지 꼼꼼히 확인할 필요가 있다.

주변을 살펴보면 기획부동산에 사기를 당한 사례를 쉽게 찾아볼 수 있다. 심지어 본인이 사기를 당한 피해자인지 모르고 지내는 경우도 있다.

기획부동산에 사기를 당하는 이유는 부동산 지식이 부족한 상태에서 쉽게 돈을 벌려는 욕심이 앞섰기 때문이다. 그리고 아무런 의심 없이 상대를 신뢰해서다.

부동산 투자로 성공하기 위해서는 투자 물건에 대한 의심을 게을리 하면 안 된다. 매수하는 목적이 무엇인지, 어느 시점에 누구에게 팔아야 하는지 등 뚜렷한 목적과 차익 실현 계획이 수립된 이후에 투자해야 한다.

당하지 않으려면
확인해야 한다

기획부동산에 당하지 않으려면 반드시 확인해야 하는 사항들이 있다. 토지를 매수하기 전에 반드시 확인해야 하는 서류들은 다음과 같다. 토지등기부등본, 건축물대장, 토지(임야)대장, 지적도, 토지이용계획확인원이다. 이 5가지 서류는 매수 전에 반드시 꼼꼼하게 확인하자.

건축 행위가 가능한지에 대한 여부는 관할지 자체 건축과 또

| 5가지 필수 서류를 볼 수 있는 곳

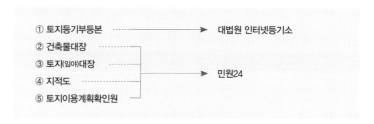

는 인근 건축설계사무실에서 확인해야 추후에 낭패를 볼 일이 없다.

토지등기부등본은 대법원 인터넷등기소 홈페이지(www.iros.go.kr)에서 확인할 수 있으며, 나머지 건축물대장, 토지(임야)대장, 지적도, 토지이용계획확인원은 민원24에서 확인할 수 있다.

특히 토지등기부등본은 권리분석에 있어 가장 중요한 데이터다. 압류, 가압류, 가등기, 가처분 등의 하자가 없는지 확인할 수 있기 때문이다.

제한물건은 가급적이면 거래를 피하는 것이 좋다. 또한 계약전, 중도금을 치르기 전, 잔금을 치르기 전마다 토지등기부등본을 열람해 하자 여부를 확인한 후에 입금해야 한다.

"지피지기면 백전백승이다."라는 말이 있다. 상대를 알고 나를 알면 승리하고, 모르면 패배한다는 것이다. 토지 투자에 실패하는 가장 큰 이유는 부동산 지식이 없는 상태에서 사기를 당하기 때문이다.

기획부동산은 소액 투자가 가능하다는 점을 내세워 공동투자, 즉 지분 투자를 권유하고는 한다. 앞서 몇 번이나 지분 투자의 위험성을 간과하지 말라고 당부했다.

물론 지분 투자가 무조건 나쁘다는 것은 아니다. 다만 가치가 없는 토지를 시세보다 더 비싸게 책정해 분할 매도하는 수법에 속는 게 문제다. 이해관계자가 많아지면 많아질수록 의사결정권과 권리는 줄어든다는 걸 명심하자.

분양형 호텔 투자, 조심스럽게 접근하자

최근 분양형 호텔과 관련해 "○○년간 확정수익 연 ○○% 보장!" 따위의 문구가 난무하고 있다. 전문위탁업체에서 알아서 관리해준다거나, 최저 수익을 보장해준다거나, 월세를 받는 연금형 부동산이라는 식의 문구를 쉽게 찾아볼 수 있다. 분양형 호텔의 가장 일반적인 홍보문구이기도 하다.

은퇴 후에도 30~40년은 더 살아야 한다는 압박감 때문에 수익형 부동산에 눈을 돌리는 투자자들에게는 분양형 호텔이 매력적으로 다가온다.

그러나 이는 질 나쁜 땅을 파는 기획부동산과 유사한 수법이다. 토지 투자에 대해 다루는 장에서 분양형 호텔을 언급하는 이유이기도 하다.

확정수익금이라는 수익 보장이 장밋빛 전망을 연상케 하지만 사실 이미 분양가에 프리미엄으로 포함되어 있는 액수다. 또 아무리 유능한 전문위탁업체라고 해도 수익성이 없으면 관리가 어렵다.

이전에도 이야기했지만 수익률은 대출금과 관리비, 세금 등에 따라서 고무줄처럼 늘어나기도 줄어들기도 해서 큰 의미가 없다. 무엇보다 관광 수요에 따라서 수익은 천차만별로 변한다.

분양형 호텔이 늘어난 이유는 관광숙박시설 확충을 위한 특별법이 2012년에 시행되면서 중국인을 중심으로 외국인 관광객 수가 급증했기 때문이다.

하지만 지금은 외국인 관광객 수의 증가폭이 둔화되어 예전과 같지 않다. 호텔 업계는 사드 보복부터 코로나19까지 영향이 이어오면서 큰 타격을 받은 전적이 있다. 그만큼 분양형 호텔은 대외관계까지 변수로 고려해야 하기 때문에 더 신중하게 접근해야 하는 것이다.

설사 외국인 관광객이 다시 예전처럼 한국을 찾는다고 해도 폭발적인 증가폭은 기대하기 어렵다.

수익형 부동산은 꾸준하게 월세 수익이 들어와야 제구실을 하는 투자처다. 외부 영향으로 수익에 대한 변동이 심하면 그 목적에 어긋나는 것이다.

그리고 당시 완성될 호텔의 객실 수는 이미 과잉 공급 상태이기 때문에 입지가 탁월하고 수익 구조가 확실하지 않은 이상은 수익을 기대하기 어렵다.

분양형 호텔은 아파트처럼 투자자들이 객실별 소유권을 갖고 호텔 위탁 운영사가 전체 수익을 배분하는 구조다. 분양형 호텔의 소유권은 지분등기인 경우가 많은데, 지분등기의 부동산은 환금성이 떨어지는 치명적인 단점을 가지고 있어 주의가 필요하다.

용도 전환을 하려고 해도 지분권자 전원의 동의가 있어야 하기 때문에 어려움이 많다. 개별처분을 할 수 있는 권리가 없어 투자금이 묶일 수 있는 위험이 크다. 여러모로 지분 투자의 단점과 유사하다.

그 외에 신축빌라와 생활형숙박시설 역시 보수적인 관점에서 접근해야 하는 상품이다. 특히 신축빌라는 고액대출로 깡통전세를 양산하며 세입자에게 큰 피해를 주고 있다.

신축빌라에 투자하면 큰 수익을 낼 수 있다고 속여서 수십억 원을 가로챈 사기사건, 신축빌라 전세보증금 100억 원을 가로챈 사기사건 등이 대표적이다.

생활형숙박시설은 건축법상 용어로, 숙박시설은 맞지만 일반 숙박시설과 다르게 취사가 가능하다. 즉 오피스텔과 분양형 호텔의 중간쯤 되는 상품으로 이해하면 된다.

그러나 아파트처럼 주택 용도로는 사용할 수 없고 숙박업 용도로 써야 한다. 이러한 생활숙박시설을 주거용으로 쓸 수 있는 것처럼 허위·과장 광고하여 피해를 보는 사례가 늘어나고 있다.

은퇴 후 퇴직금 등을 모아 섣부르게 투자하면 생계를 위협받을 수 있다. 어디에 투자하든 철저한 분석이 선행되어야 한다. 그래야 함정에 빠지지 않는다.

5장

종잣돈에 따른
단계별
투자 노하우

투자자를 위한 마지막 제언

마지막으로 종잣돈의 크기에 따라 어떤 방식으로 투자에 접근해야 하는지 이야기해보려 한다. 접근하는 방법에 대해 논하는 것이지 향후 가격이 오를 지역이나 물건을 찍어주기 위함이 아니다. 그 이유에 대해서는 앞서 충분히 설명이 됐으리라 믿는다.

부동산을 공부할 때와 투자할 때는 스스로를 믿고, 자신의 능력을 신뢰해야 한다. 겸손하지만 합리적인 자신감 없이는 성공할 수도 행복할 수도 없다.

직장이라는 울타리 안에서 최고의 자리에 올랐을 수도 있지만 다른 분야에서는 능력을 제대로 발휘하지 못하는 게 당연하다. 그동안 하는 일마다 다 잘해냈다면 특출한 천재이거나 운이 좋았던 것뿐이다.

하지만 그렇다고 특별한 무언가가 필요한 건 아니다. 직장에서 20~30년 동안 버틴 자신감과 능력, 끈기만 있다면 부동산 투자에서 위대한 성과를 거둘 수 있다. 만일 사회초년생이거나 연차가 낮다면 입사했을 때의 패기로 부동산에 접근하면 된다.

그러나 대부분은 위험을 무릅쓰지 못해서 섣불리 시도하지 않는다. 당신의 안정을 책임져주는 일자리가 사라지면 그대로 희망도 함께 사라지는 것인가?

성공한 사람은 과거의 성취감에 안주하지 않는다. 그보다 높게, 그러나 과하지 않게 다음 목표를 세운다. 이렇게 꾸준히 자신의 포부를 키워나간다. 그런 노력의 과정을 거듭하다보면 어느새 꿈이 현실이 되는 것이다.

실패는 꿈을 향하는 길에 잠시 들린 휴식처라 생각하자. 영원히 휴식처에 머물지만 않는다면 꿈을 현실로 만들 수 있다. 부동산 투자가 바로 꿈을 현실로 만들어주는 수단이다.

종잣돈에 따른 단계별 투자법에 대해서 이야기하겠지만 이 방법이 최선은 아니다. 수익을 100% 보장해주지도 않는다. 그저 약간의 인사이트를 얻을 수 있을 뿐이다.

누구에게나 투자의 기회는 공평하다. 그 기회를 어떻게 활용하는가에 따라서 결과는 성공과 실패로 나뉜다. 현재의 성공이 늘 그다음 성공을 보장해주지 않는다. 그렇기 때문에 한 번의 성공에 취해 있거나 한 번의 실패에 풀 죽어 있어서는 안 된다.

큰돈은 없지만 부동산 투자는 하고 싶은 월급쟁이에게

위험성이 큰
갭투자

무자본 투자, 즉 갭투자는 위험성이 크다. 종잣돈을 꾸준히 모아 소액 투자부터 차근차근 시작해 자기자본을 불려나가자는 게 필자의 투자 철학이다.

하지만 갭투자는 무자본 또는 최소 비용으로 금융자본이나 타인자본을 이용하여 수익을 극대화하는 방법이기도 하다. 물론 실패 시 금융자본과 타인자본을 대신 갚아야 하기 때문에 큰 낭패를 볼 수도 있다.

부동산 투자는 무리하고 도전적인 시도보다는 실패 시 감내할 수 있는 수준에서 접근하는 게 옳다. 갭투자 이후 부동산 침체기가 발생하여 매매가격이 하락하면 역전세로 추가 비용을 뱉어내야 한다.

무자본으로 투자가 가능한 경우는 전세가율이 100%이거나, 경매로 낙찰 받은 부동산의 낙찰가격이 전세가격 수준인 경우다. 전세가율이 100%에 수렴하는 경우는 전세가 급등하거나 매매가격이 급락하는 경우에 볼 수 있다. 원안을 제대로 분석하지 않고 무턱대고 손을 대는 건 위험하다.

무자본일 때 갭투자를 시도하면 그만큼 큰 리스크를 감수해야 한다. 무자본이라서 잃을 게 없다는 마인드로 접근하는 건 지양하도록 하자.

늘 성공하기만
하는 것은 아니다

필자도 아파트 가격하락으로 힘들었던 시기가 있었다.

아산시에 사둔 아파트가 몇 채 있었는데, 그중 2채는 가격 하락으로 수년 동안 마음고생을 시켰다. 심지어 위치가 도시 외곽이라 지방 부동산 침체와 공급물량 과다로 계속 쓴맛을 보다가 2021년 대상승장에 겨우 매도할 수 있었다.

또 다른 실패를 맛보게 한 물건은 2016년에 분양받은 평택 인근 신도시 아파트다. 고속전철역이 생기고 주변에 산업단지가 형성되어 있고 꾸준한 인구 유입이 예상되는 지역이었다.

분양권 매수 당시 약간의 프리미엄을 주고 샀지만 20% 정도 하락했다. 투자기간과 인플레이션을 고려하면 30% 정도 하락한 셈이었다.

경기 침체에 따른 지방 제조업체의 불황과 주변 도시에서 대규모 공급물량이 쏟아지면서 쓴맛을 봤다. 설상가상 전철역사 등 인프라 구축도 늦어져 호재가 없는 상태였으나, 부동산규제 지역에 벗어나 있었던 2021년에 매도할 수 있었다.

매도하려는 시점에 따라 실패한 투자 혹은 성공한 투자라고 할 수 있다. 만약 필자가 더 기다리지 못하고 2019년에 매도했다면 완벽한 실패가 되었을 것이다. 그렇지만 2021년에 매도함으로써 선전할 수 있었다. 실패와 성공은 본인이 결정하는 것이니 스스로를 믿고 기다리는 자세가 필요하다.

필자가 굳이 실패한 사례를 언급하는 이유는 딱 하나다. 누구나 실패를 경험할 수 있다는 당연한 이야기를 하기 위해서다.

부동산 투자에서 늘 성공만 맛볼 수는 없다. 그러니 실패했다고 해서 포기하거나 낙담해서는 안 된다. 자신의 약점을 보완하기 위해 늘 절치부심의 자세를 유지해야 한다.

전업 투자자가 아닌 직장인이나 자영업자는 부동산 투자에 쏟을 수 있는 시간이 절대적으로 부족하다. 자는 시간, 출퇴근 시간, 근무하는 시간을 제외하면 공부와 투자에 주어진 시간은 얼마 남지 않는다. 그렇다고 해서 부자가 되는 길을 포기하지는 말아야 한다.

혼자서 다
해결하려고 하지 말자

필자는 처음 부동산 공부를 시작했던 몇 년 동안 모든 것을 혼자서 처리했다. 임장도 혼자 갔고, 집수리도 혼자 했다. 소유권을 이전하는 날에는 휴가를 내서 직접 등기했다. 세입자가 나가면 온라인 방 구하기 카페에 글을 올려 다음 세입자를 구했다.

부동산 중개인, 인테리어 업자, 법무사에게 지불하는 보수가 아까웠기 때문이다. 그러나 돌이켜보면 그런 자잘한 비용이 수익을 올리는 데 큰 도움을 주지는 않았다.

아파트를 2억 원에 매수해서 훗날 20% 상승한 2억 4,000만 원에 매도했다고 가정해보자. 시세차익으로 4천만 원이나 생겼다.

그러나 셀프로 모든 일을 행했다면 본인의 품값이 들어가니 손수익으로 볼 수는 없다. 실제로 중개수수료, 인테리어비, 법무사비 등을 다 합친다 해도 금액은 300만 원을 넘기지 않는다. 4,000만 원에서 300만 원은 큰 금액이 아니다.

물론 매도 가격을 올리면 그동안 고생한 것을 보상받을 수 있지만, 집을 고치는 시간에 가족과 시간을 보내거나 다음 투자처를 찾기 위한 공부를 하는 것이 낫다. 비용 절감을 위해서 셀프로 진행하기보다는 협상으로 금액을 그만큼 깎는 게 낫다.

이것이 더 배우는 길이고, 더 많은 수익을 내는 길이다. 수익을 내기 위해 각 분야의 전문가들과 협업하는 게 중요하다.

금액 협상은 중개인에게 맡기고, 등기 이전은 법무사(변호사)에게 맡겨라. 내부 수리는 전문 업체의 손을 빌리자. 간단한 보수라면 아파트 시설과장에게 부탁하면 된다.

자신이 직접 일을 하는 것이 아니라 각 분야의 전문가를 고용해야 한다. 그들이 당신을 도와서 수익을 극대화시켜줄 것이다. 이렇게 스스로 굴러가는 부동산 시스템을 구축하는 것이 좋다.

전문가의 손을 빌리지 않고 일일이 직접 나선다면 오히려 더 큰 기회비용이 발생하는 셈이다. 특히 전업 투자자보다 시간이 부족한 월급쟁이는 더더욱 전문가를 믿고 협업해야 한다.

투자는 자신만의
기준으로 명확하게

물론 투자는 혼자 하는 것이다. 하지만 여기서 '혼자'라는 건 투자 마인드와 투자 기준을 혼자서 세우라는 것이지 전문가의 손을 빌리지 말라는 게 아니다.

외롭지 않은 투자는 올바른 투자가 아니다. 불안한 마음에 대중의 판단을 따라가면 마음은 편해도 실패할 확률은 높아진다. 게다가 모두가 투자로 성공을 얻을 수 있는 것은 아니다.

늦게 시작한 대중은 큰 손해를 보고, 아무도 투자에 관심이 없을 때 시작한 소수만이 성공의 기쁨을 누린다. 스스로 세운 투자 기준을 바탕으로 저평가된 지역을 선점한 사람만이 훗날 수익을 낼 수 있다.

2014년부터 2021년까지 서울을 중심으로 아파트 가격은 3배 가까이 올랐다. 하지만 서울에서도 2010년부터 2014년도까지 분양가 아래로 떨어진 마이너스 프리미엄이 허다했다.

서울 아파트 가격이 저점이었던 2013년도에 자신만의 투자 기준으로 투자한 사람은 몇 년 만에 집값의 2배 이상을 벌었다. 전세 레버리지를 활용한 투자자는 투자금 대비 수십 배 이상의 수익을 냈다.

지방도 서울만큼 큰 수익을 낸 시기가 있었다. 2010년도는 지방이 침체기에서 벗어나 상승을 위한 날갯짓을 시도하는 시기였다. 이때 과감하게 투자했던 투자자는 지방에서도 투자금의 몇 배를 벌었다.

아무것도 없는 지방혁신도시, 행정중심복합도시에 투자한 사람도 큰 수익을 냈다. 2011년 MB정권이 출범하고 세종시는 행정수도 백지화로 고난의 시기를 겪었다. 아파트는 미분양이 이어지고 토지 가격은 급락했다.

만일 당시에 대중의 판단을 따라가지 않고 분양을 받았거나, 토지를 매입했다면 선투자로 성공의 미소를 지을 수 있었을 것이다.

또한 21세기 산업의 쌀이라 부르는 반도체 산업단지 주변인 평택고덕, 화성동탄, 수원광교, 성남판교 지역에 투자했다면 성공의 미소를 지을 수 있었을 것이다. 개발지역 주변 토지에 투자한 사람은 개발 전 대비 10배 이상의 수익을 냈다.

토지는 호재가 많으나 저평가되어 있고, 관심이 적은 지역에 선투자해야 한다. 컨설팅 업체의 때가 묻은 토지는 절대로 사면 안 되고, 손바뀜이 없는 원주민의 땅을 사야 한다.

손바뀜이 많다는 것은 그만큼 중간에서 수익을 내고 팔았다는 것이니 마지막으로 매수한 사람에게 폭탄을 돌리는 것과 같다. 물건이 소매로 여러 번 오고갈 때 중간업자가 마진을 남겨 가격이 상승하는 것과 같은 이치다. 컨설팅 업체에게 속으면 본래의 가격이 얼마인지도 모른 채 비싼 값에 살 수도 있다.

원래 투자라는 것은 마음이 불안하고 외로운 것이다. 조급함

큰돈은 없지만 부동산 투자는 하고 싶은 월급쟁이에게

과 초심을 잃지 않고 꿋꿋하게 이겨내는 것이 바람직한 자세다. 투자 기준이 명확하다면 조급함도 이겨낼 수 있다.

대중의 투자 심리가 살아나는 날까지 잘 버티고 기다린다면 그간의 스트레스를 큰 수익으로 날려버릴 수 있다. 투자에서 무임승차는 없다는 걸 명심하자.

투자도
스마트하게

부동산 투자를 하기 위해서는 우선 투자 물건을 찾아야 한다. 그렇다면 투자 물건을 어디서 찾는 것이 효율적일까? 가장 신뢰받고 많은 물건을 보유한 부동산 포털 사이트는 다름 아닌 네이버 부동산이다. 그 외 직방, 다방, 다음 부동산에서도 매물을 찾을 수 있다.

요즘은 허위매물이 많이 사라지고 호가매물이 많다. 가격 조율을 생각해서 호가를 올린 경우가 많으니 해당 호가를 그대로 믿지 말고 협상을 통해 가격을 낮출 필요가 있다.

매도인 입장에서 원하는 거래가가 있으니 시세보다 높은 호가로 물건을 올리는 것이다. 매물의 상태, 매도인의 재정 상태, 협상 조건에 따라서 가격 조율의 폭은 커진다.

한국부동산원(www.reb.or.kr)에서 발표하는 아파트 매매수

급지수가 있는데 100을 기준으로 지수가 낮을수록 집을 시려는 사람보다 팔려는 사람이 많다는 것을 의미한다.

이 지수는 아파트 시장의 수요와 공급 법칙에서 중요한 역할을 하는 선행지표로서 활용되고 있다. 100보다 클수록 매수를 원하는 사람이 시장에 나와 있는 매물보다 많다고 볼 수 있기 때문이다.

네이버 부동산 홈페이지(land.naver.com)에서는 물건을 랭킹, 일자, 면적, 가격 순으로 정렬하여 볼 수 있고, 거래 종류(매매, 전월세), 매물 종류(아파트, 주상복합 등), 가격, 면적, 세대수 등으로 조건별 검색(필터링)이 가능하다.

인근 공인중개사, 책, 지인을 통해서만 정보를 얻는 건 구태의연한 방법이다. 익숙하지 않더라도 반드시 스마트폰이나 컴퓨터를 활용해 정보를 얻을 수 있는 길을 늘려야 한다.

아직은 생소한 단어지만 프롭테크(proptech)라는 말이 있다. 부동산(property)과 기술(technology)의 합성어로 이미 해외에서는 1천여 개 이상의 프롭테크 업체가 등장했다.

이들은 부동산 산업에 최첨단 기술을 접목해 빅데이터와 인공지능 등으로 부동산의 가치를 평가하고, 임대관리를 대신해주는 편리한 서비스를 제공한다.

프랑스 ESCP 경영 대학원이 발간한 「글로벌 프롭테크 트렌드 2021」에 따르면, 글로벌 프롭테크를 주도하는 대형 기업들이 미국에서만 990여 개이며 전 세계적으로는 2,000여 개에 달

큰돈은 없지만 부동산 투자는 하고 싶은 월급쟁이에게

질로우 홈페이지

한다. 이들의 누적 투자금액은 100조 원 이상으로 국내의 45배가 넘는 수준이다.

미국 1위 부동산 정보업체인 질로우는 이미 빅데이터와 머신 러닝을 통해 산출된 정보를 소비자에게 제공하고 있다. 질로우는 정보 비대칭성이라는 제약을 극복하는 데 큰 일조를 해 변화를 선도하고 있는 회사다.

미국 질로우 홈페이지(www.zillow.com)에서 어떤 형식으로 서비스를 제공하고 있는지 살펴보는 것도 좋은 경험이 될 것이다.

물론 중국을 제외한 아시아 시장에서는 아직 프롭테크가 본격화되지 않았다. 하지만 IT 강국이자 부동산 투자에 열광하는 나라 중 하나인 대한민국도 머지않아 프롭테크 서비스가 활성화될 것이다. 그렇게 되면 부동산 시장에 많은 변화가 찾아올 것으로 보인다. 만일 스마트폰조차 제대로 다룰 수 없다면 훗날 프롭테크 서비스를 활용하는 경쟁자들을 어떻게 이길 수 있겠는

가? 지금부터라도 뒤처지지 않기 위해 노력해야 한다.

5년 전까지만 해도 국내 프롭테크 시장은 주로 직방, 다방으로 대표되는 부동산 중개 서비스에 한정돼 있었다. 하지만 최근 좋은 기술로 무장한 신생 기업들이 속속 등장하면서 시장의 거래 방식과 사업 진행 방식을 바꾸고 있다.

한국 프롭테크 포럼에 따르면 2018년 포럼 창립 당시 26개 사에 불과했던 회원사는 2022년 310개 사로 4년 만에 11배 이상 증가했고 기업들의 매출액은 2019년 7,026억 원에서 2021년 1조 8억 원으로 42.4% 증가했다.

네이버 부동산, 부동산114, 알투코리아가 1세대 서비스라면 모바일 애플리케이션을 통해 등장한 직방, 다방, 그리고 호갱노노 등은 2세대 프롭테크 업체다. 앞으로 3세대 프롭테크 업체들이 어떻게 시장에 변화를 불러일으킬지 주목해야 한다.

그중에서 필자가 유용하게 사용하고 있는 프롭테크 서비스는 호갱노노(hogangnono.com)인데, 일반 사용자는 물론 공인중개사 사이에서도 인기가 있는 애플리케이션이다. 아파트를 살 때 여러 정보를 한눈에 볼 수 있도록 잘 만들어졌다.

아파트 가격은 물론 주변 시설, 아파트 경사도, 해당 지역 인구 변동, 아파트 공급량 등 다양한 데이터를 하나의 지도에서 한눈에 볼 수 있다.

또한 평형대와 가격, 세대수, 입주연차, 갭 가격(매매가와 전세가의 차이), 월세 수익률, 주차 공간 등을 필터로 구분해 원하는 아파트를 검색할 수 있다. 분양 단지만 따로 확인해 알림을 받을 수도 있다.

이러한 사이트와 애플리케이션은 투자처를 찾는 시간을 절약해주고, 원하는 물건을 찾는 데 큰 도움이 될 것이다.

월급으로 시작하는
소액 투자

직장인의 평균 월급은 300만 원 정도라고 한다. 하지만 평균값의 개념을 생각해보면 이는 허수에 불과하다. 250만 원 미만의 월급을 받는 사람들이 과반을 넘기 때문이다.

상황을 낙관적으로 봐서 모든 직장인들이 최소한 300만 원 이상을 번다고 가정해보자. 적은 금액이라 생각하면 적고 많은 금액이라 생각하면 많다. 확실한 것은 부동산 투자를 시작하기에 충분한 금액이라는 것이다.

월급 300만 원이면 누구나 부동산에 투자할 수 있고, 큰 금액은 아니지만 충분히 수익도 낼 수 있다. 필자 역시 300만 원으로 부동산 투자를 하고 소소한 수익도 내봤기 때문에 확신할 수 있다.

준비만 철저하다면
월급으로도 가능하다

월급으로 투자하는 건 딱 300만 원의 가치를 지닌 부동산을 매수하는 방법이 있고, 급매나 경매로 저렴하게 낙찰 받아 레버리지를 활용하는 방법이 있다. 둘 다 월급 수준의 종잣돈으로 투자할 수 있는 방법이다.

부동산 투자 시 수익을 높이기 위해서는 필연적으로 레버리지를 활용할 수밖에 없다. 전세를 끼고 아파트를 매수하는 방법도 레버리지를 활용한 투자고, 대출로 구매한 아파트로 월세를 받는 방법도 레버리지를 활용한 투자다.

필자는 2015년에 충남 당진에 있는 밭을 공매로 각각 300만 원과 600만 원에 낙찰 받았다. 300만 원짜리 토지의 감정가는 900만 원이었는데, 이후 바로 옆에 있는 땅의 소유자에게 1천만 원을 받고 매도했다.

물론 매도를 위해 투자한 시간과 노력을 생각하면 100만 원은 큰 수익은 아니다. 하지만 이러한 작은 성공이 모여 큰 성공의 발판이 된다는 걸 떠올리면 이 또한 유의미한 투자였다고 볼 수 있다.

600만 원에 낙찰 받은 다른 토지의 감정가는 2천만 원이었다. 매수를 희망하는 사람이 있어 매도하기만 하면 당장 3배의 시세차익을 낼 수 있었다. 하지만 해당 토지의 가치를 믿고 우선 보유하기로 마음먹었다. 훗날 더 크게 상승할 수 있다고 생각했기 때문이다.

2차선 도로에 접한 토지로 지금은 과실 묘목을 심어놨는데, 훗날 은퇴하면 이곳에 작은 편의점을 지을 예정이다.

그렇다면 토지가 아닌 다른 부동산, 즉 아파트도 300만 원으로 살 수 있을까? 300만 원으로 아파트를 살 수 있다고 이야기하면 쉽사리 믿기 어려울 것이다. 서울에서는 불가능해도 지방에서는 가능하다.

지방은 가격이 하락할 것 같은데 왜 위험을 무릅쓰고 사느냐고 반문할 수도 있다. 하지만 이는 지방에도 성장세를 보이는 도시가 많다는 걸 간과한 질문이다. 300만 원으로 살 수 있다고 콕 찍어 말할 수는 없지만 지방으로 눈을 돌리면 아직 소액으로 투자할 수 있는 길이 많다.

지방 도시에는 1억 원대 아파트가 많다. 5천만 원대 아파트도 많고 3천만 원짜리도 있다. 소수지만 그 이하로 매수할 수 있는 아파트도 있다.

필자에게는 지방 중소도시에 위치한 3천만 원대의 아파트가 여러 채 있다. 그중 2015년에 전라도에서 3,150만 원에 매수한 아파트는 2년 후 4,200만 원에 매도했다.

적은 시세차익이라 생각할 수 있지만 보유 기간 동안 월 20만 원의 월세 수익도 냈다. 참고로 이 아파트는 사내대출을 활용해 낮은 이자로 매수할 수 있었다.

큰돈은 없지만 부동산 투자는 하고 싶은 월급쟁이에게

또한 2016년도 충남 천안에서 2,800만원에 매수한 아파트가 2채 있는데 1채는 1,900만 원을 고정금리 2.9%에 30년 상환을 조건으로 담보대출을 받았다.

7년 동안 꾸준히 22~25만 원의 월세 수익을 내고 있으므로 대출 이자 상환과 기타 비용을 제외하고도 월 30만 원대의 수익이 만들어지는 셈이다. 이처럼 수익은 크지 않더라도 소액으로도 충분히 아파트에 투자할 수 있다.

투자 심리가
관건이다

최근 몇 년 동안 서울과 주요 도시는 부동산 가격이 급등했지만 지방은 분양물량 증가 및 일자리 감소로 집값 하락이 이어지고 있다. 역전세로 침체를 겪는 지역들도 늘어나고 있다.

아파트 매수 심리가 꺾이면서 일부 지역에서는 급격한 매매 가격 하락으로 전세가율이 90%를 넘어 100%에 육박하기도 했다. 이러한 지역은 리스크가 크지만 잘만 선별하면 300만 원으로도 투자가 가능하다.

부동산 가격은 공급과 물량에 의해서 결정되지만 투자 심리도 가격 형성에 한몫한다. 가격이 상승할 때는 천장을 뚫고 끝없이 상승할 거라 믿고 뛰어들지만, 반대로 떨어질 때는 땅을 뚫고

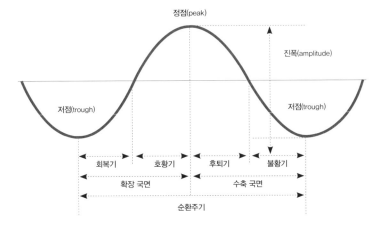

하락할 거라 믿는 심리가 강해진다.

그러나 시계추가 좌우로 움직이듯이 부동산 경기도 하락과 상승을 반복한다. 하락 후에는 상승이 있기 마련이다. 가격 하락과 역전세의 원인을 알면 적절한 투자 시기를 선별할 수 있다. 투자 심리에 따른 시장의 순환주기를 파악하는 것이 중요한 연유다.

아파트의 건설 주기는 계획부터 입주까지 짧게는 3년이 소요되고, 재개발·재건축은 짧으면 5년, 보통은 10년이 소요된다. 이런 점을 고려하면 아파트 가격 등락의 주기가 짧게는 3~4년, 길게는 10년의 사이클로 돌아간다는 걸 알 수 있다. 이 사이클을 기준으로 투자 타이밍을 잡는다면 적어도 실패하지 않는 투자를 할 수 있다.

첫 투자는 소액으로 시작하는 것이 좋다. 밖에서 관찰자의 입장으로 공부하는 것보다 소액으로라도 시장에 직접 뛰어들어 배우는 게 훨씬 남는 게 많다.

실패하더라도 투자금이 적어서 손해도 크지 않다. 오히려 그러한 경험이 쌓이고 쌓여 더 능숙하게 시장의 순환 주기를 파악할 수 있다. 실패를 타산지석 삼아 꾸준히 노력하면 훗날 반드시 보상을 받을 수 있다.

큰 금액이 있어야지만 부동산에 투자할 수 있다는 고정관념을 버리기 바란다. 소액으로라도 지금 당장 시작해보자. 월급으로도 얼마든지 토지를 살 수 있다.

300만 원의 토지라고 해서 쓸모없는 땅은 아니다. 누가 소유하는지에 따라 가치는 얼마든지 달라지며, 활용법에 따라서도 가치가 달라진다.

본인의 입장이 아니라, 그 토지를 필요로 하는 사람의 입장에서 보려고 노력한다면 충분히 돈 되는 땅을 찾아낼 수 있다.

부동산 거래는 필요에 의해 매수했다가 필요로 하는 사람에게 매도해 차익을 실현하는 것이다. 그러니 매수 전에 매수인이 있는지 파악하고, 있다면 몇 명인지 조사할 필요가 있다.

2022년 12월 기준으로 월급 수준에서 입찰 가능한 공매 물건을 온비드로 찾아봤다. 최초입찰가를 보면 500만 원대부터 800만 원대까지 다양하다. 필자가 임의로 선정한 물건들이므로 가치 여부에 대해서는 고민해볼 여지가 있지만 손품만 팔면 충

	물건정보	입찰기간	최저입찰가(원) 감정가·최초예정가(원) 최저입찰가율(%)	물건상태 유찰횟수	조회수	공고/상세
	캠코 지도보기 매각 일반경정	남은시간 : 2일20시간 2022-12-12 10:00 ~ 2022-12-14 17:00	5,236,000 6,545,000 (80%)	입찰준비중 유찰 2 회	194	공고이동 상세이동
	캠코 지도보기 매각 일반경정	남은시간 : 2일20시간 2022-12-12 10:00 ~ 2022-12-14 17:00	8,906,000 11,132,000 (80%)	입찰준비중 유찰 2 회	180	공고이동 상세이동
	캠코 지도보기 매각 일반경정	남은시간 : 2일20시간 2022-12-12 10:00 ~ 2022-12-14 17:00	7,863,000 9,828,000 (80%)	입찰준비중 유찰 2 회	189	공고이동 상세이동
	캠코 지도보기 매각 일반경정	남은시간 : 2일20시간 2022-12-12 10:00 ~ 2022-12-14 17:00	5,481,000 6,850,800 (80%)	입찰준비중 유찰 2 회	224	공고이동 상세이동

분히 저렴한 땅들을 찾아볼 수 있다.

상황에 따라 변수가 많지만 인접한 땅의 지주에게 팔 수도 있고, 역으로 본인이 인접한 토지까지 추가로 사서 가치를 키울 수도 있다.

도심지의 자투리땅은 기준 평수에 미치지 못하는 소규모 땅을 말하는데, 주로 도로를 내거나 건축을 하다 남은 땅들을 일컫는다. 이런 자투리땅은 도로변 안쪽이나 주택가 일부에서 잘 발견되며, 경매나 공매를 통해 시세보다 20~30% 저렴하게 낙찰받을 수 있다.

큰돈은 없지만 부동산 투자는 하고 싶은 월급쟁이에게

연봉으로
부동산에 투자하라

앞서 월급 수준의 종잣돈으로는 어떤 부동산에 투자할 수 있는지 살펴보았다. 종잣돈 액수를 높여 연봉을 기준으로 잡으면 당연히 투자할 수 있는 선택의 폭도 넓어진다.

연봉이 3천만 원이라고 가정했을 때 투자금 3천만 원과 1억 7천만 원의 레버리지를 활용하면 2억 원의 부동산을 매수할 수 있다.

투자금은 3천만 원이지만 실제로 운영하는 자산은 2억 원인 셈이다. 물론 레버리지의 위험성에 대해 경고했듯이 투자에 앞서 철저한 분석이 선행되어야 할 것이다.

필자가 평소 관심 있게 살펴보고 있는 광역시가 있는데, 당시에는 저평가로 수년간 주목을 받지 못하던 곳이었다. 이후 철저한 분석과 임장을 거쳐 훗날 가치가 상승할 거란 확신을 얻은 뒤 2017년과 2018년에 차례대로 해당 지역의 아파트 몇 채를 갭투자로 매수했다.

해당 아파트들의 경우 인접 신도시에서 매년 2만 세대에 가까운 물량이 분양되다 보니 인구 유출로 가격 상승이 미미했다. 하지만 점차 신도시의 분양물량이 줄어들기 시작하자 그동안 주춤했던 가격이 작년 하반기부터 가격이 급등하기 시작했다.

각 아파트의 평균 투자금액은 3천만 원 수준이었다. 이처럼 3천만 원이면 수도권이나 주요 지방 도시의 아파트를 충분히 매수할 수 있다.

전세가율을
체크해야 한다

투자할 아파트를 찾기 전에 우선 관심 지역을 선별해야 한다. 그리고 아파트의 가치를 확인하기 위해 자료를 찾고 정보를 입수해야 한다.

이때 종잣돈이 적다면 반드시 확인해야 할 것이 전세가율이 높은 지역을 찾는 것이다. 이는 실투자금을 최대한 절약하려 할 때도 유효하다.

물론 단순히 전세가율이 높다는 이유만으로 투자하라는 건 아니다. 전세가율이 높으니 투자할 가치가 있겠다는 생각은 위험하다. 일시적으로 전세가율이 높은 경우는 전세 만기 시 역전세로 투자금을 잃을 수도 있다. 단순히 전세가율만 볼 것이 아니라 교통과 입지, 인프라 등 다양한 요소를 함께 고려해 물건을 찾아야 한다.

전세가율이 높은 아파트를 찾는 팁을 하나 알려주자면 호갱노노에서 '시세정보' 섹션을 클릭한 뒤 '테마 검색'으로 들어가면 다양한 선택지가 나온다. 여기서 '전세비율 높은 아파트'를 누르면 매매가 대비 전세가의 비율이 높은 순으로 상품이 정렬된다.

관심 지역을 선별해 구체적인 시와 구를 입력하고, 실투자금과 대출금, 전세금 등을 살펴보면 된다. 이렇게 찾은 물건은 따로 정리한 뒤 네이버 부동산 등 다른 사이트에서도 검색해 꼼꼼히 정리하는 게 좋다. 그렇게 거래 가능 여부를 확인한 후 발품을 팔아 임장을 가는 것이다.

전세가율이 높은 아파트를 찾는 방법과 같은 식으로 '조회수 많은 아파트', '2년 미만 입주 아파트', '상승률이 높은 아파트', '오래된 아파트' 등을 살펴볼 수 있다. 그 안에서 지역을 선택하고 가격과 면적, 세대수, 입주일 등을 설정해 검색할 수 있다.

재임대를 통한
수익 창출

3천만 원으로 건물을 빌려서 제3자에게 재임대하는 방법도 있다. 이런 방식을 통해 3천만 원으로 월 300만 원가량의 수익을 만들어낼 수 있다.

보통 건물주 본인이 소유한 물건을 임대해서 임차인으로부터 월세를 받아 수익을 내지만, 임차인도 재임대를 통해 월세 수익을 낼 수가 있다. 대표적인 방법이 여행객에게 방을 빌려주는 룸셰어, 셰어하우스 등이다.

가장 보편적인 사례가 숙박 공유 사이트 에어비앤비 홈페이지(www.airbnb.co.kr)를 활용하는 것이다. 만약 3천만 원이 있다면 보증금 500만 원을 제하고, 나머지 2,500만 원으로 인테리어, 가구, 전자제품 등을 해결하면 된다.

과거에는 룸메이트를 구해 함께 사용하는 룸셰어가 많았으나 타인과 공간을 나눠야 하는 불편함 때문에 셰어하우스를 선호하는 쪽으로 추세가 변하고 있다.

도심지에서는 단독주택과 아파트를 월세로 계약한 뒤 셰어하우스로 쓰는 방법이 있다. 물론 일부 옵션을 추가해야 하고 수리비도 소요되지만 쏠쏠한 수익을 낼 수 있다.

주변 시세와 입주율, 관리 서비스 여부, 입주자 직업 등을 고려해 적정 월세를 산정하면 된다.

예를 들어 방이 3개인 아파트가 있다면 각 방마다 공동 침실을 만들고 거실과 주방, 화장실을 공동으로 사용하게 하는 것이다. 입주자 중에 관리자를 두면 직장을 다니면서도 관리가 가능하다.

이러한 수익형 부동산 투자는 은퇴를 앞둔 월급쟁이들이 소액으로도 소소하게 시도할 수 있는 방법이다. 건물주에게 장소를 빌리고, 직접 고치고, 각 방마다 입주자를 모집하는 일련의 과정을 통해 수익률을 극대화할 수 있다.

다른 방법으로 재임대가 있는데, 전전세와 전대차가 재임대에 속한다. 세를 놓는다는 의미에서는 같지만 세부적으로 보면 크게 다르다.

전전세는 기존의 세입자가 자신의 보증금을 보호받기 위해서 전세권설정등기를 해둔다. 그래서 해당 세입자는 집주인의 동의 없이 다른 사람에게 임대를 줄 수 있는 권리가 있다.

하지만 전대차는 민법에 임대인의 동의 없이 그 권리를 양도하거나 임차물을 전대하지 못한다는 조항이 있어 집주인의 동의가 필요하다. 집주인의 동의가 없으면 계약이 해지될 수 있다는 점을 유의해야 한다. 전대인에게서 보증금을 못 받을 수도 있어서 전차인은 반드시 집주인의 동의서를 받아야 한다.

이처럼 전전세와 전대차를 활용하면 월세 수익률을 높일 수 있다. 가령 1억 원의 오피스텔이 있는데 월세가 보증금 1천만 원에 월 30만 원이라고 가정해보자.

주인은 보증금을 뺀 9천만 원으로 월 30만 원씩 받는 반면, 세입자는 보증금을 포함한 부대비용만 있다면 훨씬 적은 금액으로 수익을 낼 수 있다.

소유권이 없어 재산세도 없으며, 다주택자에 포함되지 않는다는 장점도 있다. 또한 만기가 되면 나가면 되니 공실에 대한 두려움도 없다.

그 외에는 앞서 설명한 바와 같이 집주인과 전전세나 전대차로 장기 월세 계약을 하고, 2천만~3천만 원으로 인테리어를 한 뒤 에어비앤비 등 숙박 공유 사이트를 통해 관광객을 상대로 재임대하는 방법이 있다.

물론 장점만 있는 것은 아니다. 집주인이 따로 있으므로 계약서에 기재된 신상정보가 달라 세입자를 구하는 데 어려움이 있을 수밖에 없다.

부동산 중개인이 중개를 꺼리는 경우도 많아서 온라인 직거래 사이트를 통해 임차인을 구해야 하는 번거로움이 있다. 개인 블로그나 카페 등에 직접 홍보해야 할 때도 있다.

신규 아파트 청약을 노려라

유망 지역의 신규 아파트를 청약으로 분양받는 방법도 연봉 수준의 금액으로 할 수 있는 투자법이다.

지역과 조건에 따라 다르지만 중도금 대납 또는 후불 이자 조건이 많아서 입주 시점까지 계약금(분양대금의 10%)만 있으면 분양이 가능하다.

지역마다 청약 조건이 상이하고, 면적과 타입별로 분양률과 프리미엄이 다르기 때문에 개별적인 청약 전략이 필요하다. 가점이 높아서 당첨 확률이 높으면 인기 있는 지역의 인기 타입으로 도전하고, 가점이 낮아서 당첨 확률이 낮다면 입지가 좋은 인기 지역에서는 비인기 타입을 선택하는 것도 한 방법이다.

타입마다 경쟁률이 몇 배씩 차이가 나기도 하기 때문에 자신의 가점이 어느 정도의 경쟁력이 있는지 판단해야 한다. 그러나 타입별로 프리미엄의 차이가 크지 않은 곳도 있으므로 입지가 특출난 지역의 경우에는 타입보다 당첨 여부가 더 중요하다.

한 번에
2개를 잡아라

2020년 11월, 네이버 부동산 매물 검색 중 세종시 세종정부청사 배후지역에 땅콩구조의 원룸이 매물로 올라왔다. 지금까지 본 적 없는 흔하지 않은 물건이었다. 하나의 등기 물건에 2개의 방으로 완전히 독립된 도시형생활주택이었다.

세종시에 투자한 물건이 있어서 이전부터 임대 수요는 충분한 걸로 파악하고 있었지만, 바로 인근 공인중개사무실 몇 군데에 전화 걸어 임대 수요층을 조사했다.

그 결과 동일한 면적의 시세는 전세 1억 원에 가능했고, 월세는 45~50만 원 선이었다. 이 물건은 반드시 사야겠다는 마음을 먹고 협상 전략을 세웠다.

매도자의 사정을 들어보니 다주택자인데 세금 문제와 아파트 청약 1순위를 만들기 위해 급하게 내놓은 상황이었다. 매도자의 희망가격은 1억 2,000만 원이었다.

바로 협상에 들어갔다. 몇 번의 설득으로 500만 원을 낮춘 1억 1,500만 원으로 계약했다. 그리고 한 달 만에 윗방은 전세 1억 원, 아랫방은 보증금 500만 원에 월세 45만 원으로 공무원 임차인과 계약했다.

여담으로 공시가격이 1억 원 미만이라서 취득세는 매매가격의 1.1%인 126만 원을 납부했다. 만약, 1억 원이 넘었다면 다주

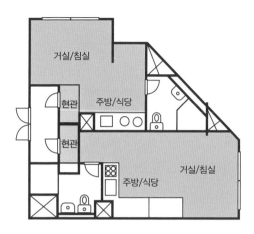

택자의 세율을 적용받아 12.4%를 반영하여 1,426만 원을 납부해야 했다.

동일한 물건이라도 보유 주택 수와 공시가격에 따라서 납부해야 할 세금의 차이는 10배 이상 차이가 생긴다. 좋은 물건을 찾는 것도 중요하지만 취득하고 보유하고 양도할 때 납부하는 세금도 얼마가 될지 검토해야 한다.

특히 다주택인 경우에는 종부세, 양도소득세도 각별히 신경 써야 할 부분이고 미리 출구전략을 잘 세워 놓고 투자해야 한다.

단독주택은
블루오션 투자처다

2021년 6월, 세종시 어느 면소재지에 위치한 단독주택지 매물이 눈에 들어왔다. 해당 지역은 토지 가격이 매년 10%씩 상승하고 있고, 인프라 개선과 행복도시 후광효과로 개발압력을 받고 있는 지역 중 한 곳이었다.

매물 가격은 1억 2,000만 원이었는데, 2021년 1월 기준 공시지가 210만 원/평이었으니 매매가격과 별반 차이가 없었다. 2022년 단독주택 공시지가 현실화율(57%)를 고려해도 너무나도 저렴한 가격임에는 확실했다.

임장을 가서 직접 봐도 나쁘지 않은 매물이었다. 1981년에 짓은 주택임에도 내부는 고칠 곳 없을 정도로 상태가 좋았다.

투자금을 최소화하기 위해서 임차인을 구하는 시점까지 잔금을 미루는 걸 특약사항으로 설정했는데, 얼마 지나지 않아서 7천만 원에 임차인을 구할 수 있었다.

필자가 이 땅을 투자 사례로 언급한 이유는 다음과 같다.

1. 세계경제 불안정으로 대출 고금리와 부동산 담보 대출이 막힌 상황에서 전세 레버리지로 극복했다.
2. 세금 측면에서도 유리하다. 일반적으로 농지 외 토지(나

큰돈은 없지만 부동산 투자는 하고 싶은 월급쟁이에게

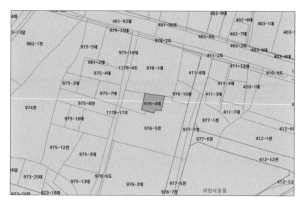

자료 : 토지이음(www.eum.go.kr)

자료 : 공간의가치 - 모든 부동산 AI추정가

| 거래 이력

거래일	거래금액(원)	토지단가	공시지가(원)	공시지가대비 매매가비율
2021.9	1억 2,000만	256만 원/평	9,865만	122%
2017.12	8,500만	181만 원/평	5,948만	143%

대지, 임야, 잡종지 등)의 취득 시 세금은 4.6%이다.(취득세 4.0%, 농어촌득별세 0.2%, 지방교육세 0.4%) 그러나 주택이 있는 대지 중 1억 원 미만은 여러 개를 보유하고 있어도 지방교육세와 농어촌특별세를 포함해서 1.1%만 내면 되기에 세금 혜택을 볼 수 있다.

3. 중개수수료는 주택이 있으므로 토지(0.9%)가 아닌 주택(0.5%) 요율을 적용받았다.

4. 매도 시 양도소득세는 주택으로 분류되어 일반세율을 적용받아 일반 토지(비사업용)보다 매우 저렴하다. 그러나 종합부동산세에는 주택 수로 포함되어 세금을 부과하니 유의해야 한다.

5. 맹지라는 치명적 단점이 있으나, 매매계약 전 계획도로가 개설될 때까지 15만 원/년 지료를 납부하기로 옆땅 토지주와 계약서를 작성했다. 976-1번지를 매수하거나 계획도로가 생겨 맹지를 탈출한다면 가치는 2~3배 상승한다.

6. 전국 토지 가격 중 세종시 상승률은 전국 1위다.

읍면동별 상승률은 조치원읍(4.53%) 연기면(4.24%) 부강면(4.17%) 순으로 행복도시개발지역보다 상승률이 높다는 것을 알 수 있다. 읍면 지역의 경우 산업단지 조성과 도로개설 등 이른바 '개발호재'가 많기 때문이다.

세종시는 개발지역보다는 주변지역인 읍·면지역의 가격 상

▎전국 지가 변동률 추이

(단위 : 년, %)

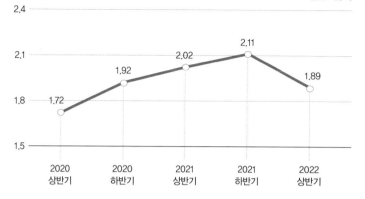

▎지역별 지가 변동률 추이

(단위 : %)

자료 : 국토교통부

5장 종잣돈에 따른 단계별 투자 노하우

승 속도가 가파르고, 상승률도 전국 1위라고 볼 수 있다.

과거 지가 상승률과 시·군·구 기본계획과 개발계획 기준으로 미래 투자가치를 본다면 세종시 외 수도권, 부산시, 대전시, 제주시가 앞으로도 투자처로 양호하다고 본다.

임장에서
답을 찾아라

토지는 임장에서 답을 찾을 수 있다. 2021년 세종시 한적한 마을의 나대지 매물이 필자의 눈에 들어왔다. 지도상에서 178번지에 위치한 곳이있다.

중개인에게 물어보니 매물이 나온 지는 몇 달이 되었고, 매수 문의는 많았으나 선뜻 매수한다는 투자자는 없었다고 한다. 그 이유인즉슨 국토계획법 외의 법령에 따른 지역지구 중 철도보호지구에 있는 대지였기 때문이다.

그래도 손품으로 확인 안 되는 사항을 알기 위해 발품과 임장이 필요했다. 해당 토지에 대해서 몇 가지 조사를 했는데, 그 중 철도 소음과 건축행위 가능 유무가 고민이었다.

한국철도공사에 문의해보니 땅속 50m에 터널로 기차가 지나간다고 했다. 그래서 곧바로 세종시청 건축과에 문의한 결과, 건축행위에는 전혀 문제가 되지 않는다는 답변을 받았다. 문제

철도는 지하 50m에 위치해 건축행위에 영향을 주지 않는다.

자료 : 토지이음(www.eum.go.kr)

실거래 내역

현 위치   주변 실거래

동일지번에서 거래된 실거래 내역입니다.

거래일	지목	면적	총액(만)	단가(평)
2022.7.12	대 계획관리지역	248평	1.8억	71만
2020.9.4	대 계획관리지역	248평	1.1억	44만

인근 토지가 2년 사이에 59% 상승한 값으로 거래되었다.

점이 해결되었으니 바로 가격 협상에 들어갔다.

2020년 9월에 거래된 177번지 토지가 평당 44만 4,000원이었으니 그보다 저렴하면 거래하겠다고 했다. 원하는 가격이 수렴되자 바로 매매계약을 진행했다.

얼마 되지 않아 인접한 174번지 토지가 2년 만에 59% 상승한 가격에 거래되어 땅 주인이 바뀌었다. 178번지는 매수한 지 1년 만에 최소 59%는 상승한 셈이다. 부동산 투자에서 임장의 중요성을 다시 한 번 느꼈다.

최근에는 LH 땅투기 사건으로 농지규제가 강화되어 농지의 취득과 유지, 처분까지 관련법 규정이 까다로워졌다. 토지 투자의 목적과 활용성에 따라서 지목이 달라질 수 있겠지만 주거용지에 눈을 돌리는 것도 대안이 될 수 있다.

세종시는 전국에서 유일하게 인구가 증가하는 도시다. 「세종시 2040 도시기본계획」에 의하면 2040년 세종시 인구목표는 80만 명이다.

필자는 20년 후 세종시의 변화된 모습을 상상해본다. 처음 세종시에 터를 잡았던 2006년에도 20년 후 모습을 상상했던 것처럼 말이다. 앞으로 20년 후에는 행복도시개발지역은 행정도시로서 국회세종의사당, 중앙행정기관 등 행정수도로서의 중추 기능 완성되어 있을 것이다.

도시 팽창으로 읍·면 지역은 부도심(조치원읍)과 지역중심(금남, 부강, 연동, 장군, 연기, 연서, 전동, 전의, 소정)을 중점으로 지역 활성화가 되어 있을 것이다.

또한 스마트 국가산업단지 등을 통한 신성장미래산업육성으로 자족도시로 성장하고, 대전~세종~충북 광역철도와 고속도로 연결로 세종, 대전, 청주가 하나의 통합생활권으로 묶여 메가시티로 성장되어 있으리라고 생각한다.

부동산으로
노후를 준비하라

1,400만 명의 직장인은 어느 시점이 되면 몸담았던 직장에서 이직하거나 정년을 맞아 퇴사한다. 이때 헌신에 대한 보상으로 목돈을 받는데 대부분이 돈을 어떻게 굴려야 좋을지 몰라 골치를 썩는다.

대기업에서 임원으로 퇴사하지 않는 이상 퇴직금은 1~2억 원 수준이다. 그 금액으로는 노후를 보장받지 못한다. 퇴직금을 빠듯하게 쪼개서 쓰거나, 재취업하거나, 재테크로 불려야 한다는 뜻이다.

은퇴하면서 받은 퇴직금을 어디에 어떻게 쓰는가에 따라서 노년의 삶이 달라진다. 준비 없는 퇴사는 미래를 불확실하게 만든다. 2040년이면 국민연금이 고갈될 것이라는 전망이 나오는 이때, 현재의 추세로 간다면 30대 이하 젊은 세대는 노년에 국민연금조차 제대로 받지 못할 수도 있다.

은퇴 전에 미리 종잣돈을 모아 부동산을 하나둘씩 사보고, 투자 수익을 내봤다면 퇴직금을 어떻게 활용할지 구체적인 포트폴리오가 만들어져 있을 것이다. 금액의 차이일 뿐, 부동산에 투자한다는 건 변함이 없기 때문이다.

아직 은퇴 전이라면 늦지 않았다. 부동산 투자 경험이 없다면 최소한 1년은 부동산 공부에 매진하자. 회사에 헌신한 대가로 받은 퇴직금 전부를 무턱대고 부동산에 투자하면 큰 손실을 볼 수 있다.

먼저 공부로 자신감을 얻고 그다음 본인에게 맞는 투자처를 찾아야 한다. 첫술에 배가 부르지 않듯이 수익성은 적지만 소액으로 시작할 수 있는 투자 물건부터 차근차근 도전해나가야 한다.

누군가는 새 직장을 찾기 위해서 회사를 떠나고, 또 누군가는 정년으로 은퇴해 노후를 보내기 위해서 회사를 떠난다. 사람마다 퇴사하는 시점이 다르기 때문에 연령대별로 어떤 식으로 접근해야 할지 미리 투자 전략을 세워야 한다.

만일 일할 수 있는 기회가 남아 있다면 퇴직금은 은퇴하는 시기까지 부동산에 묻어두는 것이 좋다. 정년으로 은퇴하는 시점이라면 무리한 차익 실현을 노리기보다 안전하고 고정적인 수익을 낼 수 있는 수익형 부동산에 접근하는 것이 좋다. 월급을 대체할 수익을 꾸준히 만들어야 하기 때문이다.

연령별, 상황별로
투자처는 달라진다

월세 수익을 낼 수 있는 대표적인 부동산은 상가와 주거시설이다. 이 중에서 아파트는 월세 수익과 시세차익을 동시에 누릴 수 있는 몇 안 되는 부동산이다.

실거주와 임대수익을 함께 누릴 수 있는 세대분리형 아파트도 있다. 세대분리형 아파트는 2008년 금융위기 이후 대형 아파트의 미분양이 이어지자 건설사에서 부분 임대 방식으로 도입해 대중화됐다.

당시에는 2개의 공간으로 나누기 힘든 구조여서 인기를 끌지 못했으나, 최근에는 설계 단계부터 세대분리가 가능한 타입으로 디자인되기 때문에 상당한 인기를 끌고 있다. 오피스텔을 사서 임대 주는 방법보다 세금과 주거환경 면에서 우수하다고 볼 수 있다.

세대분리형 아파트의 가장 큰 장점은 주택법에서 1주택에 해당돼 임대소득세 및 다주택자 양도세율 가중 대상에서 제외된다는 점이다.

서울의 대표적인 세대분리형 아파트로는 서울역센트럴자이, e편한세상신금호파트힐스, 흑석한강센트레빌2차, 용두롯데캐슬리치, 상봉듀오트리스, 경희궁롯데캐슬, 신촌숲아이파크, 흑석아크로리버하임, 효창롯데캐슬센터포레, 신촌그랑자이, 롯데캐

슬에듀포레, 아크로리버하임, 리버센SK뷰롯데캐슬 등이 있다.

만일 퇴직금과 모아둔 돈을 합쳐 5억 원가량이 있다면 세대 분리형 아파트 외에도 투자할 수 있는 지역과 물건의 종류는 더 다양해질 것이다.

투자금이 5억 원이면 수익형 부동산인 상가에서부터 지식산업센터, 오피스텔, 소형아파트에 이르기까지 대부분의 부동산 물건에 투자할 수 있다. 물론 이 모든 투자처가 수억 원이 있어야지만 투자가 가능하다는 뜻은 아니다.

이렇게 투자가 가능한 부동산은 수익형 부동산과 시세차익형 부동산으로 분류되는데, 경기 흐름에 따라서 주목받는 부동산이 달라진다. 일반적으로 상승기에는 시세차익형 부동산이 떠오르고, 하락기에는 수익형 부동산이 떠오른다.

급부상하고 있는
수익형 부동산

최근에는 선진국형 저성장 구도로 부동산 시장 구조가 변화함으로써 큰 시세차익에 대한 기대치가 낮아졌다. 또한 갈수록 고령화가 심화되고 베이비붐 세대의 대규모 은퇴로 연금 형태의 안정적인 현금 흐름에 대한 관심이 높아지고 있는 추세다. 3~4%대의 낮은 은행 예금 금리도 수익형 부동산이 인기를 끄는 요인일 것이다.

수익형 부동산은 크게 주거용, 상업·업무용, 숙박용으로 분류된다. 주거용 수익형 부동산은 주거시설로 사용되는 아파트, 다세대·다가구 주택, 오피스텔, 도시형생활주택 등을 임대해 매달 수익을 얻는 부동산을 말한다.

주거용 수익형 부동산의 경우 소형 평형이 대형 평형 물건에 비해 월세 임차 수요가 더 많고 수익률이 높아 임대 수익을 얻기에 적합하다.

앞으로도 3인 이상 가구의 감소와 1~2인 가구의 증가로 인해 소형 물건이 유행을 선도할 것이다. 서울과 수도권의 전용면적별 3.3m²당 분양가를 비교한 도표를 보더라도 소형 아파트의 강세를 한눈에 알 수 있다.

주거용 부동산은 상업·업무용, 숙박용 부동산보다 기본 수요가 많아 투자하기 안전하다. 그만큼 투자자들이 가장 많이 관심

| 수도권 규모별 3.3㎡당 분양가

(단위 : 만 원)

지역	전용면적 규모	2020.1	2021.1	2022.1	2023.1
서울	60㎡ 이하	8,330	8,691	9,963	9,463
	60~85㎡ 이하	8,135	7,892	10,260	9,299
	85~102㎡ 이하	12,728	9,769	7,274	8,586
	102㎡ 초과	8,779	9,481	8,913	10,854
인천	60㎡ 이하	3,985	4,710	4,363	5,024
	60~85㎡ 이하	4,001	4,647	4,609	4,877
	85~102㎡ 이하	3,981	4,617	6,224	5,670
	102㎡ 초과	4,768	4,918	5,627	5,458
경기	60m2² 이하	4,939	4,056	4,573	5,873
	60~85㎡ 이하	4,404	4,379	4,646	5,167
	85~102㎡ 이하	5,464	4,539	4,021	6,411
	102㎡ 초과	5,204	5,118	4,876	6,020

※ 공공데이터 포털(www.data.go.kr) 자료를 바탕으로 필자가 재구성

을 가지는 부동산이며, 입지가 좋고 임대 수요가 풍부한 지역은 경쟁력이 높아 가격이 쉽게 떨어지지 않는다.

또한 오피스텔을 제외하고는 취득세가 다른 수익형 부동산보다 낮고, 임대사업자 등록 시 세금 감면 효과가 크다. 상대적으로 담보대출 비율도 높고 금리도 저렴한 편이다.

대표적인 상업·업무용 수익형 부동산으로는 상가, 업무용 오피스텔, 지식산업센터(아파트형 공장), 빌딩 사무실 등이 대표적이다. 주거용보다 위험성이 높은 만큼 더 큰 수익을 낼 수 있다.

그러나 주거용 부동산보다는 세금이 높고, 관리비가 상대적으로 비싼 편이며, 공실 발생 시 기대 수익률도 크게 떨어질 수

밖에 없어 임대 수요가 풍부한 지역을 선정하는 것이 중요하다.

상권의 형성 과정은 수요가 없는 깡통상권에서 시작해 호황기를 지나 정체기와 쇠퇴기의 길을 가는데, 특히 신도시 초기 상권은 높은 임대료에 비해 이용고객이 적어 리스크가 크다.

반면 구도시의 상권은 초기에는 교통이 불편하고, 주차장이 부족하고, 편의시설이 신도시의 상권보다 떨어질 수밖에 없다. 호황을 맞지 못하고 정체기만 줄곧 이어지다 쇠퇴하는 경우도 많다.

한번 쇠퇴한 상권을 재생한다는 것은 불가능에 가깝다. 그래서 더더욱 철저한 상권분석이 필요한 것이다. 상권의 수익은 업종, 위치, 사업능력 등에 따라 천차만별이고, 현재의 수익성보다는 앞으로의 가치가 더 기대되는 입지를 선택할 필요가 있다.

그만큼 통찰력이 필요한 부분인데, 늘 강조하지만 이러한 안목을 키우기 위해서는 손품과 발품, 부동산 공부를 게을리 하지 말아야 한다.

큰돈은 없지만 부동산 투자는 하고 싶은 월급쟁이에게

이 책이 당신 인생의
터닝 포인트가 되기를 바라며

'마음이 풍요로운 삶', '경제적 자유를 얻은 삶', '시간적 여유가 있는 삶' 이 3가지가 바로 모든 이들이 꿈꾸는 삶이다. 이 3가지를 모두 충족한 사람은 상당히 한정적이다.

아니, 이미 충족했음에도 불구하고 더 많은 것을 욕심내기 때문에 만족할 수 없는지도 모른다. 어쩌면 모든 것에 만족할 수 있는 삶은 어디에도 없을지도 모른다.

모두가 풍요롭고 부유한 삶을 갈망하지만 현실은 반대로 흘러간다. 자신의 삶을 되돌아보는 시점이 오면 그동안 하지 못하고 지나쳐버린 일에 대한 후회가 밀려온다.

후회 없는 삶을 살아간다는 것은 정말로 어려운 일이다. 앞만 보고 바쁘게 살다 문득 뒤돌아보면 느껴지는 것이 후회의 감정이다. 직장에서 수십 년을 누구보다 충실하게 일하다 그 위치에서 내려올 때쯤이면 허망하기까지 하다.

'그동안 누구보다 열심히 일했는데 벌어놓은 돈은 다 어디로 갔을까?', '나는 지금까지 무엇을 바라고 바보처럼 일만 했을까?', '왜 내 건강조차 제대로 챙기지 않았을까?' 등 수많은 걱정과 후회가 밀려온다.

지금 잠시 멈춰 서서 당신이 당장 무엇을 해야 훗날 후회가 없을지 생각해보기 바란다. 떠오르는 게 있다면 생각에 머물지 말고 실천하도록 하자. 당신이 생각하는 것들을 시간별, 요일별, 주별, 월별, 연도별로 나눠 계획을 짜고, 전략적으로 굳세게 밀고 나가야 한다.

지금은 사장이 주는 물로 생명을 유지하고 있지만, 그 물은 당신이 일을 할 수 있을 때까지만 주어지는 것이다. 중소기업을 다니면 1L를 주는 것이고, 대기업을 다니면 2L를 주는 것이며, 공무원은 2L 줘야 하는 물을 일할 때 1L, 쉴 때 1L로 각각 나눠서 주는 것뿐이다.

노동의 대가로 받는 물의 양에 차이가 있을 따름이지 조금 더 받는다고 해서 오랫동안 풍족하게 마실 수는 없다. 1년에 10L가 필요한데 은퇴 시점에 100L를 모았다고 치자. 당연히 10년 뒤에는 고갈되고 만다. 갈증이 난다고 펑펑 마셔버리면 1년 안에 없어질 것이고, 알뜰하게 사용한다면 10년보다 더 쓸 수도 있을 것이다.

결국 가장 중요한 것은 물의 양이 아니라 물이 꾸준히 나오는 시스템을 구축하는 것이다. 이 시스템을 구축한 후에 은퇴해야 마음의 여유가 생기고, 노동을 안 해도 물이 나오니 여유가 생긴다. 경제적으로 자유로워지는 것이다.

그러니 지금부터 당신의 우물을 파기 바란다. 우물의 크기는 중요하지 않다. 당장 물이 안 나와도 좋다. 장소의 문제라면 다른 곳에서 다시 시도하면 되는 것이고, 장비의 문제라면 교체하면 되는 것이다. 실패하면 그 원인을 찾아 다음 우물을 팔 때 똑같은 실수를 반복하지 않으면 된다.

이 경험이 모이고 모여 훗날 더 좋은 자리를 찾아 더 큰 우물을 만들 수 있는 주춧돌이 되어줄 것이다. 당신에게 우물을 팔 수 있는 기회와 시간은 그리 많지 않다. 딱 당신이 직장 생활을 그만두기 전까지만 유효하다. 바빠서 우물을 팔 시간이 없다는 것은 그저 핑계이고 자기합리화다.

필자는 대학교를 졸업한 후 곧바로 결혼을 했고, 현재는 아이 넷을 둔 40대 가장이다. 그리고 승진과 성과를 위해 치열하게 경쟁하는 월급쟁이다.

지금은 경제적 자유를 얻고 디벨로퍼의 꿈을 위해서 부동산 박사과정 학업과 투자를 병행하고 있다. 텃밭에 농사를 짓는 농는 틀릴 수도 있다.

　그러니 가장 중요한 것은 타인의 경험을 통해서 본인에게 주어진 문제지의 정답을 스스로 찾아나가는 것이다. 그 과정이 가장 중요하다.

　마르지 않는 우물이 완성되기 전까지는 절대로 재테크를 멈추지 말자. 지치고 힘들 땐 퇴직 후의 멋진 청사진과 가족을 생각하길 바란다. 진심으로 이 책이 당신 인생의 터닝 포인트가 되기를 바라며 책을 마치겠다.

안상구(구짱)

큰돈은 없지만 부동산 투자는 하고 싶은 월급쟁이에게

초판 1쇄 발행 2023년 12월 19일

지은이 | 안상구
펴낸곳 | 원앤원북스
펴낸이 | 오운영
경영총괄 | 박종명
편집 | 김슬기 최윤정 김형욱 이광민
디자인 | 윤지예 이영재
마케팅 | 문준영 이지은 박미애
디지털콘텐츠 | 안태정
등록번호 | 제2018-000146호(2018년 1월 23일)
주소 | 04091 서울시 마포구 토정로 222 한국출판콘텐츠센터 319호(신수동)
전화 | (02)719-7735   팩스 | (02)719-7736
이메일 | onobooks2018@naver.com   블로그 | blog.naver.com/onobooks2018
값 | 22,000원
ISBN 979-11-7043-477-1 03320

부이자 온라인 카페와 블로그에 재테크 칼럼을 쓰는 칼럼니스트이기도 하다.

끊임없이 새로운 목표를 찾아 실천하는 이유는 지켜야 할 가족이 있어서다. 언제까지 노동의 대가로 받는 쥐꼬리 월급만 바라보고 살 수 없다는 몸부림이기도 하다.

필자처럼 평범한 사람도 노력으로 소소한 성과를 일구었으니 당신이라고 하지 못할 이유는 없다.

이 책을 쓴 이유는 다음과 같다. 첫 번째는 직장에서 차별화된 강점을 확보하기 위해서다. 필자는 회사에서 열심히 일만 했지 남보다 스펙이 뛰어난 것도 아니고, 탁월한 전문성이 있는 것도 아니었다.

그래서 찾은 것이 글쓰기였다. 남들이 넘볼 수 없는 고유의 영역을 찾고 차별화된 강점을 만들기 위해 가장 잘 알고 있는 분야를 글로 남기고 싶었다. 회사에서 살아남기 위한 일종의 자기계발인 셈이다.

두 번째는 무일푼으로 시작해 종잣돈을 굴려 부동산에 투자한 개인적인 경험을 함께 공유하고 싶다는 욕심 때문이다. 필자는 부동산에 투자하면서 50건이 넘는 물건을 매수했고, 지금은 남부러워 할 정도로 규모를 키워놓았다.

부동산 투자는 쉽지 않고 위험하기 때문에 처음 접하는 이들에게 안전한 길을 알려주고 싶었다. 대한민국에서 월급만 모아서는 부자가 될 수 없다는 것을 알고 있지만 해결책이 무엇인지 답을 못 찾고 있는 독자들에게 실마리를 제공해주고 싶었다.

세 번째는 인생의 전반전을 마치면서 지나왔던 과거를 정리하고, 후반전을 준비하고 싶었기 때문이다. 필자에게 아버지는 최고의 인생 멘토다. 아버지가 살아계실 때 진심이 담긴 이 책을 선물해드리고, 감사했노라 인사드리고 싶었다.

그리고 늘 뒤에서 묵묵하게 믿고 지원해준 아내와 많이 놀아주지 못한 첫째 딸 서희, 둘째 딸 서연, 셋째 딸 서영, 막내아들 재혁이에게 부족하지만 이 책으로 미안한 마음을 전하고 싶었다. 이 책이 나오기까지 도와주고 응원해준 모든 사람들에게 고맙다.

이 책은 또 한 번 필자 인생의 터닝 포인트가 될 것이다. 그리고 이 책을 첫 장부터 끝까지 읽었다면 당신의 인생도 바뀌리라 믿는다.

사람마다 주어진 문제지가 다르기 때문에 정답을 알려줄 수 없지만 실마리는 찾았을 것이다. 1,400만 명의 직장인 모두가 같은 문제지를 갖고 있지 않으니 정답 또한 같을 수가 없다.

필자가 제시한 답이 누군가에게는 정답이 될 수도 있고, 다른 누군가에게는 오답이 될 수도 있다. 또 지금은 맞지만 훗날에

큰돈은 없지만 부동산 투자는 하고 싶은 월급쟁이에게